THE BELIEVER

더 빌리버

모든 세대를 위한 궁극의 리더십

니노이 찬친파비낫
Ninoy Chanchinpavinnat

THE BELIEVER

"The highest destiny in life is to serve rather than to rule."

"인생에서 가장 숭고한 목표는
지배하기보다 섬기는 것이다."

For Lalisa Manobal
리사를 위해 이 책을 썼습니다.

이 책은 블랙핑크의 리사를 위한 책입니다.

"최고가 되는 건 환상이 아니야."
"Being the greatest of all time ain't fantasy."

FOREWORDS
서 문

서문 1

제 기억에는 아마 2000년 태국 랏차부리주 반퐁이었을 겁니다. 제가 한 사람의 어머니로서 존경하던 태국 분이 당신의 네 아들을 모두 데리고 제 앞에 나타났습니다. 그녀는 네 아들을 한 명씩 소개하더니 앞으로 어느 아들이 어떤 일을 하면 좋을지 제게 자문을 구했습니다(당시에는 그분이 제게 왜 그런 요청을 했는지 몰랐습니다. 그 답은 이 책의 저자 니노이가 방콕 임팩트에서 환호하는 청중 3만 명에게 그녀와 저를 소개했을 때 정확히 알았습니다).

그날 이후 저는 반퐁을 방문할 때마다 그녀의 아들 한 명, 한 명과 식사를 겸한 대화를 나누며 제 나름대로 그들 모두와 교감을 나눴지요. 그런데 그 어머니와 함께 네 아들을 만난 날, 식사하는 내내 제 눈길을 놓치지 않고 따라오는 두 눈이 있었습니다. 그 두 눈의 주인공은 바로 니노이였습니다.

그때부터 오늘날까지 우리 두 사람은 마치 삼촌(쿤룽)과 조카처럼 친밀하면서도 서로를 존중하는 인생의 반려 관계로 지내오고 있습니다. 저는 그 어머니께 니노이는 마케팅 분야에서 반드시 성공할 자질을 타고났다고 말했습니다. 비록 어머니께는 마케팅의 세세한 부분까지 설명하지 않았지만, 니노이에게는 물건을 파는 마케팅이 아닌 사람의 마음을 사는 마케팅을 해야 한다고 확실히 얘기해주었지요.

니노이는 집에서 나와 독립하기 전 제게 의견을 구했습니다. 저는 "내 의견이 중요한 게 아니라 네게 할 수 있다는 자신감이 있는지가 중요하다"라고 말했습니다. 그때 니노이는 단호하게 대답했죠.

"할 수 있습니다!"

저는 "네가 네 자신을 믿는데 더 이상 망설일 필요가 어디 있느냐"라고 했습니다.

자기 자신을 믿지 못하는 사람이 어찌 다른 사람을 구하는 리더가 될 수 있겠습니까! 먼저 나 자신을 믿는 내가 되어야 하니 그렇게 말한 것입니다.

저는 니노이뿐 아니라 누구를 만나도 정직과 내가 아닌 남을 위한 배려, 존중을 겸한 겸손을 알려줍니다. 니노이는 제 예상을 뛰어넘었습니다. 그는 자신의 희망을 믿음으로, 믿음을 신념으로, 신념을 꿈으로, 꿈을 도덕성을 겸비한 자비로까지 승화했습니다. 나아가 이 모든 자질과 능력, 힘을 자신이 아니라 주변의 가능성 있는 미래 리더를 양성하는 데 망설임 없이 모두 쏟아부었습니다. 바로 그 사람이 우리가 알고 있는 니노이입니다. 니노이! 우리는 당신이 이전에도, 현재에도 또 앞으로도 최고의 리더임을 한순간도 잊지 않고 있습니다.

당신이 쓴 책 일곱 권 중 유일하게 4권 《더 빌리버》를 한글판으로 출간하게 된 것을 다시 한번 축하드립니다!

박성열 Stanley PARK

주한태국명예무역고문 HTA (Honarary Trade Advisor)
The Ministry of Commerce, Royal Thai Government
대표이사
㈜코만인터내셔날 / ㈜코만푸드

서문 2

저는 2014년 니노이Ninoy를 처음 만났고 말레이시아 지역 행사에서 연설하도록 그를 초대했습니다. 보라보라에서 신혼여행을 마친 그는 사랑스러운 아내 피오나와 함께 쿠알라룸푸르로 여행을 떠났는데, 말레이시아 청중은 그들이 휴가지에서 촬영한 멋진 사진과 비디오를 직접 볼 수 있었습니다.

리더십 세션과 행사에서 니노이가 공유한 내용은 저와 말레이시아의 많은 사람에게 깊은 인상을 남겼습니다. 그가 공유한 그의 목표, 꿈 그리고 꿈 일기를 비롯해 자아성찰과 끊임없는 배움을 위해 만든 상상의 위원들 이야기는 정말 멋졌습니다! 여행 중에 만난 모든 암웨이 직원에게 감사와 격려를 전한 손편지 역시 무척 감동적이었습니다. 이 모든 것은 수년이 지난 지금도 여전히 제 마음속에 생생히 남아 있습니다.

저는 니노이의 기업가정신과 성장하고자 하는 마인드셋, 스스로 수양하는 모습을 존경합니다. 그는 진정 약속을 지키는 사람이자 영감을 주는 성취자의 길을 걸었고, 이제는 비즈니스와 인생에서 성공의 길을 보여주는 위대한 리더입니다. 그는 12년 전 자신이 설정한 모든 목표를 달성했을 뿐 아니라, 다른 사람들이 스스로를 믿도록 인도하고 그들도 삶의 꿈을 이루게 하는 더 큰 목적을 계속 추구하게 했습니다.

니노이의 가장 놀라운 점은 겸손함, 가식 없이 감사하는 마음 그리고 관대함입니다. 그는 항상 다른 사람들이 더 나아지고 강해지고 위대해지도록 돕고, 진정한 열정으로 자신의 마음과 생각과 자신이 아는 모든 것을 이타적으로 공유합니다. 그는 섬기는 리더십과 베푸는 마음으로 존경받습니다.

니노이에게 그의 저서 《더 빌리버》의 서문을 부탁받아 매우 영광입니다. 이 책은 믿음의 중요성과 우리가 인생에서 바라는 성공을 이루기 위해 이를 현명하게 지니고 유지하는 방법을 가르쳐줍니다. 이 책은 실제 경험에서 얻은 교훈과 실용적인 팁으로 가득한 훌륭한 저서입니다. 성장하는 삶을 선택하기로 결정한 모든 사람에게 이 책은 필독서라 할 수 있습니다.

희망을 주는 사람, 믿음을 주는 사람, 삶을 풍요롭게 하는 사람이 되어주어 감사합니다!

아만다 콕
암웨이 싱가포르 지사장,
전 암웨이 말레이시아 영업 책임

서문 3

저는 코로나19 봉쇄령을 시행한 2020년, 니노이의 책 출판 프로젝트에 참여해 함께 일하기 시작했습니다. 처음에 우리는 전화로 이야기를 나눴고 주로 왓츠앱WhatsApp을 이용해 연락했습니다. 앞으로 2년 더 그를 대면해서 만날 수 없는 상황이었으나 온라인상에서 소통할 때마다 그의 글에서 넓은 마음과 열정이 흘러넘치는 것을 느낄 수 있었습니다.

출판인인 저는 책을 출판하기 전에 책을 읽을 기회를 얻었고, 책에서 공유하는 많은 가치와 마인드셋이 제 마음에 전해주는 울림을 느꼈습니다. 출판업계 기업가로서 이 모든 내용은 당신이 소중하게 간직할 수 있는 통찰력 있는 지혜와 가치라고 생각합니다. 니노이는 이 모든 것을 아주 진정성 있고 의미 있으며 영감을 주는 방식으로 공유했습니다.

특히 저는 《더 빌리버》의 '22장 라리사 마노반Lalisa Manoban'을 읽으며 이것이 지금까지 나눈 가장 의미 있는 이야기 중 하나라고 느꼈습니다. '나는 이것을 하기 위해 태어났다'는 이야기는 진정 우리 손에 있는 은유적인 '질소 폭탄'에 불을 붙였습니다. 이는 우리가 우리 꿈을 계속해서 믿고 그 꿈을 이루기 위해 파이팅하는 것을 절대 포기하지 않도록 격려합니다.

저는 니노이와 함께 일할 기회를 얻어 축복받았다고 말하고 싶습니다. 그의 일, 가르침 그리고 트레이닝으로 꾸준히 영향받을 더 많은 미래를 기대합니다. 저는 진심으로 그의 책이 전해주는 모든 메시지가 전 세계에 퍼져 다른 삶과 문화를 지닌 사람들의 손에 닿기를 바랍니다.

니키 테오
인스피레이션 허브, 출판 책임자

목 차

프롤로그

당신은 무엇을 믿는가

나는 우리의 모든 아이디어와 신념이 성공의 기초라고 믿는다. 그것은 우리가 삶을 어떻게 살고 궁극적으로 어디로 가게 될지 결정하는 진정한 결정 요인이다.

우리가 생각하는 것이 무엇이든, 그러니까 그것이 이론이든 사실에 입각한 정보든 마음에서 일어나는 모든 것은 우리 믿음을 형성한다. 이후 만들어진 신념은 우리 행동을 포함해 우리의 삶과 성격에 직접 영향을 미친다. 삶에서 믿음은 우리가 원하는 모든 것의 출발점이다.

삶의 모든 것은 믿음에 기초하기 때문에 사물에 관한 우리의 믿음과 생각은 우리가 아는 것과 그 지식으로 얻는 다양한 경험으로 이뤄진다. 우리는 평생 개인의 신념에 서서히 영향을 미치는 다양한 자원과 환경에 놓인다. 가장 명확한 그 시작은 가족·학교·친구·미디어지만 학교에서 집으로 가는 길에 보는 것, 주변에서 들려오는 모든 것, 일상생활에서 일어나는 일을 관찰하는 것처럼 간단할 수도 있다. 그러나 우리 믿음이 발전하는 가장 중요한 방법은 책과 기사를 읽는 것이다. 이것은 모두 우리 삶에 믿음을 심어주는 자원이자 무한한 정보의 원천이다.

성장하면서 우리 삶에 들어오는 새로운 정보는 우리가 이미 살아오는 동안 축적된 믿음이 걸러낸다. 그 새로운 정보가 기존 믿음과 일치할 경우 우리는 그것을 받아들여 믿음을 더 확장한다. 만약 그 정보가 우리 생각과 일치하지 않으면 우리는 그것을 받아들이지도, 서둘러 무시하지도 않는다. 오히려 우리는 그 새로운 발견을 평가하고 고려하는 데 시간을 쓴다.

새로운 발견이 있을 때마다 우리는 자동으로 그것이 현재 전제와 일치하는지 확인한다. 새로운 발견이 우리의 기존 정보와 일치하는 것으로 밝혀지면 그것은 우리의 믿음을 더 확신하게 하고 이를 굳건히 하는 데 기여한다. 이는 우리가 생각하는 방식의 기원, 삶의 철학, 일반적인 삶 그리고 주변 사람들을 대하는 우리의 태도를 이해하는 데 필수적인 신념을 구축하는 과정이다.

우리가 매일 내리는 모든 결정은 축적된 신념을 기반으로 한다. 우리가 무엇을 할 것인지 일상적인 결정을 내리게 하는 믿음의 기초는 명확하다. 바로 우리 삶의 궁극적 가치와 우리가 그것을 무엇에 바치는지 결정하는 일이다. 이는 '우리가 무엇을 위해 태어났는가?'라는 질문에 직면할 때까지 이어진다.

꿈을 좇기 위해 새벽 5시에 일어나기로 선택한 사람의 믿음은 분명 정오에 일어나는 사람의 믿음과는 다르다. 아무 때나 일어나는 것보다 일찍 일어나는 게 낫다는 믿음으로 5시에 일어나는 사람은 대개 열심히 일하는 것을 중요하게 여긴다. 반면 오후 1시에 일어나는 사람은 그 신념과 가치관이 전혀 다르다. 이처럼 서로 다른 삶의 경로와 철학은 당연히 인생에서 완전히 다른 2가지 결과를 낳는다.

우리 모두에게는 삶에 영향을 미치는 것과 관련해서 수집한 정보에 근거한 믿음이 있다. 그것이 정치, 종교, 일, 직업, 경제, 교육, 사랑, 가정생활 또는 그와 유사한 어떤 것이든 그것에 관한 우리의 믿음은 그것을 위해 갈 것인지 아닌지를 놓고 우리의 결정을 지시한다. 또한 그것은 우리 삶이 성공적일지 완전한 실패일지 결정한다. 우리 삶에는 첫날부터 마지막 날까지 다양한 상황의 바람이 휘몰아치는데 이때 돛 역할을 하는 것이 믿음이다.

우리는 모두 비슷한 곳에서 출발했고 다들 실망, 낙담, 고통을 겪는다. 그 여행이 끝나면 다른 목적지에서 여정을 마칠 것이다. 우리는 모두 같은 바다에서 수영하며 힘든 상황을 겪는다. 우리에게 이길 힘을 주고 궁극적으로 각자를 다른 목적지로 이끄는 것은 믿음이다. 우리 인생이 성공으로 끝날지, 실패로 끝날지는 상황에 달려 있지 않다. 오히려 '아이디어'를 사용하거나 발생한 일을 믿음의 구성 요소로 사용하는 것이 더 중요하다. 우리에게는 좋은 상황과 나쁜 상황이 모두 발생하는데 그때마다 우리는 우리의 돛을 통제해야 한다.

우리는 최선을 다해 준비하고 계획했어도 어려움을 겪거나 여전히 예상치 못한 실망에 직면할 수 있다. 어려운 시기는 가난하고 교육받지 못한 사람들만 겪는 것이 아니다. 부자든 가난하든, 초등학교만 졸업했든 대학을 졸업했든, 우리는 모두 인생에서 어려움을 겪는다. 우리는 관계 문제, 돈 문제, 업무 문제 등 개인적인 문제에 직면한다. 따라서 삶의 질과 운명은 전적으로 생각을 얼마나 잘 활용해 믿음을 세우느냐에 달려 있고 그 활용과 발전은 어려운 상황에 놓일 때만 일어난다고 할 수 있다.

우리가 생각하는 것은 우리가 믿는 것에 영향을 미친다. 우리가 믿는 것은 우리의 선택에 영향을 미친다. 우리가 선택하는 것은 우리가 누구인지에 영향을 미친다. 그리고 우리가 누구인지는 우리 삶에 영향을 미친다. 우리는 스스로 만든 신념을 조정하는 이 방법이 매우 강력하다는 것을 항상 기억해야 한다. 이는 우리를 계속 앞으로 나아가게 하거나 천천히 파괴할 힘을 지니고 있다. 그것은 우리 삶의 어떤 장애물보다 훨씬 더 강력하다.

당신의 믿음은 믿을 수 없을 만큼 중요하고 그 어떤 상황보다 강력하다. 그것은 어떤 문제나 장애물보다 크며 우리가 이를 이해하려고 마음을 훈련할 때 우리는 생각 조절만으로도 삶 전체를 통제할 수 있다. 하지만 우리에게 유익한 일련의 신념을 키워도 모든 것이 우리가 생각한 대로 될 것이라고 기대할 수는 없다.

우리는 자신의 생각을 현명하게 통제해야 한다. 나아가 생각을 통제하는 법을 배우면서 모든 상황을 극복해야 한다. 이는 규율과 일관성이 필요한 새로운 것으로 신념의 강력한 기반을 세우는 습관을 들이는 데는 많은 노력이 필요하다. 물론 우리가 구축한 강력한 기반은 어려운 상황에 직면했을 때 우리 행동과 결정에 긍정적인 방식으로 영향을 미친다.

우리가 강한 신념을 키울 기회를 잡으면 우리가 인생에서 중요하게 여기는 모든 것이 더 나은 방향으로 바뀐다. 그것이 수입이든, 대인관계든, 심지어 일상적인 기분과 느낌이든, 우리 삶의 모든 측면이 향상된다. 그리고 이것이 꾸준히 발전함에 따라 우리는 행복하고 성공적인 삶의 목적지를 향해 계속 나아가는 동시에 그 속도가 더욱 빨라질 것이다.

《더 빌리버》를 읽고 자기 자신을 더욱더 믿자. 먼저 자신을 강하게 믿는 방법을 살펴보자. 믿음은 우리 삶의 모든 것에 영향을 미치므로 신념을 지니고 이를 유지하는 것은 정말 중요하다. 이것을 내일로 미루지 마라. 오늘 당장 당신의 믿음을 점검해야 한다.

첫 단계는 기존 신념을 검토하는 일이다. 우리는 이미 여러 번 무언가 잘못된 결정을 내렸다고 느끼지만, 그 결정이 잘못된 게 아니라 우리가 가진 정보가 잘못된 결정을 내리게 만든다는 것을 기억해야 한다.

학습하고 정보를 얻는 과정은 강한 신념 체계를 구축하는 데 가장 필수적인 부분이다. 우리가 느끼는 감정이든, 생각하는 것이든, 하는 일이든, 우리 마음은 믿음에 영향을 미치는 정보에 항상 열려 있다. 그리고 이 모든 것은 우리의 기존 믿음에 영향을 미친다.

이러한 정보를 어떻게 사용해야 할까? 그것이 우리의 삶, 동기, 습관, 행동에 직접 영향을 미친다는 것을 기억하라. 문제는 때로 이 정보가 유해하다는 점이다. 이는 우리의 긍정성을 강화하는 대신 믿음을 파괴할 수 있으며 잘못된 정보는 우리의 목표와 성취를 가로막는 생각의 벽이 된다. 그래서 우리는 늘 먼저 정보를 검토해야 한다.

우리의 믿음은 목표와 잠재력에 긍정적일 수도 있고 부정적일 수도 있다. 그렇다면 지금 지니고 있는 '진정한 잠재력을 제한하는 신념'을 제거해야 한다. 믿음이 긍정적인지 부정적인지 알고 싶은가? 스스로에게 다음 질문을 해보자.

오늘이 '마지막 시간'이라고 믿기로 선택한다면 정말로 이 믿음을 받아들일 수 있을까? 이는 우리 자신에게 주는 축복이 될 수도, 저주가 될 수도 있다. 예를 들어 우리가 오늘이 '마지막 시간'이라고 믿기로 선택한다면 우리는 할 수 있다고 믿을까, 할 수 없다고 믿을까? 당신의 삶이 더 나아질 거라고 믿을까, 아니면 절대 나아지지 않을 거라고 믿을까? 지키고 싶지 않은 신념은 무엇인가? 그것은 당신이 제거해야 할 믿음이다.

그다음 단계로 새로운 데이터의 중요성과 이를 필터링하는 방법을 이해할 필요가 있다. 우리는 그릇된 믿음을 제거하는 것이 쉽지 않다는 사실을 받아들여야 한다. 잘못된 믿음은 우리 생각에 깊이 박혀 있기 때문이다.

하지만 더 쉬운 방법이 있다. 유용하고 새로운 정보를 추가하는 걸 선택하는 일이다. 이것이 우리가 믿음을 바꾸고 삶에 훨씬 더 나은 영향을 미치는 새로운 믿음을 창조하는 유일한 방법이다. 앞서 말했듯 우리가 받는 정보를 변경하지 않으면 우리가 아는 것을 바꿀 수 없다. 우리가 아는 것이 변하지 않을 때 믿음은 변하지 않는다. 행복과 성공을 위해 필요한 정보를 찾고 필터링하는 것은 매우 중요하다. 작은 세부 사항에 주의를 기울이지 않으면 앞으로 나아가는 데 도움을 주지 않는 쓸모없는 정보를 받느라 매일 시간을 낭비하고 만다.

바로 이것이 이 책의 목적이다. 나는 행복과 성공이 무엇인지 그 새로운 정보를 제공하기 위해 이 책을 썼다.

리더를 양성해본 내 경험을 바탕으로 나는 우리가 읽었거나 심지어 한 번쯤 들어봤을 법한 일부 지식 또는 문장이 우리의 믿음과 성향을 완전히 바꿀 수 있음을 알고 있다. 예를 들어 2020년 12월 말 나는 아마존닷컴에 주문하고 오랫동안 기다리던 책을 받았다. 그 책은 버락 오바마의 회고록 《약속의 땅》으로 그는 여기에서 대통령으로 보낸 첫 4년의 이야기를 들려준다. 어느 시점에 그는 다음과 같이 썼다.

"대통령 집무실에 들어갈 때마다 민주주의의 안식처로 들어가는 느낌입니다. 매우 강력한 느낌이지만 아무리 강력해도 대통령이란 건 직업일 뿐임을 항상 나 자신에게 상기시킵니다!"

이 문장을 다 읽었을 때 나는 이것을 기억에 새기기 위해 잠시 책을 내려놓았다. 한 문장에 우리 삶을 바꾸거나 마인드셋을 강화하는 힘이 있다고 말한 건 이런 맥락에서다. 이 문장은 내가 어떤 특정한 명예나 지위에 집착하지 않도록 선택하게 해주었다. 또한 그것은 내 의무와 책임에 진정 집중하는 것의 중요성을 깨닫게 해주었다.

나는 본분을 다할 수 있는 시간은 한정적이므로 하루하루 최선을 다해야 한다는 것을 알고 있다. 더불어 내가 이룬 성공을 매우 감사하게 생각한다. '직책은 잠깐이지만 전설은 영원하다'는 것을 늘 기억하기 때문이다.

내게는 믿음을 지니도록 돕는 8가지 원천이 있다. 그 믿음의 원천 8 가지는 다음과 같다.

- 나 자신의 경험
- 좋은 코치 또는 성공적인 멘토
- 타인의 실패
- 타인의 성공
- 우리 주변의 좋은 친구와 사회
- 관찰하고 경청하는 습관
- 일기 쓰기 연습이나 일상적 일기 쓰기
- 책에서 배운 것과 독서 습관

저는 진심으로 믿습니다
니노이 라티 찬친파비낫
더 빌리버

1장
독립기념일

학교와 대학교에서 꿈을 가르치지 않는 것이 이상하지 않은가?

인간으로 태어난 목적이 꿈을 이루는 것이라면 오늘날 교육의 역할은 단순히 졸업하고 취업하는 것 이상이어야 한다고 생각한다. 10대들에게 취업할 때는 졸업한 대학이 중요할 수 있지만 막상 일을 시작하면 그 중요성이 줄어든다는 사실을 알려주고 싶다. 대학 이름은 우리가 다른 누구보다 더 나은 일을 하는 데 도움을 주지 않으며, 우리의 규율이 더 나아지는 데도 도움을 주지 않을 수 있기 때문이다.

요즘 10대가 힘들다는 것을 이해한다. 그들은 많은 것을 생각하고 '많은 기회를 보지만' 결국 최고의 기회를 선택하는 것도 아니다. 우유부단함이 만연하고 있는데 '최고'란 존재하지 않는다는 말을 해주고 싶다. 나아가 당신이 제대로 시작해본 적이 없어서 진전을 이루지 못했다는 진실도 말하고 싶다.

나를 믿어라! 성공한 사람들은 항상 이렇게 말한다.

'당신에게 가장 적합한 기회는 없다. 그렇다면 당장 시작할 수 있는

일은 무엇인가?'

10대와 청년들은 항상 최고를 원한다. 이것이 그들이 삶에서 '선택권'을 찾는 이유다. 이는 건설적인 과정처럼 보일 수 있다. 그러나 내 관점에서 이것은 종종 더 많은 문제를 초래한다. 선택폭이 넓을수록 더 많이 생각해야 하기 때문이다. 생각할수록 선택하기 어려워지고 결국 더 좋은 기회를 놓칠까 봐 '못 고르고' 만다. 그랩 푸드Grab Foods(음식 배달 앱)를 열 때처럼 선택 사항이 너무 많아 결정하는 데 시간이 걸리며 시간이 지나도 여전히 아무것도 주문하지 못하는 상황이 발생한다. 리모컨을 들어 넷플릭스Netflix를 열어도 선택 항목이 너무 많아 결정하는 데 시간이 걸리고 시간이 지나도 여전히 영화를 선택하지 못한다. 결론적으로 선택하는 데 생각보다 훨씬 더 오래 걸린다.

당신은 이처럼 10대 같은 증상을 경험하고 있는가?

1. 우유부단함 - 이것은 규율 없는 삶을 드러낸다.
2. 당신은 결코 확신하지 못하며 선택할 수도 없다. 끊임없이 마음을 바꾼다.
3. 모든 제안에 관심이 있지만 절대 약속하지는 않는다.
4. 놀라운 기회처럼 보이는 것을 찾았으나 결국 선택하지 않는다.
5. 당신은 늘 "잠시만요, 생각 좀 해봐야겠어요" 또는 "나중에 전화해서 이 문제를 말씀드리겠습니다"라는 말을 한다.

우리가 이렇게 된 것은 자신감이 부족하기 때문이다. 혹시 우리가 시간을 낭비하고 좋은 기회를 많이 놓친다는 사실을 알고 있는가? 때때로 우리에게 주어지는 기회는 일생에 한 번뿐인 기회다. 한번 지나가면 다시 오지 않을 수도 있다.

내가 10년 이상 리더와 그룹을 구축해온 경험을 바탕으로 자신 있게 말하건대 최고의 직업은 하나도 없다. 오직 당신이 시작하고, 감히 선택하고, 주고받고, 수행할 작업만 있을 뿐이다. 다른 사람들의 눈에 좋게 보이려고 애쓰지 마라. 그래야 자신이 하고 싶은 일을 할 수 있다. 다른 사람들의 기대에 부응해야 한다면 언제쯤 자신의 큰 꿈을 이룰 수 있겠는가?

나는 항상 모든 사람에게 꿈이 있다고 믿었다. 우리 모두에게는 자신의 마음과 영혼 깊은 곳에서 진정으로 원하는 것이 있다. 우리는 우리가 무엇을 하기 위해 태어났는지 안다. 나는 꿈이 우리에게 힘과 재능과 축복을 준다고 믿는다. 우리의 마음속 이미지는 우리가 누릴 수 있는 최고의 삶이 어떤 모습일지 말해주고 스스로의 운명도 개척하게 해준다.

꿈은 삶의 방향을 제시한다

인생에서 원하는 것이 무엇인지 모르는 성공한 사람들을 만난 적이 있는가? 나는 결코 그런 사람을 만나보지 못했다. 우리에게는 여행할 목적지가 필요하고 꿈은 우리에게 그것을 제공하는 유일한 것일 수 있다.

삶은 항상 존재의 의미를 필요로 하며 우리의 꿈은 그 의미를 제공한다. 그것은 여행용 나침반 이상의 의미를 지닌다. 더 중요한 것은 우리가 길을 잃었을 때 길을 알려주는 것이 나침반이라는 사실이다.

꿈은 우리 삶이 앞으로 나아가고 있는지, 제자리에 머물고 있는지, 아니면 뒤로 가고 있는지를 가늠하는 척도다.

우리가 무엇이 되는지는 오늘날 우리가 어디에 서 있는지와 무관하다. 가장 중요한 것은 우리가 어느 방향으로 가고 있는가에 달려 있다. 꿈을 좇는 것은 매우 피곤한 일이다. 그러나 문제는 꿈에 초점을 두지 않은 삶을 사는 데 있다. 미래로 떠넘겨 위험 없이 사는 삶, 남들이 하고 싶어 하는 일을 하기 위해 머리 숙이고 사는 삶. 과연 정말로 덜 피곤한 삶인가?

꿈은 우리의 잠재력을 증대한다

꿈이 없으면 우리는 앞을 내다볼 이유가 없고 현재 일어나는 좋은 일과 나쁜 일에만 집중할 테니 진정한 잠재력을 발견하지 못할 수 있다. 반면 나는 꿈이 있으면 우리가 자신을 더 나은 방향으로 바꿀 수 있다고 믿는다.

꿈을 꾸면 내일과 미래를 바꿀 수 있다. 무엇보다 기회와 자원이 우리의 잠재력 계발에 도움을 줄 것이라 믿기에 기회와 자원을 고대하게 된다. 나아가 이것은 점점 꿈에 더 가까이 가도록 우리를 밀어준다. 시각장애인의 세계가 촉각으로 제한받고 어리석은 이의 세계가 지식으로 제한받는다면, 리더의 세계는 꿈의 크기의 제한을 받는다.

꿈은 우리가 하는 일에 가치를 더한다

아무리 작은 일도 그것이 우리의 꿈에 영향을 미친다는 것을 알면 우리는 최선을 다할 것이다. 우리는 모든 작업을 매일의 아름다운 꿈으로 보고, 작은 퍼즐 조각을 추가해가는 과정으로 여긴다. 이는 우리가 익히 들은 이야기와 같다.

한 남자가 벽돌을 쌓고 있는 세 명의 건설 근로자 곁을 지나간다.

남자가 첫 번째 근로자에게 묻는다.

"무슨 일을 하고 있나요?"

그 근로자는 "저는 돈을 받고 일합니다"라고 대답한다. 남자는 똑같은 질문을 두 번째 근로자에게 던진다. 두 번째 근로자는 "저는 벽돌을 쌓고 있습니다"라고 대답한다. 남자는 같은 질문을 세 번째 근로자에게도 한다. 그때 그가 들은 것은 첫 번째와 두 번째 근로자의 대답과는 다르다. 세 번째 근로자는 뒤를 돌아보고 신이 나서 남자를 바라보며 말한다.

"정말 저는 행운아입니다. 저는 세계에서 가장 아름다운 성당을 짓고 있습니다."

행동하는 사람이 자신의 그림을 명확히 보면 그는 자신이 무엇을 하고 있는지뿐 아니라 수행하는 작업의 가치도 안다. 그는 다른 사람의 의견이나 말에는 관심이 없다. 누군가가 값싸고 무의미한 말로 당신의 가치 있는 꿈을 모욕하게 놔두지 마라.

꿈은 삶에서 가장 좋은 것을 선택하는 데 도움을 준다

꿈은 우리 삶의 우선순위를 정하는 데 도움을 준다. 꿈은 우리에게 미래의 희망을 주고 현재를 인내할 힘을 주며 우리가 해야 할 일을 결정하는 데 도움을 주는 훌륭한 도구다. 우리는 무엇을 해야 하는가? 구체적으로 지금 당장 시작해야 할 일은 무엇인가? 무엇보다 중요한 것은 꿈이 우리가 중단해야 할 일을 알려준다는 점이다.

꿈은 삶을 의미 있게 만들기 위해 삶에서 무엇을 포기해야 하는지 그 명확한 아이디어를 제공한다. 이것은 우리가 집중하고 말도 안 되는 모든 것을 무시하기만 하면 된다는 것을 깨닫게 해준다. 그런데 불행하게도 오늘날 대다수 10대는 이와 정반대로 행동한다. 그들은 헌신할 분야 하나를 선택하지 않고 모든 기회를 활용하려 한다. 그러면 더 큰 혼란을 느끼고 무엇을 선택해야 할지 모른다. 결국 선택권이 없어서 실패하는 게 아니라 분명한 꿈이 없어서 실패하고 만다.

모든 기회를 잡으려는 시도는 좋은 생각처럼 보이고, 말이 되는 것처럼 들리며, 처음에는 재미있기까지 하다. 그렇지만 시간이 흐르면서 심각하게 조치를 마련하는 대신 모든 기회를 열어두는 데 시간을 낭비하는 탓에 여전히 같은 위치에 있음을 깨닫는다.

반대로 비전이 분명한 사람은 '혼란'이라는 단어의 의미조차 모르며 그런 상황에 절대 놓이지도 않는다. 그들은 자신에게 의미 있는 일에만 시간과 에너지를 쓴다. 이는 그들이 기회에 열려 있지 않다는 의미가 아니다. 진정한 꿈이 있는 사람은 자신에게 가장 중요하고 보람 있는 기회가 무엇인지 안다는 뜻이다.

이해하기 쉽도록 게임을 한번 해보자. 금속 냄비 수세미, 커피 찌꺼기, 어묵 그리고 수산화나트륨 중 하나를 선택해보라.

여기서 질문은 "샤워할 때 무엇을 사용합니까?"다. 커피 찌꺼기를 선택하지 않았다면 어리석은 생각일 수 있다. 수세미, 어묵, 수산화나트륨 같은 다른 옵션을 선택하면 다칠 수 있기 때문이다.

질문을 하나 더 해보자. 이웃집의 드릴, 야구 방망이, 두리안 또는 선인장 중에서 선택해보라.

내가 선택을 강요하면 "아직 질문도 모르는데 어떻게 선택하나요? 어떤 바보가 질문도 모르고 선택하겠습니까?"라고 의문을 보일 수 있다. 여기서 질문은 "배가 더부룩할 때 변비 해소를 위해 무엇을 사용하는 것을 좋아하나요?"이다. 어떤 미친 사람이 먼저 문맥도 알지 못한 채 질문에 답부터 할까?

그래서 내가 당신에게 묻겠다. 당신은 인생에서 무엇을 하고 있는가? 모두가 수년 동안 해왔듯 남과 똑같은 일을 하고 대학을 졸업한 뒤 진로를 선택할 건가? 대다수는 "당신이 원하는 것이 무엇인지 아십니까? 당신의 목적이 무엇인지 확실히 알고 있습니까?"라는 질문을 모르고, 이것을 자신에게 질문한 적도 없다.

질문을 모른 채 답을 선택하는 것은 매우 어렵고, 사람은 대부분 각자 목표가 같지 않다는 것을 알면서도 많은 사람이 군중을 따라간다. 오늘날에도 공부를 계속하든, 풀타임으로 일하든, 자기 사업을 하든, 가업을 물려받든, 자신이 하는 일이 여전히 혼란스럽고 불만스럽다면 '최고의' 선택은 없다는 것을 알아야 한다. 즉, 당신과 당신의 목적에 특별히 부합하는 선택만 있을 뿐이다.

당신의 목적을 알면 다른 사람들이 여전히 시간을 낭비하고, 생각하고, 망설이는 동안 당신은 그러지 않고 빨리 선택할 수 있다. 당신이 이미 행동하고 있다면 다른 사람들은 이제 막 자신의 목적을 깨달을 테고 당신은 벌써 성공하고 있을 것이다. 이것이 빠른 내 성공의 비결이며 내가 리더들에게 가르치는 핵심이다. 우리는 삶의 목적이 무엇인지 분명히 알아야 한다. 꿈이 우리를 위해 모든 것을 선택하게 하려면 우리의 꿈을 알아야 한다.

어느 순간 당신은 꿈이 저절로 실현된다는 것을 이해할 것이다. 꿈을 이루는 것은 우리가 아니니 꿈을 소중히 여겨라. 큰 꿈이 당신을 훌륭한 사람으로 만든다. 다른 사람을 위한 꿈 또한 타인을 위해 봉사할 에너지가 고갈되는 일이 없도록 보장해준다.

나는 가업을 물려받으려는 사람은 집 밖에서 일해야 한다고 믿는다. 몇 년간 꿈을 위해 일한 뒤 다시 가업을 도우러 돌아갈 수도 있다. 밖에서 일하고 있을 때 기업이 망할까 봐 두려워할 필요도, 학업을 마치고 바로 집으로 돌아와 일해야 한다고 생각할 필요도 없다.

사실 기업은 당신이 있든 없든 실패할 가능성이 더 크다. 당신 부모님이 10~20년 동안 해결하려 애써온 문제는 여전히 해결하지 못했고 당신은 이제 막 4년제 대학을 졸업했다. 그들이 풀지 못한 문제를 해결할 수 있는 경험을 어디서 얻겠는가? 건축업자와 건축회사 임원은 본질적으로 다르다. 예를 들어 당신이 사용하는 전화기를 부품별로 분해한 다음 다시 조립하려 하면 당신은 똑같이 해내기가 매우 어려울 것이다. 당신이 그 전화기를 매일 사용한다고 해서 전화기를 스스로 창조했다는 뜻은 아니다. 당신은 단지 사용자일 뿐이다. 스스로 만들지 않은 성공은 유지하기가 매우 어렵다.

나는 기업이 얼마나 크든 또 얼마나 성공했든 상관없이 기업을 물려받고 싶지 않았다. 그것은 부모님이 이룬 성공이라 생각했기 때문이다. 이는 나 자신의 성공이 아니라 전적으로 내게 그냥 주어진 것이다. 내 인생을 창조하는 데 다른 사람의 성공을 이용하는 것은 재미없다.

유리잔 안의 물은 바닷물을 절대 이해하지 못한다. 유리잔에 담긴 물은 아마 항상 쾌적한 상온을 유지할 것이다. 당신이 거기에서 나와 스스로 삶을 창조하지 않으면 계절에 따라 변하는 자연 온도와 파도는 결코 경험할 수 없다. 독수리로 태어났다면 감히 혼자가 될 용기가 있어야 한다. 참새만이 무리 지어 살며 혼자서는 아무것도 하지 못한다.

우리는 네모난 수조에서 헤엄치는 구피가 될지, 바다를 헤엄치는 고래상어가 될지 선택할 수 있다. 물론 구피의 삶은 편안하다. 스스로 먹이를 찾아야 하는 고래상어와 달리 늘 먹이를 챙겨주는 사람들이 있다. 그러나 그 모든 어려움은 구피가 절대 하지 못할 전 세계를 헤엄칠 수 있는 자유와 맞바꾼 것이다.

나는 항상 내가 똑똑한 사람이 아니며 재능이 없다고 말한다. 운 좋게도 나는 어렸을 때 내가 원하는 것이 무엇인지 알았다. 나는 어릴 때부터 어떻게 살고 싶은지 정확히 알고 있었다.

2009년 5월 19일 밤 아버지는 내게 가업을 물려받을지, 아니면 내 꿈을 좇는 일을 할지 선택권을 주었다. 나는 항상 내가 선택한 도구로 인생을 창조하기로 선택해야 큰 성공을 거둘 수 있다고 믿어왔다. 인생의 동반자와 인생을 만들어가는 도구는 비록 처음부터 시작해야 할지라도 삶에서 스스로 선택해야 하는 2가지 요소다.

그날 밤 내가 아버지에게 망설임 없이 크고 또렷하게 대답하는 데는 2초도 채 걸리지 않았다. 내 대답이 어찌나 선명하고 강렬했던지 아버지도 깜짝 놀랐다. 내 꿈이 무엇인지 이미 알고 있었기에 나는 빠르고 단호하게 결정을 내렸다. 내 인생의 도전이 무엇인지 알게 된 이후 나는 내 길을 선택했다.

가족 사업은 내 목적이 아니다. 가업이 나쁘다는 것도 아니고 탄산음료로 샤워하기 싫거나 두리안으로 배탈을 고치기 싫은 것도 아니다. 하지만 내게 더 중요한 것은 종일 앉아서 내 사업을 지켜보는 공장주가 되고 싶지 않다는 것이었다.

이렇듯 사업체를 소유한 사람으로 시작하면 결국 사업체에 종속되는 존재가 된다. 나는 내 시간의 모든 순간을 소유하고 싶었다. 나는 사업체 소유주가 아니라 '내 인생의 주인'이 되고 싶었다. 나는 그저 부유한 노인의 자식으로 남고 싶지 않았고 꿈을 믿는 사람들의 증거가 되고 싶었다.

어떤 새들은 우리에 갇히려야 갇힐 수 없는 운명이다. 왜냐하면 깃털 색이 너무 밝고 목소리가 지나치게 거칠기 때문이다.

2009년 5월 19일 목요일 아침, 나는 가방 2개를 들고 일찌감치 집을 나섰다. 오른손에는 서류 가방, 왼손에는 옷 가방을 들었고 파흥Phahung과 친나반촌Chinnabanchon을 위한 기도문까지 들고 있었다. 그렇게 나는 방콕으로 향했고 내 삶을 개척하기 시작했다. 당신에게 아무것도 남지 않은 날이 온다면 그때는 꿈꾸는 것만으로도 충분하고 그것이 당신에게 필요한 전부라는 걸 알게 될 것이다.

당신이 가진 것이 많지 않을 수 있지만, 희망은 있다.

당신이 가진 것이 많지 않을 수 있지만, 믿음은 있다.

당신이 가진 것이 많지 않을 수 있지만, 꿈은 있다.

그날 아침 나는 혼란스러웠다. 그러나 내가 선택한 길이라고 나 자신에게 말했다. 내가 가기로 결정한 길이 쉽지 않고 많은 장애물에 직면해야 한다는 것은 알고 있었다. 생각보다 혼자 고뇌하는 날이 많을 테지만 나는 이를 위해 태어났다고 스스로에게 다짐했다.

그날 아침 내가 내린 결정은 우리에게 아무것도 남지 않은 날에는 꿈만 남겨둬도 충분하다는 것을 깨닫게 했다.

그리고 오늘의 내 삶은 그 자체로 내 믿음을 증명한다. 나는 일찌감치 쉬운 삶을 떠나기로 선택했고 현재의 내 삶에 만족한다. 그날 나는 내 삶의 목적을 알고 있었기에 주저하지 않고 어려운 결정을 내릴 수 있었다.

나는 인생에서 근면 성실함과 결단력만 발휘한다면 수년 내로 뭐든 성취할 수 있다고 믿는다. 성공은 성취할 수 있으며 그 성공은 우리의 남은 생애 동안 우리를 돌봐준다. 내가 모든 기회를 활용해 내 꿈이 나를 위한 최고의 해답, 최고의 도구, 최고의 사업 기회를 선택하도록 하는 이유가 여기에 있다.

어떤 새장은 당신이 새장 속이 아니라고 생각하도록 속일 만큼 충분히 크다. 나는 보이지 않는 새장에서 벗어나기로 했다. 스물네 살에 완벽한 자유를 찾아 집을 나섰지만 두려움이나 불안은 없었다. 오히려 커밍아웃으로 꿈을 이룰 기회가 생긴 것 같아 설레었다. 나는 내가 할 수 있다는 것을 알았다. 나는 내 꿈에 늘 감사했다. 오랫동안 꿈과 함께한 나날은 곧 내가 원하는 대로 성공하는 날이었기 때문이다.

당신이 원하는 방식으로 성공하라. 당신은 당신의 선택이 아니라 꿈 때문에 모든 일이 일어나며 꿈이 당신을 위해 선택한다는 것을 발견할 것이다. 꿈을 이루는 건 우리가 아니다. 꿈이 우리의 이상적인 자아를 형성한다. 우리가 원하는 삶이 실제로 이뤄지게 하는 것은 꿈이다. 그러므로 꿈만큼 아름답고 오래 지속되는 것은 없다.

곧 모든 일이 잘될 때,

당신은 인생의 이 시기를 되돌아보고

절대 포기하지 않은 것을 기뻐할 것이다.

2장
마법의 거울

나는 보통 이른 아침에 글을 쓰는데 특히 이 책은 기차 공원에서 아침에 달리기할 때마다 다음 장의 아이디어를 떠올리겠다는 목표를 세웠다. 시작하자마자 딴생각이 떠올라 이를 내려놓기가 어려울 때도 있다. 그래도 나는 그냥 달리며 내 사고 흐름이 자유롭게 흘러가도록 노력한다.

오늘 아침도 마찬가지였다. 할머니와 함께한 어린 시절 기억이 떠올랐다. 나를 키워준 할머니는 늘 무엇을 하든 내게 중요한 가치와 덕목을 지켜야 한다고 가르쳤다. 덕은 대나무를 묶어 뗏목을 만드는 밧줄과 같다. 밧줄이 없으면 뗏목은 흩어지지만, 밧줄이 충분히 강하면 물이 아무리 빨리 흘러도 뗏목은 안전하게 물에 뜬다.

그날 아침 나는 할머니의 가르침이 아직 내 기억에 남아 있다는 사실에 감사함을 느꼈다.

또 다른 기억은 사찰 파빌리온에서 다리를 구부리고 앉았던 일이다. 어떤 사찰이었는지는 기억조차 나지 않지만 그날 아침 할머니가 나를 일찍 깨워 공덕을 쌓고 사찰에 공양한 것은 기억난다. 이 짧지만 명확한 기억의 중요하지 않은 세부 기억은 빠르게 옅어지고 있다.

주지 스님이 법문을 마치자 차얀토가 성수를 뿌렸다. 그리고 내 멘토가 정자 아래 큰 나무 밑에 물을 뿌렸을 때 할머니는 내게 '마법의 거울'을 가르쳐주셨다. 그녀는 우리 마음속에 무엇을 선택할지 결정하는 데 도움을 주는 마법의 거울이 있어야 한다고 말했다.

우리 마음속 마법의 거울은 우리에게 찰나의 쾌락이나 지속되지 않는 방종보다 진정한 성공의 미덕을 선택하라고 말한다.

'리더'는 자신의 재능을 발휘하기 위해 '도덕성'을 갖춰야 한다.

'솜씨'보다 '착함'이 더 있어야 한다.

'힘'보다 '자비'가 더 있어야 한다.

감정에 이끌리기보다 마음을 돌봐야 한다.

당신은 당신의 '직위'가 '빌린' 것임을 이해해야 한다.
그 직책을 '평생 맡지는' 않을 것이다.

'직책'은 영원히 지속되지 않지만 유산은 지속된다.

'실력' 있는 사람은 일을 잘할 수 있지만 리더가 되려면 사람들의 마음을 얻어야 한다.

기차 공원을 세 번 돌면서 시계를 보니 활력이 넘치고 심장박동이 빨라지는 것이 느껴졌다. 3구역, 4구역을 금방 지났고 500미터만 더 가면 8킬로미터에 도달할 것이었다. 나는 내 상상력이 다시 표류하도록 그냥 두고, 계속 달리면서 이 기회에 내 마음속 마법의 거울을 향해 이야기를 했다. 여기 마법의 거울이 필요한 모든 사람과 공유하기 위해 떠올린 몇 가지 답변이 있다.

진정한 성공에 만족하려면 이 6가지를 선택해야 한다.

칭찬받고 사람들을 기쁘게 하는 것보다 당신을 위한 진정한 성공을 선택하라

안타깝게도 세상에서 모두를 만족시킬 수 있는 유일한 사람은 아이스크림 장사꾼밖에 없다. 사람들의 감탄은 일시적이다. 반면 진정한 성공은 우리와 영원히 함께하며 늘 우리의 것으로 남는다. 때론 우리가 진정 소중하게 여기는 가치 있는 성공을 대가로 다른 사람들의 찬사를 받지 않고 묵묵히 나아가야 한다.

우리가 받는 칭찬에 진정성이 있는지 없는지는 알 수 없다. 그러니 두려워하지 말고 다른 사람들이 어떻게 생각하든 개의치 마라. 오늘 하기로 한 어떤 결정에 모든 사람이 만족해 동의할 때까지 기다려야 한다면 절대 아무것도 시작할 수 없을 것이다. 당신은 약한 사람으로 남고 당신의 두뇌는 목적을 잃어버린다. 자신을 이해하기 위해 다른 사람에게 의존할 경우, 자신을 이해하는 데 도움을 줄 누군가가 꼭 필요하다는 의미일 수 있다.

다른 사람의 의견이나 칭찬을 기다리면 결코 더 높이 올라갈 수 없다. 진정한 성공은 한 사람이 할 수 있는 일이나 자신의 결정에 동의하는 사람의 숫자로 측정하지 않는다. 오히려 그것은 경멸의 정도와 당신에게 동의하지 않는 사람의 숫자 그리고 당신이 용기를 내 이것을 어떻게 이겨냈는지로 측정한다.

오늘 당신이 성공을 선택하기로 결정하고 당신에게 진정 필요한 목적에 따라 행동하기로 결정했다면, 모든 사람이 당신의 말에 동의하거나 누군가가 당신을 존경하길 기다리지 않아도 마법의 거울은 당신이 올바른 길을 가고 있다고 말할 가능성이 크다. 다른 사람에게 자신을 설명하는 행위는 그만두고 하고 싶은 일을 하면 세상은 더 나은 곳이 될 것이다.

이 수준에 이르면 "왜 그렇게까지 하세요? 이건 무엇을 위한 일인가요? 도대체 누가 이런 일을 할까요? 당신은 절대 해낼 수 없어요"라는 말도 당신을 전혀 괴롭히지 못한다. 도보로 걷는 것은 때로 우리를 넘어지게 할 수 있음을 항상 기억하라(심지어 아주 작은 물건에 걸려 넘어질 수도 있다). 우리는 장애물을 넘어서기 위해 발을 높이 들어야 한다. 결국 우리가 간과해야 할 것과 신경 쓰지 말아야 할 것이 무엇인지 분명히 이해하면 발을 다치지 않고 계속 걸을 수 있다.

다행히 그날 아침 나는 파빌리온에 있는 마법의 거울에서 답을 얻었다. 사실 내 사업을 시작한 첫 2년 동안(2008년 말부터 2011년 초까지) 아무도 내게 동의하지 않았다. 누구도 내가 본 것을 보지 못했다. 어떤 사람은 나를 직접 비난했고 대개는 뒤에서 몰래 험담했다. 오랫동안 나와 함께한 가장 친한 친구도 사업 확장에 도움을 바란 사업 논의가 끝난 뒤 멍한 표정으로 테이블에서 일어났다.

하지만 나는 그가 나를 거부한 게 아니라 이 기회를 거절했음을 이해했기에 기분이 상하지는 않았다. 그는 내가 해낼 수 없을 거라고 생각했지만, 내가 보기엔 단지 그가 할 수 없다고 결정을 내린 것뿐이었다.

나는 사람들이 성숙하고 위기에 처해 있거나 비전이 있을 때만 기회를 본다는 것을 이해한다. 그래서 나는 그들을 판단하지 않았다. 다만 나는 조용히 일하면서 내 성공으로 나를 증명할 수 있도록 동기부여를 했다. 나는 내 성공이 모든 것을 설명하길 원했고 또 그렇게 할 수 있다고 판단해 열심히 일하기로 결심했다.

오늘날 내 친구들은 모두 내게 조언을 구하고 나를 칭찬한다. 그때 내가 모든 친구와 사랑하는 사람이 내 의견에 동의하기를 기다렸다면, 오늘 나는 동창회에서 구석에 조용히 앉아 있는 실패한 사람으로 남았을 것이다.

인정보다 탁월함을 선택하라

탁월함에 헌신하는 것은 성공으로 가는 여정의 초석이다. 나는 탁월함에 확고한 의지가 없는 사람이 성공하는 것을 아직 보지 못했다. 나는 이것을 이렇게 설명하고 싶다. 탁월함은 타고난 재능과 아무 관련이 없다. 오히려 탁월함은 당신이 추구하기로 선택하는 것이다.

품질은 결코 우연히 발생하지 않아서 '품질'이라 불린다. 품질은 의도와 성실성, 우수성에서만 나온다. 자신에게 집중하고 자신을 믿기로 선택해야 한다. 뛰어난 사람은 신나는 일을 할 수 있는 사람이 아니라 어떤 분야든 전문화할 수 있는 사람이다. 또한 트레이닝 중 가장 지루하고 반복적인 과정을 견뎌내는 투지가 있는 사람이다.

다른 사람들이 당신에게 박수를 보내도록 하기 위해서가 아니라 당신이 자신에게 박수를 보낼 수 있도록 모든 면에서 뛰어나기로 선택하라. 일과 성과에서 기복이 나타나는 것은 정상이다. 그러나 당신이 내면에 구축하기로 선택한 탁월함은 영원히 당신과 함께한다. 금화는 주인이 바뀔 수 있지만 연습하고 절대 포기하지 않는 습관은 영원히 승리하게 한다.

당신의 일뿐 아니라 사람들이 당신을 받아들이도록 선택하라. 세부 사항에 주의를 기울이고 항상 자신을 더 나은 사람으로 만들기 위한 방법을 찾아라. 훈육 습관을 실천하고 자신의 모든 업무에서 높은 기준을 유지하라. 이것이 당신을 위대하게 만드는 자질이다.

이 책을 쓰는 동안 나는 플런칫 로드에 있는 로즈우드 방콕 호텔에 머물고 있었다. 그날 밤 거의 10시가 넘은 시간에 나는 남북 중식당(19층, 찻잎의 품질과 향으로 유명함)의 티 카운터에서 혼자 은침 백차를 마시고 있었다. 이 장의 원고를 읽고 있는데 갑자기 고교 시절에 받아들이기보다 탁월함을 선택한 경험이 있는 사람이 기억났다. 그 사람은 내 아이디어에 큰 영향을 주었다. 호주 멜버른에서 공부하던 9학년 방학 때 내가 집중적으로 공부하면서 그의 이야기를 읽은 기억이 난다.

그 사람은 전 세계적으로 샤오 리 퓨 타오Xiao Li Pue Taw 또는 리 탐 훼Li Tham Huai라는 이름으로 알려져 있으며, 많은 사람이 그를 리 김 후앙Li Kim Huang 혹은 소설 《고대 용의 단검 파워The Dagger Power of the Ancient Dragon》(가오 룽Gow Leng) 저자로도 알고 있다. 길이가 8센티미터 정도에 불과한 단검을 주요 무기로 사용하는 전사의 이야기를 읽어본 적 있다면 내가 무슨 말을 하는지 알 것이다. 주인공과 싸우는 적들은 이 단검이 목표물을 놓치지 않는다는 것을 알고 있다.

소설 속에 등장하는 단검은 복수가 아닌 사랑을 위한 물건이다. 여기서 우리는 리 김 후앙이 매우 멋지고 자신감 넘치는 사람인 동시에 친절함의 미덕을 갖추고 있음을 알아볼 수 있다. 무엇보다 그는 여성과 영웅의 명예를 가장 중요하게 여긴다.

그는 자신의 우수한 무기에 남다른 집념을 보였다. 그리고 그는 자신이 세계 1위인지 아닌지에 전혀 신경 쓰지 않았다. 그는 누구에게도 인정과 감사를 요구하지 않았고 그가 신경 쓰는 유일한 것은 날아다니는 단검뿐이었다. 리 김 후앙은 단검을 던질 때 절대 과녁을 놓치면 안 된다는 생각에만 관심이 있었다.

중국 소설 속 요다Yoda 같은 효생Hyo Seng도 "세상에 던지는 칼을 피할 수 있는 사람은 없다"라며 한숨을 쉬었다. 그렇다면 리 김 후앙은 어떻게 내 롤모델이 되었을까?

누군가가 리 김 후앙에게 물었다.

"모두가 당신이 단검을 던지면 백발백중이라고 하는데 과장이 아닌 가요?"

"과거에 많은 사람이 다음 두 문장을 오해했습니다."

"지금은 어떤가요?" 그리고 "지금은 그들 모두 죽었습니다."

끝내주는 문구가 아닐 수 없다! 정말 멋지다! 이것이야말로 남들의 인정보다 개인의 탁월함을 선택하는 사람의 자신감이다.

방종보다 자기 계발을 선택하라

하고 싶은 일이 아니라 가장 성공할 수 있는 일을 하라. 인내는 성공의 위대함을 나타내는 척도다. 항상 자신의 욕망에 빠져 지내는 것은 결코 당신을 더 나은 곳으로 데려다주지 않는다. 당신은 자기 계발을 위해 노력하는 동시에 자신의 욕망에 빠져 지내는 것을 선택할 수 없음을 이해해야 한다. 이는 불가능하며 둘 중 하나를 선택해야 한다.

우리는 진정한 행복을 원하는지 아니면 인위적인 행복을 원하는지 선택해야 한다. 안락함과 안일함과 방종은 우리를 참된 행복과 성공으로 인도하지 못한다.

금전적 보상을 추구하기보다 잠재력을 최대한 활용하라

세상의 거의 모든 가치는 돈이 결정한다. 그렇지만 여전히 돈보다 더 가치 있는 것이 있으며 그중 하나는 당신 자신의 잠재력이다. 금전적 보상 가능성은 제한적이지만 지속적인 개선 가능성은 무한하다. 돈은 당신에게 선택권을 줄 수 있으나 당신의 삶에 실질적 가치를 더하지는 못한다.

오늘 당신이 감히 돈보다 내면의 잠재력을 더 중요하게 여긴다면 나는 당신이 성장할 좋은 기회를 얻을 거라고 믿는다. 극소수의 사람만 이를 이해할 용기를 낸다. 그리고 마법의 거울은 당신이 올바른 선택을 했음을 알려주고 미래의 성공도 보장한다.

2012년부터 2017년까지 5년간 나 혼자 여행한 기억이 아직도 생생하다. 전 세계에서 사업을 한 나는 한 달 동안 많은 국가와 도시를 방문했다. 비행기표와 호텔을 비롯한 여행 경비가 한 달에 수십만 달러에 육박할 정도였다.

물론 태국에 머물기로 선택했다면 여행하는 것보다 훨씬 더 많은 돈을 절약했을 것이다. 하지만 나는 크게 신경 쓰지 않았다. 나는 그저 내 잠재력을 최대한 활용하고 싶었고 나 자신을 최고의 '믿음 기계Belief Machine'로 보는 것이 정말 즐거웠다. 마치 내게 앞뒤로 날아갈 수 있는 날개가 있는 것처럼 나는 세계 곳곳을 여행했다.

그렇지만 나는 내가 가진 돈을 낭비하지 않기 위해 시간과 에너지를 현명하게 사용해야 했다. 아무튼 시간, 에너지, 돈 등 어떤 대가를 치르더라도 내 잠재력을 발견할 가치는 충분했다.

목표에 도달하지 못해도 그만한 가치가 있을 거라고 굳게 믿었기에 나는 노력하기로 결정했다. 나는 내 모든 잠재력을 발견했고 그것은 그 자체로 목표였다.

나는 우리 조직 리더들에게 인내의 기준을 정해주었고 그들은 나를 롤모델로 바라보았다. 나는 봉쇄된 내 힘을 풀고 내 안에 있는 용이 얼마나 큰 소리로 포효하는지 보았다. 오늘날 내 성공은 내가 올바른 결정을 내렸음을 이미 보여주었고 내 성공 이야기는 전 세계 사람들에게 커다란 영감을 주고 있다. 그리고 사람들을 구하기 위해 전 세계를 날아다니는 어벤저스처럼, 내 꿈과 그에 따른 성공은 전 세계 사람들에게 영감과 도움을 주고 있다.

모든 것에 집중하기보다 한 가지에만 집중하라

모든 것에 관심을 기울이는 것이 잘못된 건 아니지만 시간은 한정적이라 그런 관심을 영원히 유지할 수는 없다. 40대에 가까운 사람이 여전히 다양한 것을 시도하는 걸 본 적 있는가? 그 사람은 '거의 마흔'인 사람이 아니라 단지 성공하지 못한 사람일 뿐이다.

개인적으로 나는 30대가 되기 전에 집중할 무언가를 선택해야 한다고 생각한다. 인생을 구축하기 위해 어떤 도구를 선택할지 확실하게 결정하라. 그렇지 않으면 인생의 일부만 낭비하는 게 아니라 인생 전체를 낭비할 위험도 있다.

안락한 공간에 있는 것보다
더 가치 있는 것을 만들기 위해 선택하라

사람들은 대부분 편안함을 좋아하는데 이는 인간의 본성이므로 이상하지 않다. 그러나 더 높이 가고 싶고 성공하고 싶다면 보다 가치 있는 것을 구축하기로 선택해야 한다. 돈을 벌기는 쉬워도 실질적 의미를 창출하기는 어렵다고 해서 지금의 모습을 그대로 받아들일 수는 없다. 우리가 편해지고 싶을 때마다 그것은 의미를 찾고자 하는 욕망과 삶의 의욕이 줄어들고 있다는 뜻이다!

나는 내가 원하는 삶을 스스로 창조했는데 한 단계 더 높은 수준의 삶을 살면서 깨달은 것이 있다. 바로 삶의 초기 시절을 돈을 버는 데 써야 나머지 인생 내내 의미를 추구할 수 있다는 점이다. 사실 인생에서 돈이 전부는 아니다. 삶의 의미가 훨씬 더 중요하다. 그래서 우리는 사람들을 도와야 한다. 나는 다른 사람들을 돕는 것은 우리가 이 행성에서 살기 위해 지불하는 집세라고 믿는다.

나는 거의 12킬로미터를 달렸을 때 물을 마시기 위해 잠시 멈췄다. 그리고 내 마법의 거울에 다시 물었다.

"성공을 추구하고 실제로 성취하기 위해 어떻게 자신을 트레이닝할 수 있을까?"

여기에는 몇 가지 답이 있다.

나만의 개성 개발하기

재능은 당신을 정상으로 데려다줄 수 있다. 하지만 당신을 그 자리에 오랫동안 머물게 하는 것은 당신의 개성이다. 아무것도 개성을 대체할 수는 없다. 멋져 보이는 옷을 사거나 지식을 살 수도 있다. 그러나 아무리 애를 써도 개성은 살 수 없다. 개성은 스스로 만들어야 하며 이것은 쉬운 선택 대신 올바른 선택을 하는 데 항상 도움을 준다.

개성이 없는 사람은 감정을 따라가지만, 개성이 강한 사람은 자신의 가치관과 계획을 고수한다. 개성이 없는 사람은 핑계를 대지만, 개성이 있는 사람은 해결책을 찾는다. 개성이 없는 사람은 장애물에 부딪히면 포기하지만, 개성이 있는 사람은 모든 장애물을 극복한다. 개성이 없는 사람에게는 외적 동기가 필요하지만, 개성이 있는 사람은 야망을 내면에서 끌어낸다. 개성이 없는 사람은 말과 행동이 일치하지 않지만, 개성이 있는 사람은 언행이 일치한다. 개성이 없는 사람은 근시안적이고 쉽게 낙심하는 경향이 있는 반면, 개성이 있는 사람은 큰 그림을 보는 경향이 있다. 그들은 관점이 장기적이고 인내심이 강하다. 따라서 개성이 없는 사람의 결정은 실패로 이어지고, 개성이 있는 사람의 모든 결정은 성공 결승선에 도달하게 도와준다.

변명하지 마라. 사람들은 대부분 외부 세계의 도전에 맞서 자신을 방어하기 위해 변명을 방어막으로 사용하고, 그 방어막이 끊임없이 확장되는 삶의 가능성으로부터 자신을 얼마나 분리하는지 잊는다. 한계를 핑계로 삼지 말고 인생을 살아가면서 변명하지 마라. 당신이 직면한 어려움과 당신 자신에게 한 약속을 발전을 위해 사용하라.

실패한 사람들의 **99%**는 변명하는 탓에 성공하지 못한다. 그들은 다른 사람이나 다른 것을 손가락질한다. 성공하지 못한 사람에게는 왜 자신이 잘하지 못하는지 알아낼 능력이 있지만 그 능력을 사용하지 않기로 선택한다.

성공한 사람들은 타당한 이유가 있어도 변명하지 않는다. 대신 무슨 일이 있어도 최선을 다해 모든 일을 하려 한다. 그들은 항상 앞으로 나아가고 발전한다. 변명하지 말고 모든 것을 성취하는 데 필요한 규율을 개발하라. 변명하길 그만두고 약속을 지키며 고난을 딛고 성장하기로 선택하라.

항상 굶주리기

소설 《정글북》의 저자 러디어드 키플링은 "원하는 것을 얻지 못하는 데는 2가지 이유가 있다. 정말 필요하지 않거나 성공 조건을 협상하려고 하거나"라고 말했다.

인생을 최대한 활용하기 위해 어떻게 잠재력을 최대로 발휘하고 싶은지 자신에게 물어보라. 당신은 성공에 얼마나 굶주려 있는가? 굶주리지 않으면 필요할 때 감히 희생하지도, 감히 위험을 감수하지도 않는다. 당신은 쉬운 선택이 아닌 올바른 선택을 하지 않을 테고 항상 노력보다 편안함을 선택할 것이다.

미래를 실현하기 위해 행동할 동기를 부여하려면 맹렬한 야망과 성공을 향한 갈망이 필요하다. 끊임없는 배고픔은 끊임없는 열정을 만든다. 끊임없는 열정만 꿈을 실현할 수 있기에 그 지속적인 열정은 믿을 수 없을 만큼 가치가 있다.

　나는 진정 마법의 거울이 당신에게 가능한 한 최고 수준으로 높은 목표를 지향하라고 말해줄 거라 믿는다. 할머니가 이걸 가르쳐주었으면 좋았을 테지만 그때는 내가 너무 어렸다.

　내가 연설할 때마다 사진작가가 모든 사진을 내게 보낸다. 내가 가장 좋아하는 사진은 사람들이 내게 존중을 표시하기 위해 손을 모으고 고개를 숙이는 사진이 아니다. 오히려 청소년이든 직장인이든 어른이든 노인이든 사람들이 나를 안아주는 사진을 좋아한다. 성공을 측정하는 간단한 방법은 얼마나 많은 사람이 손을 모으고 머리를 숙이는가를 보면 알 수 있다. 그러나 성공을 측정하는 훨씬 더 좋은 방법은 당신을 안아주고 싶어 하는 사람의 숫자라고 생각한다.

　우리 가족은 지역 정치에 약간 관여하고 있다. 매년 설날인 송크란에 우리는 집 대문을 열어 다양한 직업의 사람들이 아버지께 경의를 표하기 위해 손을 맞잡고 머리를 숙이는 광경을 본다. 전통에 따라 아버지는 그들에게 돈이 든 봉투를 건네준다. 그게 진심이라고 느껴본 적이 없어 매년 뚜렷한 아쉬움이 남는다.
　봉투에 든 돈이 내가 주식 시장에 투자한 돈, 금을 사거나 석유를 거래하거나 다른 필수품을 사기 위해 저축한 돈임을 알기 때문일 것이다. 진심에서 우러나오지 않은 존경심을 사기 위한 돈이 아니다. 그러나 나는 그것이 아버지가 정치적인 이유로 해야 할 일이라는 것을 이해한다 (솔직히 그 덕분에 면허 없이 오토바이를 몰다가 벌금을 물 위기에 처했을 때 여러 번 도움받은 적도 있다).

　이것이 내가 아무도 내게 경의를 표하는 것을 원치 않는 이유다. 그들이 CD, 책, 입소문으로 나를 얼마나 잘 알고 있는지와 무관하게 누군가가 걸어와 나를 한 번 더 안아주는 것이 더 행복하다. 그들의 명예와 존경이 진심으로 느껴져도 나는 알 방법이 없다.

　하지만 나는 포옹은 항상 진심이라고 믿는다. 당신도 그것을 느낄 수 있을 것이다. 길 한가운데서 낯선 사람을 껴안지는 않을 테니 말이다. 반면 낯선 사람이 나를 안아주는 이유는 우리가 만나기 전부터 내가 말로 그들의 마음을 사로잡았기 때문이라고 생각한다.

　나는 그들의 손을 잡기도 전에 그들의 마음을 느낄 수 있다. 그들이 손을 모으고 머리를 숙여 내게 존경을 표하기 전에 나는 그들의 마음을 어루만졌다.

　돈을 벌도록 설계된 손이 있고 가치를 창출하도록 설계된 손이 있다. 이 두 손은 완전히 다른 손이다.

　누군가를 존경하기 위해 손을 모으는 것은 '안녕하세요'라고 말하는 것뿐이지만 포옹은 말 한마디 없이도 많은 의미를 전달한다.

　그러므로 성공을 측정하는 기준은 당신을 안아주고 싶어 하는 사람 숫자가 그 기준이어야 한다고 생각한다.

의미 있는 삶은 편안한 삶이 아니라 성장하는 삶이다.

3장
(오직 당신의 직업에 관한)
사랑만이 진실하다

태국 방콕에 살면서 좋은 점 한 가지는 오토바이 택시가 곳곳에 있다는 것이다.

내 고향에서는 오토바이 택시를 속어로 '제밀턴เมล์เครื่อง'이라 부른다. 아마도 '자동차'를 뜻하는 태국어 단어와 오토바이를 뜻하는 '기계'라는 단어의 조합인 것 같다. 그냥 태국어로 말장난일 뿐이다.

오토바이 택시 얘기가 나와서 말인데 출랄롱콘대학교Chulalongkorn University에서 막 1학년을 시작했을 때, 친구가 내게 어떻게 왔는지 물었고 나는 "교통 체증이 무서워서 그냥 오토바이 택시 탔어"라고 했다. 그는 혼란스러운 듯한 표정으로 "제밀턴이 뭐야?" 하고 물었다. 그제야 나는 그것이 매우 지역적인 용어임을 깨달았다. 나는 반퐁Ban Pong 지역의 랏차부리Ratchaburi와 나콘 파톰Nakhon Pathom, 매 클롱 바신Mae Klong Basin 같은 인근 지방에만 제밀턴(방콕의 오토바이 택시)이 존재한다는 것을 알았다.

나는 항상 방콕의 오토바이 택시가 태국이 다른 많은 나라보다 훨씬 더 편리한 이유라고 말하고 다녔다. 그리고 나는 다른 나라들도 오토바이 택시를 도입하기를 바란다. 시간을 아주 효율적으로 사용할 수 있어서다. 지금까지 나는 전 세계 크고 작은 도시를 많이 가봤는데 비슷한 시스템을 갖춘 곳은 베트남 호치민뿐이었다. 그렇지만 호치민의 오토바이 택시는 태국과 조금 다르다. 호치민은 기업에서 운영하는 반면 태국에서는 기차역과 방콕의 골목길 곳곳에서 오토바이 택시 기사를 볼 수 있다. 어떤 오토바이 택시 기사도 방콕처럼 자신의 직업을 자랑스럽게 여기지 않는다고 생각한다.

이것을 깨달은 날을 나는 아직도 기억한다. 2017년 8월 중순의 어느 날 저녁, 나는 스쿰빗 소이 26Sukhumvit Soi 26에 있는 K 빌리지K Village에서 약속이 있었다. 오후 7시에 미래 인재를 지도해야 하는 약속이 있었지만 센트럴 랏프라우Central Ladprao에서 소화해야 할 약속이 2개나 있었다. 오후 5시 30분까지 나가기로 했으나 첫 번째 약속에서 만나는 사람이 늦는 바람에 늦게까지 이야기를 나눴다. 두 번째 약속에서 만난 사람도 늦었는데 우리 시계의 시간이 정확했는지는 확실하지 않다. 나는 시간과 시간 엄수를 중시할 뿐 급하지 않다면 서두르는 것도 좋지 않다고 생각한다. 너무 서두를 필요는 없으므로 필요에 따라 늦는 것은 괜찮다. 하지만 1년에 세 번 넘게 10분 이상 지각할 수 없다는 나만의 규칙이 있다.

당시 내가 손쓸 수 있는 방도는 없었고 센트럴에서 나왔을 때는 거의 오후 6시 30분이었다. 시계를 보니 러시아워 직후라 엄청난 교통 체증이 발생할 게 분명했다. 나는 꽤나 스트레스를 받았고 몸은 아드레날린을 분출하기 시작했다. 내가 운전하기로 선택했다면 아마 오후 7시까지도 여전히 고속도로에 갇혀 있었을 것이다. BTS를 타는 것도 고려해봤지만 타고 내리는 데 너무 많은 시간을 낭비할 수 있었고 내린 후에도 단거리 이동을 위해 오토바이를 타야 했다. 시계를 보고 시간이 없음을 알아챈 내게 유일한 선택은 '오토바이 택시'를 타는 것이었다.

나는 쇼핑몰에 차를 두고 '오토바이'를 타기 위해 쇼핑몰 앞까지 달려갔다. 그때 오토바이 운전기사가 즉시 나를 부르며 오라고 신호하는 것을 보았다. 그는 맨 앞에 서서 "어디로 가세요?"라고 물었다.

나는 "스쿰빗 소이 26의 K 빌리지"라고 대답했다.
"서두르세요. 어느 길로 가고 싶으세요?"
"그냥 빨리요. 어떤 경로든 괜찮습니다. 어느 쪽이든 가능한 한 빨리 도착할 수 있는 길로 가주세요."
"몇 시 약속인가요?"
나는 압박감과 죄책감을 느끼며 즉시 대답했다.
"오후 7시입니다."

내 대답에는 빠르게 가달라는 무언의 요청이 담겨 있었다. 둘 다 동시에 시계를 보았고 바늘이 7시에 접근하며 계속 똑딱거리는 것을 보았다. 그는 아무 말 없이 내게 재빨리 헬멧을 건넸고 우리는 함께 출발했다.

21번 오토바이 운전기사는 (적어도 내 기준에 따르면) 그리 위험하

게 운전하지 않았다. 물론 차에 무릎을 부딪치지 않도록 피해야 할 때
도 몇 번 있었다. 그가 내 운전기사라 운이 좋았다. 그는 신호등에서 줄
지은 차량 행렬의 맨 앞으로 나아가 모든 교통 체증을 피했다.

모든 교차로의 빨간불에서 우리는 시간을 헤아렸고 60초가 한 시간
처럼 느껴졌다. 빨간불 사이의 모든 교차로에서 내 오토바이 운전기사
는 운전 내내 항상 돌아서서 내게 말을 걸었다.

나는 모든 운전기사와 대화하기를 좋아하는 사람이다. 어렸을 때부
터 그들과 앉아 이야기를 나눴기 때문일 것이다. 그들은 늘 웃기기도
하고 친절하기도 하다는 생각이 든다. 그들은 늘 내가 전에 들어보지
못한 재미있는 이야기를 해준다.

아속-펫차부리 교차로에서 빨간불에 멈춰 선 오토바이 운전기사가
나를 돌아보며 "오늘 정말 즐거웠고 오늘도 좋은 선택만 한 것 같습니
다. 비파바디Vibhavadi를 딘 댕Din Daeng으로 가기로 결정해서 기쁩니다.
처음엔 랏차다Ratchada를 지나는 것이 좋지 않을까 고민했는데 중앙으
로 들어오는 차량 숫자를 보고, 비파딘 댕Vipha-Din Daeng 쪽으로 오는 교
통이 많지 않을 거라는 걸 깨달았습니다. 오늘 저와 함께 와주신 건 운
이 좋았습니다. 저는 이 경로를 제 손바닥처럼 알고 있습니다. 어떤 도
로가 혼잡하고 또 어떤 도로가 혼잡하지 않을지 예측할 수 있을 정도로
잘 알고 있지요. 사실 우리가 10분 늦게 출발했다면 랏차다로 가야 했
을 겁니다."

다음 정지 신호에서 내 운전기사는 나와 다시 상의하기 위해 고개를

돌리고 "어느 길로 갈까요?"라고 물었다. 나는 스쿰빗으로 가거나 라마 4Rama 4를 거쳐 가라고 말했다.

그리고는 덧붙였다.

"당신이 결정하세요. 당신을 믿습니다."

"좋아요, 그럼 라마 4로 가겠습니다. 저와 함께 오길 잘하셨습니다. 다른 오토바이 운전기사와 함께 왔다면 모두 빠르게 운행하는 것에 추가 요금을 부과하면서도 약속에 늦었을 겁니다."

말을 마친 그는 빨간불이 초록불로 바뀌자마자 다시 운전을 시작했다. 내 운전기사는 직진하기로 결정했고 마치 시간과 싸움이라도 하듯 나를 최대한 빨리 데려가려고 서둘고 있음을 느낄 수 있었다.

그는 니혼마치Nihonmachi 매장 바로 앞에 신속하게 오토바이 택시를 세웠다. 그때 시계를 확인한 사람은 내가 아니라 오토바이 운전기사였다.

"2분이 지났네요, 유감입니다!"

나는 감탄하고 웃으며 말했다.

"조금 늦었을 뿐입니다. 정말 감사합니다. 당신 덕분에 이렇게 빨리 올 수 있었고 시간약속도 지키게 되었습니다. 100바트는 팁으로 받아주세요. 다시 한번 감사합니다. 당신이 없었다면 저는 이보다 훨씬 더 늦었을 겁니다."

오토바이 운전기사는 고맙다는 인사와 함께 돈을 받고 "방콕에서는 제가 제일 빠른 것 같습니다"라고 말했다. 그는 헬멧을 쓰고는 오토바이를 몰고 떠났다. 나는 겨우 90초 늦었고 오토바이 운전기사는 자신이 그 일을 해냈다는 자부심을 안고 돌아갔다. 그는 자신이 해낸 일에 만족스러운 듯했고 자신의 경력을 자랑스럽게 생각했다.

오토바이에서 내려 회의실로 걸어가는 내내 나는 미소를 지었다. 오토바이 운전기사는 내게 몇 가지 귀중한 교훈을 가르쳐주었다. 나는 그가 자신의 직업에서 많은 재미와 자부심과 명예심을 느끼고 있음을 알았다. 언뜻 그는 다른 오토바이 운전기사와 다를 바 없이 생계를 꾸려나가는 것으로 보일 수 있지만 실제로는 한 가지 중요한 차이점이 있다. 21번 오토바이 운전기사는 자신의 일이 얼마나 중요한지 깨닫고 있었다.

그는 단순한 오토바이 운전기사가 아니다. 그는 시간에 맞서 우리를 목적지에 데려다주는 용감한 사람이다. 그는 우리의 시간을 자신의 시간만큼 소중하게 여기며 목적지 도달에서는 1분도 큰 차이를 만들 수 있음을 알고 있다.

100분 후에 약속 장소에 도착하는 것은 의미가 없다. 물론 오토바이 운전기사의 의무는 승객을 A 지점에서 B 지점으로 데려다주는 것이지만, 내 오토바이 운전기사는 승객을 제시간에 목적지까지 데려다주는 것의 가치와 중요성에 진심이었다. 그에게 그 목표는 고객과 동일했다.

그와 함께 운전기사와 동승자는 한 팀으로서 말하지 않아도 전할 수 있는 진심 어린 약속을 했다. 그는 그 무언의 약속을 지키고 내가 임무를 완수하도록 돕기 위해 자신의 모든 지식과 기술을 사용해 도로에서 운전했다. 그는 자신이 올바른 길을 선택했다는 사실에 기뻐했고 누구도 이용해 먹지 않는다는 사실에 자부심을 느꼈다.

오토바이 운전기사는 많지만 모든 사람이 택시 오토바이 운전기사로서의 경력을 같은 방식으로 평가하는 것은 아니다. 그와 똑같이 열정적이고 행복해하며 운전하는 것을 자랑스럽게 생각하는 사람은 거의 없다. 그에게는 오토바이 택시 요금보다 더 의미 있고 소중한 것이 많다.

다른 직업과 마찬가지로 우리 일은 다른 사람들보다 우리에게 더 많은 '의미'가 있다. 이익이나 월급만 고려하면 의미 있는 일이 필요치 않다. 우리가 하는 모든 일과 존재하는 모든 직업에 의미가 있으려면 어떤 식으로든 다른 사람에게 도움을 주어야 한다.

우리가 일할 때는 개인적인 의도의 가치도 중요하다. 같은 제품을 판매하는 영업사원 두 명이 있다고 해보자. 한 사람은 나중에 다른 사람들에게 자랑하기 위해 고급차를 구입하는 데 쓸 돈을 벌고자 일한다. 다른 한 사람은 고객이 자신의 제품을 사용하고 만족스러운 결과를 얻는 것을 보고 기뻐한다. 그는 기쁜 마음으로 "잘 작동하나요?"라고 물으며 고객을 더 많이 알고 싶어 한다. 또한 그는 고객들이 제품을 좋아하고 그에게서 주문하고 싶어 하는 덕분에 모두 함께 비즈니스를 구축할 수 있다는 사실에 기뻐한다.

이런 유형과 첫 번째 유형은 같은 임금을 받지만 두 번째 사람이 훨씬 더 큰 성취감을 느낀다. 더욱이 두 번째 영업사원은 자신의 경력이 중요하다는 점을 인식함으로써 일상을 의미 있게 느낀다. 그것은 자신에게 도움을 주고 다른 사람도 도울 수 있다. 그날 내가 오토바이 운전기사에게 배운 것은 인생에서 필요한 것은 사랑, 믿음 그리고 경력에 따른 자부심이라는 점이다. 이것만으로도 충분하다.

그날 오토바이 운전기사의 힘은 내게도 전해졌다.

당신의 열정이 당신을 목표 지점으로 데려다줄 것이다.

4장
무대 이면에서

사막에 발이 묶이면 어떤 사람은 앉아서 비를 기다리지만 또 어떤 사람은 가차 없이 오아시스를 향해 나아간다.

내 예술적 기질 때문일 수도 있지만 나는 내 꿈을 자주 생각하는 것을 좋아한다. 나는 항상 꿈을 꾼다고 말할 수 있다. 그리고 나는 계속해서 내 꿈을 이어가고 있다. 대개는 여행과 새로운 경험에 관한 꿈이다. 내 꿈은 늘 새롭지만 아무리 큰 꿈을 꾸어도 다른 사람에게 나와 같은 꿈을 꾸게 하거나 나처럼 모험을 동경하게 할 수는 없다는 걸 배웠다.

꿈은 매우 개인적이다. 누군가에게 갖도록 강요하거나 설득할 수 있는 게 아니다. 우리는 사람들에게 꿈을 꾸도록 강요할 수 없으며, 우리 의도가 아무리 좋아도 꿈꾸는 사람에게 우리가 원하는 방식으로 꿈을 꾸도록 강요할 수 없다.

또한 꿈을 이루기 위해 각 사람이 취하는 트레이드오프trade-off도 개인적이라고 말하고 싶다. 우리는 누구에게도 그들의 꿈을 우리의 꿈과 바꾸도록 강요할 수 없으며, 그들에게 어떤 꿈이 더 필요하다거나 다른 꿈이 덜 필요하다고 말할 수 없다. 우리에게는 우리가 적절하다고 생각하는 대로 꿈을 바꾸거나 추구하라고 사람들에게 말할 자격이 없다.

꿈의 흥미로운 점은 사람들이 대부분 꿈을 이루기 위해 기꺼이 희생하지 않는다는 것이다. 사람들은 대가를 치르거나 꿈을 이루기 위해 필요한 일을 하려고 하지 않는다. 그들은 자신의 꿈이 아무 대가 없이 그들에게 전달되기를 원한다. 그러나 꿈을 이루기 위해 평생을 바치는 사람도 있다. 그들은 꿈을 이루기 위해 모은 돈을 모두 쓰고 사랑하는 사람과의 친밀한 관계까지 포기하기도 한다.

꿈을 꾸는 것 자체는 비용이 들지 않지만 꿈을 이루기 위해 간혹 필요한 여행에는 비용이 든다. 꿈은 생각할 때마다 설레고 재미있다. 우리는 성공을 시각화할 수 있고 우리를 기다리는 아름다운 목적지를 상상할 수도 있다. 그런데 내 경험상 꿈을 이루기 위해 무엇을 포기해야 하는지 깨닫는 사람은 거의 없다. 남겨야 할 것이 무엇인지도 생각하는 사람이 거의 없다. 많은 아마추어와 새로운 몽상가가 신나게 꿈의 산업에 뛰어들었다가 일찌감치 그만두는 것을 보는 것은 놀라운 일이 아니다.

그들은 그것을 충분히 고민하지 않아 시험에 들었을 때 쉽게 포기한다. 나는 자주 앉아서 고민하다가 언젠가는 꿈만 있는 사람에서 꿈을 위해 싸우는 사람으로 변해야 한다는 결론에 도달했다. 꿈을 믿는 사람에서 꿈을 이루기 위해 감히 필요한 절충안을 만드는 사람으로 바뀌어야 한다.

꿈을 갖는 것은 시작에 불과하고 이것은 행동으로 이어져야 한다.

당신의 꿈을 위해 모든 것을 포기하고 희생할 용기를 내는 날이 곧 당신의 삶이 더 나은 방향으로 바뀌는 날이다. 꿈을 이루기 위해 기꺼이 희생하겠다고 결심하는 날이 꿈을 향해 길을 떠나는 첫날이다.

나는 오래전부터 몽상가였고 많은 꿈을 이뤘다. 한 가지 내가 말하고 싶은 것은 꿈을 위해 생각보다 빨리 희생해야 한다는 것이다. 아마추어 몽상가는 이것을 깨닫지 못하고 나중에야 알아채고 놀란다. 꿈을 좇아본 적 있다면 내 말의 의미를 정확히 알 거라고 본다. 일단 꿈을 좇기로 결심하면 꿈을 이루기 위해 희생하고 포기해야 할 것이 있음을 깨닫는다. 특히 우리 꿈을 세상에 널리 알리면 그 결정의 순간은 더 빨리 찾아온다.

당신이 이런 감정과 마주하고 있다면 나는 당신이 있어서 행복하다. 내가 당신과 함께하겠다. 당신은 혼자가 아니다. 모든 진정한 몽상가는 어느 시점에 이 사실을 직면한다. 별것 아니라고 생각하며 그냥 넘어가면 된다. 당신의 꿈은 당신이 진지하고, 정직하고, 희생할 준비를 했고 또 그럴 의향이 있는지 테스트할 것이다. 사람들은 대부분 꿈을 위해 그토록 빨리 희생해야 할 거라고 예상하지 못한 탓에 처음부터 낙담하고 포기한다. 어떤 사람은 도전에 직면했을 때 즉시 꿈을 포기한다. 당신은 계속하기로 선택해야 한다!

투자자로서 나는 다른 관점을 제시하고 싶다. 나는 내 꿈을 위해 내가 희생한 것을 부정적으로 본 적이 없다. 나는 그것을 꿈을 위해 치러야 하는 것으로 보지 않았다. 대신 희생하는 모든 것을 내 꿈을 위한 투자로 본다. 많은 사람이 매일 희생한다고 생각하지만 나는 그것을 매일 투자하는 것으로 여긴다.

꿈을 이루는 것만큼 가치 있는 투자수익률ROI은 없다는 말을 믿어라. 명확한 예시가 있다. 블랙핑크의 리사는 YG에서 연습생으로 5년을 투자했다. 그녀는 정신적, 육체적으로 자신이 가진 모든 것을 바쳤고 규율과 꿈을 확고히 믿으며 행동했다. 그렇게 그녀는 열네 살부터 열아홉 살까지 인생을 투자했다. 그리고 지금 우리는 그녀가 투자한 꿈의 투자수익률ROI가 희생한 5년보다 훨씬 더 가치 있음을 분명히 볼 수 있다.

그녀는 평생 수익을 위해 5년을 투자했다. 희생할 의향이 있는지 자신에게 물어보는 것은 중요하다. 필요한 규율이 있는가? 과감히 희생하고 꿈을 위해 열심히 갈 길을 가라. 임종 직전에 "사무실에서 더 많은 시간을 보냈더라면 얼마나 좋았을까!"라고 말하는 사람은 없다. 과거에 꿈을 위해 희생하거나 열심히 노력하지 않았어도 괜찮다. 오늘부터 투자를 시작할 수 있으니 말이다.

기대치를 조정해야 한다는 점도 잊지 마라. 내가 말했듯 당신은 당신이 생각하는 것보다 꿈에 더 많은 비용을 지불할 수 있다. 나는 고급 호텔 로비와 미슐랭 스타 레스토랑에서, 심지어 해변을 함께 걸으면서도 많은 성공한 사람과 이야기를 나누었다. 자신이 이룬 성공이 "생각보다 훨씬 쉽게 이뤄졌다"라고 말하는 성공한 사람은 한 명도 없었다.

나 자신도 여기에 공감한다. 예상한 것보다 꿈에 더 많은 비용을 지불할 가능성이 매우 크다. 그렇지만 나는 당신이 포기하지 않고 진정 헌신한다면 결국 당신의 꿈은 당신이 지불한 것보다 더 많은 것을, 당신의 상상을 넘어서는 정도의 것을 안겨줄 거라고 확신한다. 올라가려면 포기해야 한다. 더 나아가기 위해서는 성장해야 한다!

꿈에 투자해서 얻는 수익은 우리가 선택한 목적지에 도달하기 위해 얼마를 지불해야 하는지 미리 알 수 있는 택시를 부르는 것과는 다르다. 꿈의 경우 그것은 최종 목표에 도달해야만 알 수 있다. 이것이 자기 자신을 믿고 또 꿈과 그것을 실현하기 위해 희생할 수 있는 능력을 믿어야 하는 이유다. 헌신하면 반드시 꿈을 이룰 수 있음을 알아야 한다.

많은 사람이 놀랄 만한 또 다른 사실은 꿈을 위해 한 번 이상 비용을 지불해야 한다는 점이다. 한 번 희생하기로 결정하고 끝나는 게 아니다. 더 많은 것을 성취하고 더 많은 발전을 원할 때마다 더 많은 것을 희생해야 한다.

계속 지불하고 또 지불해야 할 수도 있지만 진정 꿈에 전념하면 지불할 준비가 될 것이다. 꿈을 추구하는 것은 한 번 지불하고 종일 걸을 수 있는 박물관 입장료를 내는 것과는 다르다.

큰 꿈을 꾸고 꿈에 집중하라. 만약 우리가 목표에 집중하지 않으면 도달하지 못해도 실망하지 않을 것이다. 어느 쪽이든 도달하기 위해 계속해서 싸우는 것이 중요하다. 그 여정을 지속하다 보면 왜 그런 일이 일어났는지 의심 혹은 의문이 드는 여러 가지 일로 인해 낙담하고 짓눌리는 날도 경험한다.

그런 상황에서는 포기하고 싶기도 하지만 그렇게 힘든 중에도 '당신에게는 여전히 선택권이 있다'는 것을 기억하고 당신의 꿈을 선택하기를 바란다. 그만한 가치가 있으니 꿈을 위해 계속 싸우는 것을 선택하라. 성공은 포기하지 않는 사람의 것이다. 성공은 모두가 쉬기 위해 멈춘 뒤에도 계속 걷는 사람의 것이다. 성공은 가장 큰 장애물을 극복한 사람의 것이다. 우리의 가장 큰 장애물은 종종 우리의 마음속에 있다.

작은 꿈을 꾸지 마라. 거기에는 영혼이 가야 할 곳으로 이끌 에너지가 충분하지 않다. 진정으로 도전적인 커다란 목표를 설정하는 용기를 내기 바란다. 도전적이지 않으면 당신이 변화할 수 없기 때문이다.

당신이 커다란 목표에 맞는 것처럼 느끼게 하는 유일한 방법은 마음의 크기를 목표만큼 크게 키우는 일이다. 커다란 목표는 무수히 많은 작은 성과를 달성하고 숱한 결승선을 통과하면서 당신을 계속 승자로 만들어준다.

너무 지쳐서 "이만하면 됐어"라고 자신에게 말하고, 더는 버틸 수 없다고 생각할 때도 커다란 목표와 꿈은 힘든 시간을 이겨내도록 도와준다. 작은 목표와 작은 꿈에는 그런 힘이 없다. 바로 이것이 단호한 사람의 습관이자 마음이다. 언젠가 그 습관이 당신과 융합하면 마침내 당신은 당신이 이겼음을 알게 될 것이다.

이 문제를 논의하는 지금, 당신은 그 어느 때보다 더 동기부여가 되고 희생할 준비를 했다고 느낄 수 있다. 어쩌면 인내하기 위해 특별히 준비해야 할 것이 있는지 궁금할지도 모른다. 당신이 확실히 받아들이고 발전하기 위해 배워야 할 3가지가 있다.

발전을 위해 배워야 할 첫 번째 자질은 '관용'으로 특히 가까운 사람들의 비판에 그런 자세를 보여야 한다. 미국의 위대한 철학자 랠프 월도 에머슨은 이렇게 말했다.

"우리의 의도가 무엇이든, 우리가 무엇을 하든 항상 반대하는 사람들이 있을 것입니다. 때로 당신은 잘못된 선택을 할 것이고 그것을 비평하는 사람들의 말을 뒷받침할 많은 장애물이 있겠지만, 그것이 당신을 낙담하게 할 수는 없습니다. 아무리 중요한 일이라도 계속할 수 있는 용기가 필요합니다."

이것은 사실이다. 꿈을 꾸기 시작하는 날이 비판받기 시작하는 날이다. 이런 것을 무시하는 법을 배워야 한다. 꿈이 있든 없든 자신의 의견을 표현하고 다른 사람을 비판하는 것은 인간의 본성이다. 아주 정상적인 현상이다. 만약 내가 가까운 사람이든 아니든 나를 비판하는 사람들의 말에 귀를 기울였다면 아마 에베레스트산 정상에는 오르지 못했을 것이다. 만약 내가 비판에 귀를 기울였다면 아마 메라피크Mera Peak 정상에는 도달하지 못했을 것이다. 나는 아마 책을 쓰지 못했을 것이다. 그리고 전 세계를 여행하면서 인생 경험을 완성할 기회를 누리지 못했을 것이다!

이렇게 볼 필요가 있다. 다른 사람들이 당신에 관해 생각하는 것은 유리잔에 담긴 물과 같다. 그러나 당신의 결심은 다른 잔에 담긴 물이다. 누군가가 숟가락을 가져와 한쪽 유리잔의 물을 저었다고 해서 다른 잔의 물도 저었다는 뜻은 아니다. 누군가가 한쪽 유리잔을 비판적으로 저었다고 해서 당신의 가치관이 흔들려야 한다는 의미는 아니다. 왜냐하면 그것은 별개의 잔이기 때문이다.

'다른 사람의 비판에 뒤따르는 마찰'을 참는 법을 배우는 것은 당신이 그 과정에서 견뎌야 하는 일이다. 물론 남의 조언을 절대 듣지 말라는 것은 아니다. 내 경우에는 내가 원하는 만큼 성공한 사람이나 내가 이루고 싶은 꿈을 이룬 사람의 말만 듣는다. 나를 비판하는 모든 사람의 말을 듣지 않기 때문에 그들이 지나치다고 생각하지 않는다. 내가 과하다고 생각하지 않다 보니 나는 망설임 없이 행동해서 훨씬 더 빨리 성공할 수 있었다.

나는 언젠가 읽은 다음 인용구를 정말 좋아한다.
"스스로 믿음을 세우는 첫 번째 단계는 … 솜 2개로 양쪽 귀를 꽉 막는 것이다."(즉, 당신 주위 사람들의 목소리를 듣지 마라)

성공을 향한 여정에서 발전을 위해 배워야 할 두 번째 자질은 '용기'다. 우리는 용기를 내 두려움을 극복할 수 있어야 한다. 평균 체중이 5톤에 달하는 거대하고 무거운 코끼리가 야영지를 벗어나 도망치지 않는 이유를 아는가? 바로 어린 시절부터 특정 사고방식에 지배당했기 때문이다.

갓 태어난 아기코끼리는 힘이 약한데 그때 코끼리 조련사가 다리를 밧줄로 말뚝에 묶어둔다. 힘이 약한 아기코끼리는 도망치려 할 때마다 다리가 묶여 있어 도망칠 수 없다는 것을 깨닫는다. 코끼리가 자라 거대하고 강력해져 밧줄을 쉽게 끊을 수 있을 때도 코끼리는 더 이상 도망치려 하지 않는다. 오래전에 포기한 탓이다. 지금은 밧줄을 단번에 끊을 수 있지만 불가능하다고 잘못 믿는 바람에 더 이상 시도하지 않는 것이다.

코끼리의 모든 문제는 한 가지에서 발생한다. 그는 과거를 잊을 수도, 앞으로 나아갈 수도 없다. 그는 과거에 해내지 못한 것을 기억하고 더 이상 시도조차 하지 않으며 그 불신이 남은 인생에 영향을 미치도록 내버려둔다. 두려움에 지배당해 꿈을 실행에 옮기지 못하면 우리는 자유를 누릴 수 있다는 사실을 잊은 코끼리와 다를 바 없다.

이제 심리적 안전지대Comfort Zone를 벗어나 전투지대Combat Zone로 들어가 두려움을 극복해야 한다. 언젠가 우리는 모두 죽는다. 하지만 숨이 차기 전에 두려움이 당신을 죽일지도 모른다. 당신의 꿈을 위해 용감하게 행동함으로써 당신의 두려움을 극복하라.

"바람이 불지 않는 산은 오를 가치가 없을지도 모른다. 곧은 길은 걷기에 지루할 수 있다. 마찬가지로 쉽게 얻은 성공은 오래 기억되지 않을 수 있다."

성공을 향한 여정에서 발전을 위해 배워야 할 세 번째 자질은 '지속적인 노력'이다. 남들보다 100% 열심히 일하는 것은 어려울 수 있다. 그렇지만 한 번에 1%씩 나아질 수는 있다. 이것이 내가 열심히 일하는 것을 좋아하게 만드는 태도다. 나는 매일 그 과정과 작은 승리에 집중해야 한다고 믿는다.

성공에는 에스컬레이터가 없으며 걸어 올라갈 계단도 없다. 당신은 자신의 계단을 스스로 만들어야 한다! 나는 근면을 강하게 믿는데 그 신념은 "근면은 결코 사람을 죽이지 않으며 오히려 사람을 최고로 이끌어준다"라는 것이다. 근면은 결코 사람을 죽이지 않으며 근면한 사람은 항상 최선을 다한다.

쉬운 일을 하면서 꿈을 이루기를 기대할 수는 없다. 우리는 그 이상을 해야 한다. 즉, 우리는 해야 할 일을 해야 한다. 때로는 최선을 다하는 것만으로 꿈을 이룰 수 없다. 꿈이 원하는 것을 하고 마음을 다해야 한다. 꿈을 이루기 위해 시간을 내 열심히 일하고 인내해야 한다. 비록 시간이 걸리겠지만 일단 성공하면 꿈을 이룬 날이 더욱더 기억에 남는다. 당신은 당신이 성취한 모든 것과 쏟아부은 모든 노력에 자부심을 느낄 것이다.

마침내 꿈을 이룬 그날에는 아무것도 후회하지 않을 것이라고 장담한다. 바로 그날 당신의 모든 노력은 결실을 얻는다.

당신의 꿈에 가치를 부여하고 열심히 일할 기회를 찾아 투자하라.

모두를 상대로 계속 파이팅하라.

'트레이드오프' 관점에서 투자 관점으로 태도를 바꿔라.

꿈을 꾸는 것에서 꿈에 충실한 것으로 변화하라.

단순한 지원자 역할에서 믿음을 토대로 변화하면 평범한 사람도 위대한 리더가 될 수 있다.

단순한 팀의 일원에서 팀에 필수적인 사람으로 변화하라.

단지 걱정만 하지 말고 실제로 돕는 사람이 돼라.

그냥 믿는 수준에서 행동하는 수준으로 변화하라.

다른 사람을 가르치는 것에서 실질적이고 가치 있는 역할 모델을 만드는 것으로 바뀌어라.

주는 사람에서 섬기는 사람으로 변화하라.

그냥 사는 것에서 성장하고 번성하는 사람으로 나아가라.

이 모든 것은 성공 무대 뒤에 있고 꿈을 이룬 모든 성공한 사람의 모습에서 볼 수 있다.

당신의 열정을 따르라.
부모님의 열정, 선생님의 열정이 아닌
당신 자신의 열정을 따르라!

5장
카펠라 방콕에 오신 것을 환영합니다

나는 '여행 전문가'로서 전 세계 여러 도시의 많은 5성급 호텔에 머물 기회가 있었다. 호텔마다 제공하는 서비스는 모두 달랐다.

그중에서도 내가 서비스나 편의 시설 면에서 매우 감사하게 생각하는 한 가지 유형이 있다. 바로 카펠라 방콕Capella Bangkok의 집사 또는 개인 도우미 서비스다. 한번은 내가 차오엔 크룽로Chaoen Krung Road의 차오프라야강Chao Phraya River에 위치한 최신식 5성급 호텔에서 2주 동안 머문 적이 있다. 휴식이 필요했던 나는 일주일 동안은 카오야이에 머물렀고 방콕에서는 이틀간 포시즌스 호텔에 머물렀다. 그러다가 드디어 카펠라에 왔는데 집사 서비스뿐 아니라 전체 스태프의 환대가 굉장했다. 서비스가 어찌나 훌륭한지 내가 가본 모든 호텔 중 최고였으며 내 기대치를 훨씬 넘어서는 서비스였다.

내가 깨달은 사실 하나는 그 호텔에서 직원 채용을 담당하는 매니저의 안목이 뛰어나다는 점이다. 그는 특정한 일에 딱 맞는 사람, 무엇보다 손님의 집사가 될 준비를 한 사람을 찾고 선택했다. 카펠라의 서비스는 내가 가본 그 어떤 호텔보다 뛰어났고 나는 그가 그의 역할을 성공적으로 해냈음을 느낄 수 있었다.

나는 고전적 스타일의 책상에 앉아 차오프라야강을 따라 항해하는 배를 바라보며 팀에 합류하기에 딱 맞는 사람을 찾고, 그 과정에서 당신의 가치와 문화를 전파하는 데 도움을 줄 리더를 찾는 이야기를 쓰고 싶었다.

내가 우리 팀에 합류할 리더를 찾을 때 가장 먼저 원하는 것은 결과를 만들어낼 수 있는 사람, 즉 '일을 추진해 나갈 수 있는 사람'이다. 이런 사람은 다른 사람들이 하기 어려운 일도 해낸다. 그들은 방법을 찾을 뿐 아니라 스스로 기회를 만들어내기도 한다. 더구나 그들은 절대 변명하지 않기 때문에 어려운 상황에서도 성공할 수 있다. 그들은 결과를 중시한다.

언젠가 나는 〈석세스 매거진Success Magazine〉에 실린 대런 하디Darren Hardy의 기사에서 재미있는 이야기를 읽은 적이 있다. 그 기사에서 그는 첫 주 영업 보고서를 작성해 사무실 영업 관리자에게 보내는 영업사원의 이야기를 들려준다. 관리자는 보고서를 읽고 충격을 받았다. 글도 제대로 읽지 못하는 사람을 고용했다는 사실을 방금 깨달았기 때문이다. 보고서 내용은 다음과 같다.

"오늘 나는 이전에 우리 제품을 구매한 적 없는 새로운 고객을 만났는데 오늘 그 고객은 엄청난 양의 선적을 주문했다. 이제 나는 더 많은 제품을 판매하기 위해 다른 지역으로 갈 것이다."(**** 보고서에는 철자 오류가 상당히 많았다.)

이 영업사원을 해고해야 할지 말지 고민하던 관리자는 당황한 나머지 같은 사람에게 또 다른 보고도 받았다. 보고서 내용은 이러했다.

"오늘 나는 내가 있던 다른 지방에서 막 돌아왔고 이미 모든 제품을 총 900만 바트(약 3억 4천만 원)에 판매했다. 모든 일이 아주 잘되고 있다."(**** 보고서에는 철자 오류가 아주 많았다.)

관리자는 더욱 혼란스러워졌다. 그는 무엇을 어찌해야 할지 몰랐다. 분명 그는 자신을 위해 문맹자를 고용하고 싶지 않았지만, 한편으로는 그 회사 모든 영업사원 중 가장 최선을 다하는 영업사원을 해고하고 싶지도 않았다. 어떻게 해야 할지 몰랐던 그는 사장에게 그 정보를 전달하기로 했다. 사장은 답장을 보내 이렇게 말했다.

"우리는 우리를 위해 물건을 팔도록 이 사람을 고용했습니다. 맞춤법과 문법에 지나치게 많은 시간을 할애하지 마세요. 그것에 너무 많은 중요성을 두지 마십시오. 맞춤법 오류 때문에 그의 능력을 의심하기보다 그의 결과를 살펴보고, 철자와 문법을 궁금해하기보다 판매에 더 많은 시간을 할애하세요."(**** 사장 역시 일부 단어의 철자를 잘못 썼다.)

우리가 성공하고, 성공에 중점을 두는 문화를 구축하고 싶다면 우리 여정에 동참해 실질적인 결과를 낼 수 있는 사람들을 찾아야 한다.
그런 사람들은 다가오는 기회를 볼 수 있다. 사람들은 대부분 이미 지나가고 나서야 기회가 있었다는 것을 깨닫는다. 지나간 뒤가 아니라 기회가 오는 대로 보는 사람을 찾아야 한다. 기회는 그것이 기회임을 알려주는 신호를 보내지 않기에 이는 매우 중요하다.

요컨대 기회가 올 때 이를 발견하는 데 도움을 주도록 (어떤 의미에서) 기회 신호를 수신하는 능력이 있는 사람을 모집해야 한다. 우리 여정에 동참하도록 우리가 모집하고 싶은 훌륭한 리더는 빈둥거리며 기회가 오기를 기다리는 사람이 아니다. 오히려 팀을 위한 기회를 찾거나 심지어 기회를 만들어내는 사람이다.

카펠라 방콕의 집사는 그런 사람이라는 생각이 든다. 그는 마치 모든 사람이 친숙하고 누구도 낯선 사람이 아닌 것처럼 고객을 맞이하기 위해 늘 거기에 있다. 당신이 지나가면 그는 당신의 눈을 보고 미소를 지으며 전통 태국 방식으로 당신을 맞이할 기회를 잡을 것이다. 심지어 서양 직원들도 태국 전통에 따라 고객을 맞이한다. 설령 첫 방문이어도 이전에 여러 번 방문한 것처럼 느낄 만큼 친숙하다.

집사는 체크인할 때 당신을 특별한 친구처럼 대한다. 그는 걸어서 5분 거리인데도 포시즌스에서 나를 데리러 세 명의 운전기사를 보낼 정도로 친절했다. 무엇보다 편리한 점은 두 호텔에서 미리 조율해 짐을 옮기기 때문에 직접 짐을 들고 다닐 필요가 없다는 것이었다. 나는 그냥 자유롭게 걸었고 내가 도착했을 때는 나를 맞이하는 '호위대convoy'가 있었다.

스태프 2명이 더 합류했고 체크인할 때는 주변에 모두 5명이 나를 도와주었다. 나는 마치 석유 매장지를 다수 소유한 부유한 술탄이 된 기분이 들었고 그들은 나와 함께 대기하며 20분 동안 나를 도와주었다. 나를 도와준 그들의 인상적인 서비스와 열정은 그들이 밖에 나가 기회를 만드는 유형의 사람들임을 보여주었다. 그들은 자신의 정체성과 문화를 모두 표현할 기회를 찾는 것을 책임으로 본다.

기회를 찾는 것을 책임으로 여기지 않으면 적시 적소에 기회가 있어도 여전히 기회를 놓칠 수 있다. 그러므로 우리는 진지하게 기회를 찾는 것의 책임이 막중하다는 것을 이해하는 사람들을 찾아야 한다.

하고 싶은지 아닌지 선택할 수 있는 게 아니다. 그건 의무다. 기회를 찾으려는 의도가 있고 기회를 찾는 것을 자신의 책임으로 여길 때, 사람들은 당신의 열정과 직업윤리를 느끼고 당신 팀에 있고 싶어 할 것이다.

리더의 위치에 있는 사람은 다른 사람들에게 쉽게 긍정적 영향을 미칠 수 있다. 그들에게는 많은 영향력이 있다. 중요한 것은 상황과 관련된 모든 것(일이 잘되든 그렇지 않든)이 리더십 자질에 달려 있다는 점을 기억하는 일이다.

팀이 다른 팀을 만들고 협업하는 능력은 리더에게 달려 있다. 리더십이 없는 곳에는 팀도 없다. 모두가 다른 방향으로 갈 것이기 때문이다. 리더십은 팀의 목표를 정의하는 데도 필요하다. 다른 사람에게서 영감을 얻고 그들을 롤모델로 삼을 수 있다면 운이 좋은 편이다. 하지만 그보다 더 좋은 것은 스스로 롤모델이 되는 것이다.

목표가 클수록 다른 사람들에게 영향을 미치고 이끌 잠재력을 지닌 사람을 더 많이 찾아야 한다. 리더에게는 항상 2가지 특성이 있어야 한다. 하나는 자신이 어디로 가고 있는지 아는 것이고, 다른 하나는 다른 사람들이 같은 방향으로 가도록 영감을 주는 것이다.

팀원이나 멘토를 떠올려보고 "누가 그들에게 영향을 주었는가?"라고 자문해 보라. 그 질문을 한 뒤에는 그가 누구를 이끌 수 있는지, 그의 팀 빌딩 프로세스가 무엇인지 추론할 수 있다. 이후 "그가 누구에게 영향을 미치고 있는가?"라고 자문한다. 그가 현재 누구에게 영향을 미치고 있는지 살펴보면 그의 리더십 잠재력을 평가할 수 있다.

"그의 영향력이 증가하고 있는가, 아니면 감소하고 있는가?"라고 질문하라. 그가 조직에 미치는 영향력의 증가 또는 감소에 따라 그가 과거의 리더인지, 미래의 리더인지 알 수 있다.

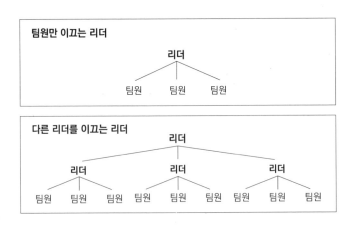

내가 우리 팀에 적합한 사람에게서 찾고자 하는 네 번째 특성은 그들이 팀에 가치를 더할 수 있느냐 하는 점이다. 이는 시너지 또는 '1+1=100'과 비슷하다. 어떤 사람들은 함께 일할 때 잠재력을 전혀 키우지 않으므로 이는 필수적이다. 그들은 당신이 '1+1=(-10)'처럼 느끼게 할 것이다. 그 차이를 구별하는 방법은 다음과 같다.

내가 리더를 찾을 때 원하는 첫 번째 유형은 팀에 베푸는 사람이다. 이 사람과 함께 일하면 기분이 좋아진다. 모든 문제를 팀에 도움을 주는 기회로 사용하기 때문이다. 그 사람은 팀을 돕기 위해 필요한 모든 것을 희생할 준비를 하고 있어서 얼마나 열심히 일하는지에 신경 쓰지 않는다. 또한 팀과 함께 가치를 더할 뿐 절대 감소시키지 않는다.

강력한 팀워크 감각으로 훌륭한 비즈니스를 구축하려면 다른 리더를 끌어들이는 리더를 찾아야 한다. 내가 수년간의 경험을 토대로 말하자면 리더는 2가지 주요 유형으로 나뉜다. 바로 팀원을 이끄는 리더와 다른 리더를 이끄는 리더다.

팔로워만 이끄는 리더는 기대 이상의 성과를 내지 못하며 직접 부여한 의무와 책임 이상을 기대하기 어렵다. 다른 리더(자신의 각 팀원그룹을 이끄는 리더)를 이끄는 리더가 가장 큰 성과를 거둔다. 일단 그런 시스템을 구축하면 기적이 일어난다. 당신은 분명 기하급수적으로 성공할 것이다.

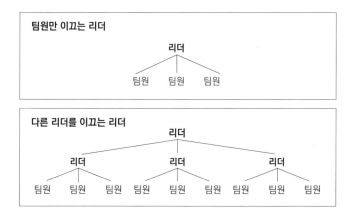

명심해야 할 것은 장기적으로 볼 때 당신은 당신보다 리더 자질이 부족하거나 자격과 카리스마가 부족한 사람만 이끌 수 있다는 점이다. 따라서 좋은 리더를 영입하려면 자신의 리더십을 꾸준히 개발해야 한다. 이 경우 팀의 잠재력과 효율성이 모두 향상된다.

그러한 유형의 리더를 찾는 것 외에 그 리더를 유치할 뿐 아니라 그들이 유치한 리더가 계속 발전하도록 도와줄 사람을 찾아야 한다는 점도 기억해야 한다. 사람들은 다른 리더를 끌어들이는 데 도움을 주는 독특한 성격이나 카리스마를 보유할 수는 있지만, 자신이 끌어들인 리더를 유지하고 더 발전하도록 돕는 능력을 항상 갖추고 있는 것은 아니다. 이 때문에 그들의 여정이 결국 교착 상태에 이를 수도 있다.

반면 다른 리더를 유치하는 것을 넘어 리더십을 꾸준히 개발하는 리더는 조직을 위해 많은 것을 성취한다. 어떤 장애물도 그들의 성공을 막을 수 없다. 분명 다른 리더가 발전하는 경우에만 당신 역시 성공 가도를 달릴 수 있음을 기억하라. 그렇게 할 수 있다면 성공은 영원할 것이다.

목표를 정하고 지속해서 열심히 일하며 일관성을 유지할수록 더 많은 경험을 얻을 수 있다. 그렇지만 창의성을 유지하도록 주의해야 한다. 때로 경험이 쌓이면 진부해질 수 있다. 창의적이고 솔선수범해 자신과 팀 전체의 창의성을 새롭게 할 수 있는 새로운 사람을 찾아야 한다. 설령 미래의 기업가가 아니어도 어떤 상황에서든 팀에 충성할 사람이 필요하다. 당연히 그의 성공은 그의 노력에 따른 결과물이다. 이것은 "불이 켜진 아이디어만큼 세상에 강력한 것은 없다"라는 《레 미제라블Les Miserables》의 저자 빅토르 위고Victor Hugo의 말을 떠올리게 한다

(이는 시기적절한 아이디어만큼 강력한 것은 없다는 뜻이다).

창의성과 새로운 아이디어는 성공을 위한 팀의 기본 자원이고 이는 지속해서 발전하는 팀에서만 창출할 수 있다. 이를 위해서는 베이비붐 세대부터 X세대, Y세대, Z세대, 심지어 알파 세대까지 다양한 세대가 같은 공간에 있어야 한다. 우리 주위에 창의적인 사람들이 있으면 창의성이 정체될까 봐 걱정할 필요가 없다.

당신의 삶과 성공을 위한 자원은 매우 중요하다. 성공을 위해 필요한 예산만큼 아이디어를 개발하고 주위에서 창의력을 발휘하게 하는 것을 우선순위에 두길 바란다. 아이디어가 많을수록 결과를 더 개선할 수 있다. 특히 마음이 잘 맞는 리더들과 함께 일하면 서로에게 영감을 줄 수 있다. 아마 많은 아이디어를 떠올리고 바로 일을 시작하고 싶을 것이다. 24시간이 충분하지 않다고 느낄 정도로 말이다.

내가 리더를 찾을 때 항상 다음으로 찾는 유형은 매우 긍정적인 태도를 지닌 사람이다. 그런 사람에게는 태도가 왜 중요한지 설명할 필요가 없다. 태도는 당신이 얼마나 멀리 갈 수 있는지 알려주는 척도다.

주변 사람들의 태도를 중요하지 않게 여기면 안 된다. 왜 그럴까? 우리 여정에서 가장 느린 사람만큼만 빨리 갈 수 있기 때문이다. 팀에 부정적인 사람들은 체중을 발목에 두르고 달리려고 하는 것만큼 도움이 되지 않고 오히려 목표에 해를 끼친다. 이 경우 당신은 아주 짧은 거리도 지치지 않고 달릴 수 없고 이는 당신이 멀리 가지 않도록 하기에 충분하다.

긍정적인 사람을 찾고 부정적인 사람을 제거하라. 부정적인 사람은 단 한 명만 있어도 팀에 많은 해를 끼칠 수 있다. 특히 우리 자신이 매우 긍정적인 태도를 유지하고 부정적으로 생각하지 않는 것이 중요하다. 도둑이 도둑질하도록 집의 문은 열어주지 않으면서 왜 부정적인 생각과 부정적인 사람들이 당신의 행복과 성공을 훔치도록 내버려두는가? 그들을 거절하지 않겠는가?

나는 약속을 지키는 사람이며 약속을 지키는 사람들을 정말 소중하게 생각한다. 나는 이런 특성을 보이는 사람들을 가장 좋아하고 이는 모든 리더에게 필요한 덕목이라 생각한다. 약속을 지키고 말한 것을 실천하는 그들의 자세는 그들에게 다음 단계로 넘어가는 성공을 안겨줄 것이다.

당신 팀의 모든 팀원이 당신만큼 진지하게 약속을 지킬 때 큰 성공을 거둘 수 있다. 늘 약속을 지키는 것은 앞길을 가로막는 장애물을 극복하는 데 도움을 주는 두 번째 의지력 탱크를 보유한 것과 같다. 이 특별한 특성은 사업 성공뿐 아니라 결혼 생활, 자기 계발, 스포츠 또는 취미(예, 악기 연주)에도 중요하다.

이러한 특성이 있는 사람들은 항상 그렇지 않은 사람들보다 더 멀리 간다. 나아가 이 같은 사람들은 인생을 더 가치 있게 만든다. 약속을 지키는 리더가 있는 팀은 강하고 그의 팀은 단합한다. 덕분에 그는 다른 어떤 팀보다 훨씬 빠르게 성공을 이룬다.

솔직히 이것이 카펠라 방콕이 내게 최선을 다한 이유일 것이다. 로

비에서 수영장 직원에 이르기까지 그곳의 모든 직원은 늘 훌륭한 서비스 문화 약속을 지킨다.

간과할 수 없는 마지막 특성은 정직함이다. 관계에서든 직장에서든 부정직한 사람들과 함께 있고 싶어 하는 사람은 아무도 없다. 나는 개인적으로 '정직'이 내가 함께 일하기로 선택한 사람들의 타협할 수 없는 특성이라고 생각한다.

그것은 우리 팀 사람들에게 필수다. 우리 팀에 합류할 새로운 리더를 찾을 때, 그들에게 다른 모든 속성이 있어도 정직하지 않으면 나는 그들을 선택할 생각이 없다. 아니, 팀에 정직하지 않은 사람이 있으면 나는 아무리 성공해도 밤에 잠을 이루지 못한다.

그렇다면 누구에게 진실성이 있고 누가 그렇지 않은지 (처음부터) 어떻게 알 수 있는가? 정직한 사람은 당신에게 공감하고 당신이 없는 곳에서 뒷담화를 하지 않는다. 다른 사람들이 당신을 후원할 때 그들은 긍정적 관점에서만 당신의 이야기를 한다. 그들은 당신과 함께 울고 웃으며 자신의 꿈만큼 당신의 꿈에도 진지하다. 당신의 길에 정직한 사람이 함께하면 당신은 절대 외롭지 않을 것이다.

나는 다양한 조직 문제를 해결한 과거 경험을 바탕으로 성공의 길을 더 멀리 걷고자 할 때 시간이 갈수록 부정직한 사람들이 더 문제가 된다는 것을 깨달았다. 언젠가 나는 이런 중국 속담을 읽었다.

"성공할수록 누구를 믿을 수 있는지 자문해야 한다."

이것이 내가 믿음의 눈으로 본 아름다운 세상을 파괴하고 내게 슬픔과 불편함을 안겨주었기 때문에 나는 이 속담을 읽으며 끔찍한 속담이라고 생각했다. 사실 나는 사람을 쉽게 믿는 편이고 언제나 모든 사람을 신뢰한다(그래서 형제들은 내가 불성실한 사람들에게 쉽게 이용당하고 잘 속는다고 말한다).

나는 내가 다른 사람에게 정직하고 솔직하면 그들도 내게 정직하고 솔직할 거라고 여겨 의심의 여지를 남기지 않는 경향이 있다. 나는 여기에 얼마나 복잡한 생각이 필요한지 처음엔 정말 몰랐다! 하지만 점점 더 성공하고 나이가 들수록 이 중국 속담의 지혜가 와닿는다. 나는 정직함이 우리 주변의 모두에게 필수 덕목임을 이해하게 되었다. 성공하려면 정직함이 필요하다. 그것도 팀이 원하는 만큼 정직해야 한다.

팀에 적합한 사람을 찾기 위해 10가지 자질을 모두 갖춘 사람을 찾을 필요는 없다. 나도 10가지를 다 잘하지는 못한다. 그러나 당신의 팀원이 이를 대부분 갖추고 있을 때 각 개인에게는 뛰어난 역량을 보여주는 항목이 몇 가지 존재한다.

예를 들어 나는 리더십과 약속을 지키고 결과를 내는 데 탁월하다. 그렇지만 새로운 아이디어를 얻기 위해 창의적이고 새로운 것을 고안할 때는 여기에 능숙한 팀원들과 자주 상의한다. 다른 모든 일을 하면서 아이디어까지 스스로 생각해야 한다면 아이디어는 곧 바닥날 것이다. 누구도 자신의 아이디어만 계속 사용하면서 10년 후에도 성공할 것이라고 기대할 수는 없다. 내 말을 믿어라.

그래서 나는 나만의 어벤저스 팀을 만들기 위해 모든 것에 강한 사람을 찾으려 하고, 그런 사람을 찾기 힘들어 걱정할 필요가 없다. 10가지 자질 모두가 뛰어날 필요는 없기 때문이다. 오히려 뛰어난 역량을 보여주는 몇 가지 항목이면 충분하다.

서로 다른 강점을 지닌 사람들을 모아 서로를 지원하는 팀을 구축하라. 그러면 그들은 서로의 가치를 2배로 높일 것이다. 마블 유니버스 Marvel Universe에서 어벤저스가 그랬듯 말이다. 그들에게는 모두 자신만의 강점과 리더십 스타일이 있다.

가령 캡틴 아메리카는 오랫동안 얼어붙어 있었음에도 불구하고 성실함이 분명히 두드러진다. 토니 스타크는 때로 거칠고 모욕적이긴 해도 일을 해결하고 결과로 증명한다. 자신의 약속을 굳건히 고수하는 토르는 왕이 될 자격을 갖췄다. 모든 것의 균형을 맞추는 닥터 스트레인지는 또 다른 분명한 예시다. 협업은 당신의 성공을 엔드게임으로 바꿀 가치를 더한다.

이제 당신의 슈퍼 팀을 찾을 시간이다!
우리가 논의한 10가지 자질과 관련해 팀에 있는 사람들의 이름 중 하나를 써보길 바란다(하나의 자질당 이름 하나).

1) 성과를 내는 사람

2) 기회를 포착하는 사람

3) 리더십이 강한 사람

4) 함께 일함으로써 가치를 더하는 사람

5) 리더를 끌어들이는 사람

6) 리더를 만드는 사람

7) 진취성과 창의성을 갖춘 사람

8) 매우 긍정적인 태도를 지닌 사람

9) 무슨 일이 있어도 약속을 지키는 사람

10) 정직한 사람

모든 자질에 이름을 대입할 수 있어야 한다(마땅한 사람이 없으면 그 사람을 찾는 것을 목표로 삼는다). 이번에는 2개 이상 항목에 해당하는 사람을 다시 검토해보라(항목당 최대 3개의 이름을 입력한다). 이제 누구의 이름을 가장 많이 적었는지 확인할 수 있다. 아래 목록을 작성하라. 그 사람들이 어벤저스, 즉 팀의 궁극적인 리더다.

최대 6명까지 모으는 것이 좋다. 그들이 발전하도록 돕고 먼저 그들과 함께 일하는 시간을 내라. 팀원을 이끄는 비즈니스 리더만 발전하면 비즈니스가 확장되기 때문이다. 그런데 비즈니스 리더를 이끄는 리더가 발전하면 비약적으로 성장한다.

지금은 오후 5시 무렵, 오늘 저녁 친 친Cin Cin(이탈리아 사람들이 건

배할 때 하는 말. 일반적으로 영어로 'cheers', 중국어와 한국어로 'Gan Bai/건배'로 알려짐)과 데이트가 있다. 카펠라 방콕에서 운영하는 특별 이벤트로 칵테일과 무알코올 목테일Mocktails, 라운지 공간의 전채 요리 등 다양한 먹거리를 제공한다. 이후 미슐랭 3스타를 받은 셰프가 있는 코테 바이 마우로 콜라그레코Côte by Mauro Colagreco 레스토랑에 가서 저녁을 즐기려고 한다.

당신도 좋은 저녁 보내길 바란다!

> 재능은 게임에서 이기는 데 도움을 주지만
> 진정한 우승은 팀워크로 이뤄진다.

6장
당신은 나를
몽상가라고 할지도 모른다

길을 찾는 사람은 결국 길을 찾고, 행동하고 주도하는 사람의 꿈은 반드시 이뤄진다. 공기는 우리가 살게 하고 꿈은 우리 삶의 원동력이다. 만약 우리가 자연을 관찰한다면 우리는 풀이 자라는 데 집중할 필요가 없음을 알 수 있다. 이는 새가 날아가는 것도 마찬가지다. 이는 본능이라 자연스럽게 이뤄진다.

세계 자체도 축을 중심으로 회전하기 위해 노력할 필요가 없다. 본질적으로 태양 궤도를 따르기 때문이다. 해와 별의 본성은 밝게 빛나는 것이고 아기의 본성은 행복한 것이다.

그러면 인간의 본성은 무엇인가? 우리의 꿈을 이루는 것이다. 꿈이란 무엇인가? 많은 사람이 꿈이 무엇인지 알고 있다. 많은 사람이 멀리서 꿈에 감탄하지만 내게 꿈은 마음에 힘을 주고 영혼에 희망을 주는 미래 비전이다. 꿈은 우리가 원하는 미래 비전을 실현하는 데 필요한 모든 것을 할 수 있도록 무한한 에너지를 제공한다.

살기 위해서는 숨만 쉬는 것이 아니라 계속 숨 쉬고 싶은 이유가 필요하다. 우리가 소중하게 여기는 꿈, 그리고 그 꿈으로 만들어가는 삶의 청사진이 우리의 존재 이유다.

꿈은 우리 스스로 배양해야 하는 가능성의 씨앗이다. 씨앗이 자랄 때, 우리는 우리를 고유한 삶의 길로 인도하기 위해 내부에서 운명이 부르는 소리를 듣기 시작한다.

꿈이 있는 사람에게는 해가 지지 않는다. 꿈은 꿈을 꾸는 자만 볼 수 있는 보이지 않는 기적이며 그 존재를 아는 자만 알 수 있다. 신념과 꿈은 현실이 아니며 꿈을 실현할 수 있는 능력을 믿을 때 현실화한다. 당신의 꿈이 크든 작든, 거대하든 자그마하든 그것은 별로 중요하지 않다. 중요한 건 그것이 당신이 성장하고 원하는 삶을 창조할 만큼 충분히 명확한가 하는 점이다.

미래를 두려워하는 많은 사람은 과거에 나쁜 경험을 했을 뿐이다. 용감한 자의 세계는 두려운 자의 세계보다 훨씬 더 넓다. 지나치게 생각에 빠지는 사람은 스스로 더 나은 미래를 만들기 위해 노력하는 대신 과거의 편협한 인식 안에 안주하는 경향이 있다.

두려움에 귀를 기울이지 마라. 당신의 꿈을 믿어라! 두려워하면 전투를 시작하기도 전에 이미 패배한 셈이다. 두려움은 우리를 사슬에 묶어버린다. 두려움을 멈출 때라야 우리는 비로소 자유로워질 수 있다. 우리가 두려워할 때 꿈은 불가능할 정도로 멀리 있는 것처럼 보인다. 반대로 미래를 두려워하는 생각을 멈추고 행동할 용기를 내는 순간 꿈은 그 어느 때보다 가까워진다.

마라톤을 처음 시작했을 때 나는 7킬로미터까지 숨이 차고 헐떡거렸지만, 지금은 이전보다 6배나 더 달릴 수 있다. 나는 모든 결승선과 목적지가 이와 같다고 상상한다. 처음에는 항상 불가능해 보이지만 계속 진행할수록 훨씬 더 달성이 가능해진다.

꿈을 이루기까지 얼마나 걸리고 얼마나 가야 하는가? 시작하기 전에는 알 수 없다. 올라가기 전에는 알아낼 방법이 없다. 걷기 시작하면 경로가 표시된다. 이는 마치 꽃과 같다. 꽃이 피기 시작하면 비로소 아름다워지기 시작한다.

마찬가지로 꿈은 우리가 여정을 시작해 행동할 때만 꽃피기 시작한다. 우리가 인생에서 원하는 경험이 무엇이든 우리는 스스로를 찾아야 한다. 그것이 우리를 찾으러 오지는 않는다. 담대해지고 용기를 내면 마음이 자라기 시작하고 천천히 한 걸음씩 목적지에 다가갈 것이다.

인생에서 우리는 많은 기회를 놓칠 수 있으며 간혹 온갖 변명을 한다. 사실 아직 '시작'하지 않은 건 우리다. 어떤 기회는 당신이 젊을 때, 바로 여기, 지금 이 순간에만 가능하다. 지금 시작하지 않으면 언제 시작하겠는가?

젊을 때 우리는 자신의 자존심이 얼마나 큰지 깨닫지 못하는 경우가 많다. 계속 기다리기만 하면 꿈은 절대 이뤄지지 않는다. 지금 행동하지 않으면 미래에 많이 후회할 것이다. 젊을 때 당신은 에너지와 동기로 가득 차 있으므로 그것을 활용하라! 이것은 모든 젊은이에게 있지만 단지 일부만 그것에 따라 행동하기로 선택하고 다른 사람들은 그냥 서서 기다린다.

꿈은 우리의 시간이 제한적이라는 것을 알려준다. 꿈을 이루기 위해 일하는 것은 피곤할 수 있지만 꿈 없이 일하는 것은 훨씬 더 나쁘다. 우리에게 직업은 있어도 꿈이 없다면 그 일은 우리를 미래로 데려가지 않기에 무의미하다. 어느 쪽이든 우리는 피곤할 것이다. 그래서 당신에게 묻겠다. 당신은 당신의 꿈을 위해 일하느라 피곤할 것인가, 아니면 피곤하지만 여전히 아무 데도 가지 않을 것인가?

우리가 싫어하는 직업, 심지어 우리를 꿈으로 인도하지 않는 직장에서 일하며 하루를 그냥 보내는 것은 부끄러운 일이다. 당신의 직업이 당신에게 행복을 주지 않는다면 왜 당신은 그 일을 하는 것인가?

지금은 '내 인생에서 무엇을 하고 싶은가?'라고 자신에게 물어볼 때다. 부디 가장 먼저 떠오르는 것이 진정 하고 싶은 일이라는 것을 믿고 그 방향으로 나아가기 바란다.

당신의 꿈을 이해하지 못하는 사람이 많을 수도 있다. 당신이 진정 무언가를 하고 싶고 그것이 당신의 꿈이라는 것을 마음속으로 의심하지 않는다면 그것을 향해 가라. 당신이 무언가를 사랑할 때 당신은 그것에 최선을 다할 테고 결국 성공할 가능성이 훨씬 더 커진다. 그러면 처음에 당신을 의심했던 사람들도 돌아오고 당신을 자랑스러워할 것이다.

당신이 실제로 가고 싶은 길을 걷고 있을 때, 앞길에 어떤 장애물이 있어도 가시덤불을 헤치고 계속 나아가는 게 훨씬 더 쉽다는 것을 기억해야 한다. 피곤한 순간에도 우리가 얼마나 약하든 강하든 상관없이 우리는 행복하다. 적어도 우리는 우리가 원하는 것을 위해 전진했고, 꿈을 위해 온 힘을 다해 노력했다는 사실에 위안을 얻을 수 있다.

꿈을 이루기 위해 노력할 때 실패는 불가피하다. 이전에 한 번도 실패한 적 없는 사람은 위대한 것을 성취할 꿈을 꾸지 않은 사람이다. 더구나 진정한 몽상가는 과거의 실패가 미래의 성공을 정의하도록 허용하지 않는다. 반대로 진정한 몽상가는 과거의 실패를 재정의하고 그것을 성공의 디딤돌로 삼는다.

꿈을 좇는다는 것은 지금보다 나은 자신을 상상하는 것이다. 미래의 자신은 지금 우리가 꿈꾸는 것의 결과다. 처음부터 꿈이 없어서 상처받는 것보다 꿈을 이루기 위해 노력하는 과정에서 상처받는 것이 낫다. 우리가 매일 외부에서 싸우기로 선택한 전투는 내부에서 우리를 강화해준다.

일반적인 것을 뛰어넘어 자신의 꿈을 좇는 사람만 자신이 얼마나 멀리 갈 수 있는지 안다. 꿈을 따르기로 선택하는 것은 위험할 수 있지만 선택하지 않는다고 해서 위험에 처하지 않는 것은 아니다.

서퍼들에게 잔잔한 바다는 지루하다. 위험을 감수하지 않고는 우리의 꿈을 실현할 수 없다. 두려워하며 현실에 안주하는 사람들은 간혹 "당신이 꿈꾸는 것이 아니라 당신이 가진 것을 누려라"라는 말을 잘못 해석하고 오용한다.

현재 가지고 있는 것으로 "충분하다"고 자신에게 말함으로써 스스로를 가두지 마라. 만약 그렇게 하면 당신은 자신을 더 가두고 삶이 절대 나아지지 않도록 만들 것이다.

세상에는 선택의 여지가 아주 많다. 진정 가고 싶은 길을 어떻게 선택해야 할까? 물론 많은 사람과 함께 걸으면 안전함을 느끼겠지만 그게 과연 행복할까? 정말 가고 싶은 길인가? 꿈과 일치하지 않는 모든 단계는 우리의 것이 아니다.

우리는 다른 사람들을 맹목적으로 따른다. 나는 당신이 진정 가고 싶은 길을 택하기를 촉구한다! 꿈을 좇는 사람은 때로 외롭기도 하지만 결국 그것은 그만한 가치가 있다.

하늘은 자연의 공허함을 구름으로 채우고 마찬가지로 인간은 삶의 공허함을 꿈으로 채운다. 인생에서 가장 중요한 부분은 매일의 의미를 찾는 일이다. 당신이 얼마나 오래 사는가는 중요하지 않다. 인간에게는 일상생활에서의 의미가 필요하다.

그 '의미'를 너무 쉽게 달성하면 무의미하다는 점을 기억하라. 그것은 정복할 가치가 있는 것이어야 한다! 따라서 때로는 위험을 감수하는 것이 가장 좋은 삶의 방식이다. 전혀 위험을 감수하지 않는 것은 삶을 지루하고 공허하게 만든다.

인간은 위장을 채우는 육체를 위한 음식만으로는 생존할 수 없다. 마음도 먹여 살려야 하는데 이를 위해서는 의미가 필요하다. 그것은 우리에게 가치를 준다. 행복한 삶은 꿈을 좇아 몸과 마음과 정신을 개발하고 증진하는 것으로 가득 차 있다.

　다른 사람의 꿈은 그들의 삶의 의미이기에 나는 한 번도 다른 사람의 꿈을 비웃은 적이 없다. 사려 깊지 못한 사람은 다른 사람의 꿈을 듣고 "불가능하다"거나 그 꿈을 "말도 안 되는 소리"라고 말한다. 우리 면전에서 말하지 않을 수도 있지만 속으로는 그렇게 생각한다.

　비록 그들의 삶이 바쁘고 일이 많아도 그것이 무조건 의미 있는 삶이나 좋은 삶을 만들지는 않는다. 그들은 여전히 매일 일어나 해야 할 일을 하겠지만 꿈 없이 살 때 매일 새로워지고 활력을 얻는 것은 매우 어렵다.

　세상에 영원한 것은 없으며 꿈도 그중 하나다. 이는 특히 청소년기의 발전하는 꿈에 해당하는 얘기다. 당신의 삶에서 다른 모든 것이 사라진다 해도 당신은 여전히 꿈을 실현하고 싶어 하고 그것을 그리워할 것이다.

　때로 우리는 우리의 실패를 두고 다른 사람을 비난함으로써 자신의 꿈을 죽인다. 동시에 우리의 꿈은 우리를 조롱하고 비하하는 다른 사람들에게 죽임을 당할 수 있다. 꿈은 자라고 강해지기 위해 부드럽게 돌봐야 하는 작은 풀잎과 같다. 싹트는 상태에서 다른 사람들이 던지는 조롱과 모욕은 작은 풀잎에 독처럼 작용할 수 있다. 따라서 그 독성으로부터 우리의 꿈을 보호할 방법을 찾는 것이 매우 중요하다.

　이것은 우리가 다른 사람의 말을 절대 듣지 말아야 한다는 의미가 아니다. 많은 경우 다른 사람들이 우리에게 좋은 조언을 해주기 때문이다. 우리가 궁극적으로 성공하도록 도와주는 충고의 말은 우리의 토양을 비옥하게 하고, 우리를 강하게 하며, 우리의 꿈을 실현하도록 돕는 비료에 비유할 수 있다.

꾸준히 나아가도록 영감을 주고 꿈을 계속 믿도록 도와줄 리더(또는 멘토)를 찾아라. 당신이 꿈을 믿고 나아가는 길을 진정 좋아하고 당신이 향하는 곳을 사랑한다면, 당신은 그 방향으로 전진하는 것을 단 하루도 멈추지 않을 것이다. 당신의 꿈은 매일 깨어 있어야 할 이유를 제공한다. 그것은 당신의 삶에 의미를 부여한다.

꿈을 좇는 비결은 간단하다. 매일 한 걸음, 한 걸음 더 가까이 가는 데 집중하라. 한때 먼 목적지였던 곳이 곧 당신의 손이 닿는 곳에 있을 것이다. 가장 먼 최종 목적지를 알고 있어도 그리 멀지 않은 경로를 따라 체크포인트checkpoint 목적지를 설정해야 한다.

한 번에 한 걸음씩 내딛고 당신이 도달하는 각 체크포인트 목적지에 자부심을 느껴라. 보상이 없는 긴 여행은 의욕 저하와 잠재적 실패로 이어질 수 있으므로 최종 목적지까지 계속 이동하면서 주기적으로 자신에게 보상해야 한다. 이것은 하루하루를 더 의미 있게 만들고 무의미함을 예방하는 데 도움을 준다.

당신이 직면하는 첫 번째 어려움은 당신이 얼마나 진지한지 또는 그렇지 않은지 시험한다. 자신의 꿈을 이야기하기만 하는 사람은 도중에 직면하는 첫 번째 문제나 도전에 단념하지만 진정 꿈을 꾸는 사람은 단념하지 않고 단념할 수도 없다.

꿈만 꾸고 앞을 가로막는 장애물을 극복하기 위해 행동하지 않으면 시간만 낭비할 뿐이다. 꿈을 꾸고 그것을 실현해본 사람은 누구나 자신이 항상 꿈꾸는 궁극적 목적지에 도달하는 데 많은 시간과 에너지가 필요하다는 것을 알고 있다.

우리는 모두 성공을 희망하는 이야기만으로는 결코 성공할 수 없음을 알고 있다. 말만으로는 결코 당신이 원하는 곳으로 갈 수 없다. 자신의 상황을 불평하면서도 아무것도 달성하지 못해 지치는 것보다 발전하느라 지치는 것이 더 낫다.

당신의 목표와 꿈만큼 마음을 크게 키우고 지금 당장 행동을 결단해 꿈을 향한 길을 떠나라. 여정 중에 피곤할 수도 있지만 잠시 휴식을 취하면 다시 활력을 얻을 수 있다. 당신의 피로는 바람과 함께 사라질 것이다.

남은 것은 우리의 성취에 따른 자부심이다. 우리는 안전지대를 떠나 삶의 새로운 차원으로 진입하기 위해 파이팅했고 열심히 노력한 덕분에 승리했다. 중간에 그만두는 사람들은 결코 이 같은 자랑스러운 성취감을 경험하지 못한다.

진정한 행복은 꿈을 실현하는 데서 오는 게 아니라, 모두를 궁극적인 목적지에 더 가까이 데려가기 위해 매일 무언가를 하고 있음을 아는 만족에서 온다. 자신의 목표를 위해 싸울 엄두를 내지 못해 감히 규범을 떠나지 못한 사람들은 꿈을 보류하기로 선택했다. 지금도 그들은 계속해서 단조롭고 무의미한 생활을 이어가고 있다.

그들은 내가 할 수 없다고 말했다. 그것이 바로 내가 해낸 이유다.

7장
마인드 디자인

"미래의 어느 날은 우리가 사는 마지막 날일 것이다. 그날이 오기 전에 우리는 평생 우리를 이끌어갈 만큼 큰 꿈을 지녀야 한다. 꿈이 당신의 영혼을 지배할 정도로 충분히 큰가?"

카오야이산맥에서 아름다운 일몰을 배경으로 사진을 찍다가 나는 문득 이것을 깨달았다. 그곳의 멋진 풍경과 함께 석양을 보기 위해 ATV를 타고 방금 돌아왔을 때였다. 날씨도 섭씨 27도로 적당했고 카오야이 지역에 3일 정도 머물며 앞으로 3일 밤을 더 보낼 예정이었다. 당시 나는《더 빌리버》를 쓰기 위해 테 마타 글램핑에 글램핑을 하러 갔었다.

책을 집필하면서 나는 방콕의 집에서보다 자연 지향적인 다른 환경에 있는 것이 글쓰기에 더 좋다는 것을 배웠다. 자연 속에서 내 상상력은 더 풍성해졌고 생각도 더욱 유창하고 자유롭게 전달할 수 있었다.

더구나 테 마타 글램핑의 시설과 직원들의 서비스는 매우 인상적이었다. 나는 호주 멜버른에서 고등학교 때 하던 것처럼 모닥불 위에 구운 마시멜로를 즐겼다. 어찌나 재미있던지 그 경험을 모두와 공유하고 싶어 인스타그램에서 실시간 질의응답을 진행했다. 그중 한 가지 질문은 일본의 한 리더에게 받은 것인데 그것을 독자 여러분과 나누고 싶다. 그가 물었다.

"성공하려면 어떤 마인드셋이 필요한가요? 어떤 과정을 거쳐야 합니까?"

나는 주어진 시간과 장소에 더 적합하도록 그에게 요약해서 대답했다. 하지만 나는 여기서 그 질문에 완전한 대답을 하고 싶다.

그러면 성공을 위한 목표 설정은 어떻게 시작해야 할까? 어떤 마인드셋과 원칙이 가장 중요할까? 당신에게는 2가지만 있으면 된다. 첫 번째, 의미 있는 성공을 만드는 데 도움을 주는 목표를 설정하려면 먼저 진정한 성공이 어떤 것인지 그 개념을 정확히 세워야 한다. 두 번째, 올바른 마인드셋과 여정을 안내하는 올바른 원칙이 필요하다.

진정한 성공 모습과 관련해 당신은 이 점을 이해해야 한다. 부, 권력, 명예, 많은 팀원 등 사람들이 대부분 성공의 특징으로 여기는 것은 때로 성공적인 삶을 의미하지 않는다.

진정한 성공은 더 나은 자신을 발견하고 자신이 될 수 있는 사람이 되는 데서만 찾을 수 있기 때문이다.

여기서는 성공을 이루기 위한 두 번째 필수 요소로 올바른 마인드셋에 초점을 두려고 한다.

만약 우리가 원칙을 확고히 확립하고 성공을 명확히 정의한다면 우리는 삶의 의미와 성공의 모델이 된다. 물론 개개인이 원하는 성공 유형은 다양할 수 있지만 개별 목적지에 이르는 개별 경로에서 우리를 안내하는 일반 원칙은 동일하게 적용된다. 그렇지만 이 원칙을 살펴보기 전에 성공 자체가 우리의 궁극적 목적지가 아니라 그 목적지를 향한 여정에서 겪는 발전이라는 점을 이해해야 한다. 성공은 결과의 규모가 아니라 성공하는 과정에서 우리의 헌신의 탁월함과 용기로 정의한다.

성공은 먼저 길을 나서는 것보다 궁극적으로 원하는 목적지에 도달할 것이라는 보장이 없어도 여정을 시작하고 계속 나아가는 용기에서 찾을 수 있다. 우리가 이것을 이해하면 삶이 우리를 어디로 데려가든 우리는 성공할 수 있다.

우리는 아무리 단조로워 보여도 결코 우리 존재에게 지치지 않을 것이며, 잠재력을 최대한 계발하고 활용하는 것을 절대 멈추지 않을 것이다. 또한 우리는 항상 다른 사람들을 도울 기회를 잡을 것이다.

삶의 목적을 아는 것은 가치 있는 성공을 이루기 위해 취해야 할 첫 번째 단계다. 그 무엇도 그것을 대체할 수 없다. 우리 삶의 궁극적 목적이 무엇인지 모르거나 적어도 적극 알아내려 노력하지 않으면 우리는 더 나은 자신을 창조할 수 없다.

나는 나폴레온 힐Napoleon Hills이 그의 책《생각하라 그리고 부자가 되어라Think and Grow Rich》와《성공의 법칙The Law of Success》에서 표현한 방식을 좋아한다. 특히 그는《성공의 법칙》에서 목적을 모르고 하는 모든 일은 단지 시간 낭비일 뿐이라는 "명확한 삶의 주요 목표"를 이야기하고 있다.

모래가 손가락 사이로 흘러내리지 않도록 노력하는 것은 말도 안 되고 아무 소용도 없다. 아무리 모래를 모두 붙들고 지키려고 해도 결국 바람에 다 날아가 버린다.

온라인에서든 오프라인에서든 나는 이 문제를 이야기할 때마다 내가 운이 좋아 인생에서 원하는 것을 일찍 깨달았다고 말한다. 나는 어린 시절부터 내가 원하는 것이 무엇인지 알았고 내 목표는 매일 더욱 명확하고 구체적으로 발전했다.

모든 것이 명료해진 날짜가 정확히 기억나지는 않지만 일요일 아침이었던 것 같다. 나는 토이 센베이Toi Senbei의 9번 채널 만화를 보고 있었다. 이윽고 프로그램이 바뀌고 다큐멘터리를 방영하기 시작했는데 그때 워싱턴 기념관에서 연설하는 마틴 루서 킹 주니어의 흑백 영상과 존 F. 케네디 대통령(연설 중)의 또 다른 영상이 나왔다. 이것은 태국어로 번역했고 더빙한 오디오에서 나는 "국민의, 국민에 의한, 국민을 위한"이라는 말을 들었다.

언어가 너무 정교하고 아이디어는 일반적으로 아홉 살짜리가 이해하기에 굉장히 복잡했으나 나는 리더십을 이해했다. 나는 마틴 루서 킹 주니어나 케네디 대통령이 누구인지, 워싱턴 기념관이 무엇인지 전혀 몰랐지만(나중에 태국 국가보건의료안정청NHSO에서 공부할 때 이 모든 것을 알게 되었다) 그들이 수백 명의 주목을 받는 방식을 보았다. 수천 명이 듣고 있었다. 진정한 리더십이 어떤 모습인지 내가 처음 본 다큐멘터리라 그날 프로그램을 본 것은 운명적인 것 같았다.

다시 프로그램이 바뀌어 만화를 방영했기 때문에 그날 남은 시간 동안 무슨 일이 있었는지는 기억나지 않는다. 드래곤 볼, 세일러 문, 캡틴 츠바사, 북두의 권 등 무슨 만화를 방영했는지 잘 모르겠다. 하지만 마틴 루서 킹 주니어와 존 F. 케네디가 출연한 다큐멘터리는 분명히 기억한다.

그날 이후 나는 리더십을 특별히 이해하게 되었다. 케네디가 말한 '국민을 위한'이라는 문구의 렌즈로 리더십을 보았기 때문이다. 리더는 희생을 위해 태어나고 리드하는 것은 다른 사람을 섬기는 일이다.

이것은 결국 내 삶의 목적으로 바뀔 때까지 매일 더 명확해졌다. 그날 아침까지만 해도 나는 그저 평범한 아홉 살 소년이었다. 그러나 그날 이후 나는 내가 리더가 될 운명이라는 것을 알았다. 나는 내 인생의 목적이 사람들의 일꾼이 되는 것임을 알았고 그 이해는 내가 이런 모토를 개발하도록 이끌었다.

'인생에서 가장 큰 소명은 위대한 책임감이 아니라 오히려 위대한 섬김에서 발견할 수 있다.'

우리는 모두 자신만의 개별 책임이 있는 것처럼 각자의 삶의 목적을 가지고 태어났다. 인생의 구체적인 목적을 찾는 것만큼 행복과 만족을 가져다주는 것은 없다. 내 말을 믿어라.

구체적인 목적을 알고 명확히 이해하면 다음 생에 같은 몸으로 환생할 수 있다. 목적을 발견하려 할 때 자신에게 물어봐야 할 한 가지 질문은 "내가 무엇을 찾고 있는가?"이다. 정말로 찾고 있는 것이 무엇인지 자신에게 물어보라. 당신이 다른 무엇보다 원하는 것은 무엇인가? 당신은 가장 조용한 내면으로 깊이 들어가거나 감정의 층을 샅샅이 살펴야 할 수도 있다. 나는 당신의 마음 깊은 곳에 당신이 삶에서 선택하는 많은 부분을 잠재적으로 뒷받침하는 강한 욕망이 있다고 확신한다. 만약 당신이 이것을 계속 찾는다면 결국 찾던 것을 발견할 것이라고 장담한다. 그리고 언젠가 우리는 신 혹은 고대에 시바Lord Shiva라 불린 존재와 마주친다고.

우리는 왜 창조되었는가? 우리는 모두 특별하게 창조되었다. 우리 임무는 삶의 고유한 목적이 무엇인지 이해하는 것이다. 우리 각자는 다른 사람과 다른 특별한 선물unique gifts을 받았으며 마찬가지로 누구도 성향이나 능력이 우리와 똑같지 않다.

우리와 과거나 미래가 똑같은 사람은 아무도 없다. 백만 개의 눈송이가 있어도 같은 것은 하나도 없다. 연못의 모든 구피는 언뜻 비슷해 보이지만 각 구피는 꼬리 끝에 고유한 색을 지니고 있다. 어떤 것도 2가지가 정확히 같은 기울기를 보이지는 않는다.

다른 사람처럼 되려고 노력하느라 인생을 낭비하지 마라. 대신 자신의 특기를 발견하는 데 같은 양의 노력을 기울여라. 타고난 재능을 발견하면 인생의 목적을 포괄적으로 이해할 수 있을 것이다.

4학년 때 담임선생이 내가 대중 연설에 소질이 있다고 인정해주어 다행이었다. 선생님이 내 소질을 인지한 덕분에 나는 반장으로 임명될 수 있었다. 교사가 조기에 당신의 재능을 식별하고 그 재능에 따라 책임을 할당하는 것은 당신이 성공하도록 준비를 돕는 일이다. 당신의 잠재력을 믿는가? 당신은 믿어야만 한다.

우리의 행동과 선택은 자신을 대하는 우리의 관점에 달려 있다. 우리가 자신을 어느 한 방식으로 보면서 그와 다른 방식으로 행동하는 것은 불가능하다. 그것은 절대 일어날 수 없다. 사자는 거울을 볼 때 사자를 보고 사자처럼 행동한다. 오늘 당신이 거울을 보면서 당신을 고양이로 생각한다면 그 인식을 바꾸고 당신이 될 수 있는 사자 모습을 인지할 것을 촉구한다.

인식을 바꾸면 고양이 같은 행동을 멈추고 정글의 왕다운 용기와 자신감으로 행동하게 될 것이다. 자신의 잠재력을 믿지 않으면 그것을 최대한 활용하기가 매우 어렵다. 그리고 잠재력을 최대한 활용하지 않을 경우 목적을 이해하지 못하거나 의미 있는 성공을 이루지 못한다.

역사상 가장 위대한 대통령 중 한 명인 시어도어 루스벨트는 "당신이 있는 곳에서 당신이 가진 것으로 당신이 할 수 있는 것을 하라"라고 말했다. 우리가 이 귀중한 조언의 의미를 이해할 수 있다면 변명을 멈추고 이용 가능한 모든 기회를 찾고 활용하기 시작할 것이다.

당신의 잠재력만큼 성장하기

당신이 잠재력을 실현하는 날이 진정 성공하는 날이다. 어쩌면 당신은 그 과정에서 권력, 명예, 돈을 얻을 수 있지만 그중 어느 것도 진정한 성공을 나타낼 수 없다. 이런 것은 가지고 있으면 좋지만 궁극적으로 당신을 만족시키지 못한다.

대신 과거의 당신과 현재의 당신 사이의 거리를 측정하고, 현재의 당신과 미래의 당신 사이의 추가 거리를 측정함으로써 당신의 성공을 측정하라. 성공과 만족은 우리의 진정한 잠재력을 실현하고 삶을 최대한 활용하는 데서 온다. 명품 컬렉션이나 수많은 소셜 미디어 팔로워에서는 그것을 찾을 수 없다.

나는 항상 잠재력을 하늘에 있는 존재가 주는 선물이라고 믿었다. 우리가 잠재력을 최대한 계발하고 그것을 활용해 세상을 이롭게 하는 것은 우리가 돌려줘야 하는 선물이다. 나는 헨리 포드의 전기에서 다음과 같은 인용문을 읽은 적이 있다.

"자신이 생각하는 것보다 더 많은 것을 해낼 수 있는 사람은 없다."

간단히 말해 우리가 아직 살아 있고 여전히 숨을 쉬고 있다면 우리가 할 수 있는 일은 아직 더 있다는 얘기다. 우리에게는 무한한 잠재력이 있으므로 항상 더 많은 것을 이룰 수 있다!

그러나 소수의 사람만 자신의 잠재력을 완전히 발견한다. 나는 이것이 우리 중 많은 사람이 타인이 우리 삶을 지배하도록 허용하고 대다수 시간 동안 타인이 우리에게 원하는 일을 하기 때문이라고 생각한다.

우리는 모든 사람이 승인하는 조치만 취하며 실제로는 존재할 필요가 없는 많은 제한(혹은 변명)을 만든다. 오늘 당신이 무언가를 하고 싶지만 이를 위해 다른 사람의 허락을 받아야 하거나 어떻게든 승인을 얻어야 한다면, 당신은 평생 당신이 될 수 있었던 것보다 열등할 것이다. 심지어 당신은 당신의 삶에서 아무것도 얻지 못한다.

나는 쿤 카오Khun Khao와 많은 시간을 보낼 기회가 있었다. 우리는 매달 오마카세를 함께 먹었는데 이 모임을 '전사들의 회담Warrior Summits'이라 불렀다. 나는 그에게 잠재력과 관련해 인생을 최대한 활용하고 싶으면 3가지 일을 해야 한다고 말했다.

첫 번째, 하나의 주요 목표에 집중하면 실제로 무엇이든 성취할 수 있다. 초점은 매우 중요하다. 우리는 무엇이든 할 수 있지만 모든 것을 할 수는 없다. 따라서 우리는 가장 원하는 것을 선택해 거기에 시간과 에너지를 쏟아야 한다. 우리가 선택한 목표에 도달하는 데 도움을 주는 것과 그렇지 않은 것을 일상적으로 구별하는 것도 중요한 기술이다. 나는 선택과 교환이 성공을 만드는 요소라 말하고 싶다.

우선순위를 구별하지 않고는 성공할 수 없다. 다른 부분을 유지하기 위해 인생의 한 부분을 희생하지 않으면 목표에 더 가까이 다가갈 수 없는 법이다. 덜 성취하고 싶다면 적게 선택하고 교환하라. 하지만 위대함을 성취하고 싶다면 교환의 중요성을 이해하고 그에 따라 행동해야 한다.

많은 리더가 내게 방금 위에서 설명한 것처럼 교환한다는 것이 실제로 무엇을 의미하는지 묻는다. 나는 10년 동안 한 가지 대답만 했다. 바로 목표와 직접 연결되지 않는 것은 모두 무시하는 것이다. 마음에 드는 것조차 삼가야 한다. 이는 자기 발전에 적절히 집중하기 위해 우리가 치러야 하는 희생이다.

두 번째, 어떤 식으로든 발전하지 않는 날을 보내지 않는다. 삶에서 줄여야 할 부분을 줄이도록 노력하라(예를 들어 소셜 미디어 사용 시간을 줄이려 노력하라). 그만둬야 할 것은 그만둬라(가령 인생에서 특히 사랑하는 사람에게 화내는 것을 그만둬라). 독서(대중교통을 이용할 때는 휴대전화를 들여다보는 대신 책을 읽어라) 같이 삶에서 늘려야 할 것을 늘려라. 삶에 더해야 할 것을 추가하라(이를테면 건강과 활력을 높이기 위해 매주 일요일 아침 조깅을 시작할 수 있다).

이것은 모두 지속적인 자기 발전에 초점을 두는 것이 어떤 모습일 수 있는지 보여주는 예시다.

이것이 당신의 잠재력을 발견하는 방법이다. 엄청나게 어렵지도 않고 확실히 두렵지도 않다. 일주일 동안 이렇게 집중한다면 자신이 진정 무엇을 할 수 있는지 이해하기 위해 1년을 기다릴 필요가 없다.

일단 시작하면 스스로 기분이 좋고 계속하고 싶어지며 계속할수록 자신의 잠재력을 더 확신하게 된다. 당신은 여러 방법으로 잠재력을 활용하는 이점을 경험하기 시작하고, 어느 시점에 당신 스스로 당신이 얼마나 두려움이 없는지 깨닫는다. 왜냐하면 이제 당신은 무엇이든 시도할 수 있을 만큼 용감하기 때문이다. 마음만 먹으면 당신이 무엇이든 성취할 수 있음을 알게 될 것이다.

과거는 잊고 미래에 집중하면서 현재를 살아라. 많은 사람이 미래를 끊임없이 걱정하는 바람에 현재 삶에서 실패한다. 누구나 실수를 하지만 그래도 앞으로 나아가야 한다. 죄수와 창작자 중 하나를 선택해야 한다면 어느 쪽을 선택하겠는가?

누구나 창작자를 선택할 거라 자신 있게 말할 수 있으니 더 이상 과거의 포로가 되지 마라! 오히려 미래를 건설하는 건축가가 돼라! 당신이 할 수 있는 가장 중요한 일 중 하나는 현재를 사는 것이다. 현재의 삶은 우리가 과거를 되새기거나 미래를 걱정하는 데 시간을 낭비하기엔 너무 소중하고 강력하다.

과거가 당신을 방해하게 내버려두지 마라. 어제는 끝났고 오늘은 새로운 날이다! 동시에 미래에 너무 많은 시간을 투자해 현재를 그리워하지 않도록 하라. 과거는 버리고 지금 여기에서 우리의 시간을 활용하는 데 에너지를 집중해야 한다.

나는 과거나 미래에 집착하지 않고 지금 주어진 시간을 최대한 활용해 스스로를 발전시키겠다고 다짐했다. 백미러만 보고 있으면 아무도 앞으로 운전할 수 없다.

진정한 성공은 집의 크기나 고급 자동차로 측정할 수 없다는 점을 반복해서 말하고 싶다. 오히려 의미 있는 성공은 극복한 장애물의 수로 정량화할 수 있다.

다른 사람에게 도움을 주는 씨앗을 뿌려라

다른 사람에게 도움을 주기로 선택하고, 타인의 삶에 긍정적 영향을 미치며, 여러 면에서 영원히 지속될 선택을 하라.

다른 사람을 돕고 우리 삶의 목적을 발견하는 이 2가지는 분명 우리 삶을 성공적으로 만들어줄 것이다. 하지만 우리에게 필요한 세 번째 것이 있는데 내 페이스북 피드에서 보았을지도 모를 이 인용문은 이것을 잘 표현하고 있다.

"당신이 이 중요한 위치에 영원히 있지는 않겠지만, 당신이 리더십을 발휘하는 동안 성취한 전설은 영원히 지속될 것이다."

우리는 자신의 이익을 위해 일함으로써 생계를 유지하지만 실제로 우리는 다른 사람을 섬기는 방식으로 살아간다. 나는 항상 조직의 리더들에게 우리가 가진 것으로 성공을 측정하지 말고 주는 것으로 측정하라고 가르친다. 일하기 위해 태어나 천만 바트를 벌고 싶은 사람이 얼마나 될까? 여기서 핵심은 우리가 첫 번째와 두 번째 원칙을 따르는 동시에 가능할 때마다 최대한 다른 사람을 도와야 한다는 점이다.

자신의 성공에만 초점을 맞추면 분명 우리 자신에게는 도움이 되겠지만 다른 사람에게는 그렇지 않다. 대신 다른 사람과 함께 그들을 위해 잠재력을 계발하기로 선택하면 우리는 삶을 최대한 활용하는 셈이다.

당신의 삶이 '나, 나, 나'로만 이뤄지지 않게 하고, 더 큰 범위의 '우리'를 이롭게 하는 일에 손을 대라. 의미 있는 성공은 실제로 우리가 하는 일이나 소유한 것과 아무런 관련이 없다. 오히려 그것은 다른 사람을 돕기 위해 우리가 하는 일과 관련이 있다.

> **감사하는 마음은 결국 위대한 것을 끌어당기는 위대한 마음이다.**

8장
신념의 5가지 요소

사람들은 대부분 책을 쓰고 출판한 뒤 성공한다. 하지만 나는 이미 성공했고 덕분에 모두와 공유할 귀중한 조언을 많이 보유하고 있다. 처음 시작할 때부터 여기에서 정말로 이야기하고 싶은 한 가지는 바로 믿음의 중요성이다.

강한 신념 체계를 세우는 것은 꿈을 이루는 기본이다. 내가 직접 해봤고 성공했기에 그것이 효과가 있다는 것을 잘 안다. 이제부터 믿음의 5가지 기본 요소를 설명하겠다.

1. 핵심 신념

오늘 내가 '인생이란…'이라는 문장을 완성하라고 한다면 뭐라고 말할 것인가? 당신의 대답은 무엇인가? 그리고 이 질문에 답하는 데 시간이 얼마나 걸리는가? 당신이 그 빈칸에 채우는 것이 당신의 핵심 믿음이며 무엇보다 당신의 태도, 관점, 생활방식이 선택에 영향을 미치는 민

115

음이다.

사람들은 대부분 불확실하고 방향이 없는 삶을 살아가며 끊임없이 우유부단하게 왔다 갔다 한다. 이는 그들이 자신의 핵심 믿음이 무엇인지 확신하지 못하기 때문이다. 그들은 자신의 핵심 믿음이 무엇인지 정의하지 못한다.

- 어떤 사람은 인생은 춤일 뿐이라고 말할지도 모른다.

- 어떤 사람은 삶의 의미는 행복이라고 말할지도 모른다.

- 어떤 사람은 인생은 꿈을 이루는 것이라고 말할지도 모른다.

- 어떤 사람은 단순히 대답하지 못한다.

한번은 60대 중반 어르신에게 우리가 무엇을 위해 산다고 생각하는지 물었는데, 그는 단순히 "카르마대로as Karma"라고 말했다. 그가 그렇게 대답할 줄 몰랐던 나는 몇 초 동안 멍해졌다. 이는 인생에 완전히 희망이 없는 것처럼 우울한 대답이다. 나는 그가 일상생활에서 얼마나 피곤함을 느꼈는지 알았을 때 놀라지 않았고, 그가 결코 진정으로 행복하지 않았다는 사실을 알았어도 놀라지 않았다.

사실 나는 공덕과 카르마를 믿지만 그것이 삶의 목표나 궁극적 의미라고 생각하지는 않는다. 우리는 과거의 죄(나쁜 카르마)를 갚기 위해 산다. 우리는, 세상에서 선을 행하고 다른 사람을 돕고, 우리의 기여 행위가 사회에 도움을 주고 의미가 있는지 확인함으로써 공덕을 쌓는다. 나는 우리가 과거에 저지른 나쁜 일에 대가를 치르게 하는 나쁜 카르마가 실제로 있다고 믿는다.

나는 출랄롱콘대학교 경영학부에서 공부하는 학생들을 위해 니노이 숨마 쿰 라우데 장학금Ninoy Summa Cum Laude Scholarship, NSCLS*이라는 4년 장학금 제도를 만들었다. 나는 장학금을 위해 학생들을 인터뷰했는데 그때 가장 중요한 질문 중 하나로 '인생이란…' 질문을 사용했다.

1학년 여학생이 인터뷰를 위해 내 맞은편에 앉자 나는 그녀에게 질문했다. 나는 그녀에게 '인생이란…'이라는 말이 적힌 종이쪽지를 건네주고 그녀가 생각하는 단어로 빈칸을 채우라고 말했다.

각자 삶에서 자기 철학이 있는 세 사람으로 이뤄진 그룹이 나와 함께 있다고 상상해보라.

첫 번째 사람은 삶의 목적이 탐구하는 것이라고 믿는다.

두 번째 사람은 삶의 목적이 아름다움을 추구하고 경험하는 것이라고 믿는다.

세 번째 사람은 삶의 목적이 열심히 일하는 것이라고 믿는다.

세 사람이 매일 같은 시간 동안 같은 직장에서 일해도 삶의 목적에 관한 세 번째 사람의 믿음은 처음 두 사람보다 훨씬 더 많은 것을 성취하고 성장시킬 수 있다. 세 사람 중 어떤 사람이 되고 싶은지 자신에게 묻거나 그 3가지 유형 중 누구와 관계를 맺고 싶은지 자신에게 물어봐야 한다. 이 2가지 질문에 답하는 것이 성공의 출발점이다.

---

* 이것은 봉사활동을 하는 학생들에게 주는 장학금이다. 나는 그들의 성적이나 GPA를 보지 않고 이 장학금을 수여하는데, 그런 다음 매년 10일 동안 명상하도록 요청한다(스승 고엔카Master Goenka의 수업 과정이 설명하는 방식대로). 2020년 졸업생 중 2명이 여전히 매년 10일 명상 수련회에 나와 함께 가고 있고 이는 그들에게 진정으로 도움을 주었다. 독자 여러분께도 축복의 말씀을 전하고 싶다. 좋은 하루 보내길 바란다.

2. 감정 상태

감정 상태는 아래에 설명한 대로 10가지 수준의 동기를 포함한다.

10 당신의 에너지와 동기부여 수준이 너무 높아 넘쳐흐르고 당신 주변의 모든 사람에게 이를 최선의 방법으로 전파한다.

9 당신은 꿈을 이루기 위해 최선을 다하며 실패를 절대 거부한다. 당신은 어떤 상황에서도 성공으로 가는 지름길에서 탈선하는 것을 용납하지 않는다.

8 당신은 활기차고 여전히 매우 헌신적이며 꿈을 이루기 위해 기꺼이 희생한다.

7   당신은 당신의 목표에 흥분하고 집착한다.

6   당신은 목표 달성에 필요한 스킬에 관심이 있고 이를 개발할 의향이 있다.

5   당신은 목표를 이루면 기쁘겠지만 이루지 못해도 별로 상관하지 않는다. 당신은 어느 쪽이든 괜찮다고 생각한다.

4   당신은 스트레스를 받기 때문에 목표나 꿈을 더 이상 생각하고 싶어 하지 않는다.

3   당신은 방해받고 싶지 않아 결정을 내리지 않고 모든 책임을 회피한다. 거의 모든 것이 감당하기에 너무 벅차다.

2   당신은 아무것도 하고 싶지도 않고 아무도 만나고 싶지도 않다. 당신은 단지 혼자 있고 싶고 존재에서 사라지기를 원한다.

1   당신은 방금 마취 없이 발치한 것처럼 완전히 지쳤다.

오늘, 이 감정 에너지 척도에서 당신은 어디에 있는가? 당신이 1의 수준이면 당신은 극도로 우울한 상태다. 10의 수준이면 당신은 마음먹은 것은 무엇이든 할 수 있는 능력 덕분에 신나고 열정적이며 자신감 넘치는 상태다. 10의 수준에 있는 사람은 의욕이 아주 강해 무슨 일이 있어도 주변 사람에게까지 점점 더 의욕을 불어넣으며 자신뿐 아니라 주변 모든 사람을 믿는다. 성공하고 싶다면 감정이 8의 수준 아래로 떨어지지 않도록 해야 한다.

우리는 2가지 방법 중 하나를 토대로 감정 상태를 조정하거나 '수준을 변경change stages'할 수 있다. 그것은 바로 내부 혹은 외부 분위기다. 후자의 경우 스트레스를 받거나 짜증이 난다고 가정해보자. 그 상태에 머물지 말고 산책이나 달리기를 해서 땀을 식혀라. 뛰러 갈 시간이 없으면 리드미컬하게 박수를 치며 무대를 바꾼다(태국 학교에서 가르치는 '하나-둘, 하나-둘-셋, 하나-둘, 하나-둘, 하나' 패턴을 따른다).

이 모든 방법(특히 달리기와 걷기)은 긴장을 풀고 마음을 맑게 해주며 몸을 통해 의식을 보다 원활히 전달하는 데 도움을 준다. 자연스러운 호흡 패턴을 재설정하면 훨씬 더 나은 마음 상태에서 더 효과적으로 작업하는 데 도움을 주므로 숨이 가빠지는 일을 하라.

이제 우리 내부에서 감정 상태를 개선하기 위해 우리에게 일어난 부정적인 일을 생각하고 마음속으로 곱씹기로 선택한다. 우리는 나쁜 기억을 영화 재방송처럼 취급하는 경향이 있는데 이를 그만둘 필요가 있다.

일반적으로 TV를 볼 때 우리는 자신이 좋아하고 즐기는 프로그램을 선택해 반복 시청한다. 우리는 왜 머릿속에서는 똑같이 하지 않는가? 머릿속이 TV라면 우리는 우리를 두렵게 하거나 기분 나쁘게 만드는 영화를 선택하지 않을 것이다. 마음속에서 부정적인 사건을 재생하는 것은 TV에서 계속 우리를 놀라게 하는 공포 영화를 보는 것과 같다. 그렇게 할 때 우리는 다시 좋은 마음 상태에 있지 못한다.

뷔페에 갈 때도 마찬가지다. 뷔페에서는 자신이 좋아하고 즐기는 것만 먹는다. 마찬가지로 뇌가 좋아하는 영화를 보고 좋아하는 음식만 먹도록 선택하라.

이것을 생각하는 또 다른 방법은 이러하다. 당신이 어떤 방에 들어갔을 때 내가 반복적으로 나 자신을 찌르는 것을 보았고, 피를 흘리는 것을 알면서도 계속 찌르는 것을 보면서 엄청난 고통을 겪었다고 가정해보자. 당연히 당신은 내가 미쳤다고 생각한다.

마찬가지로 누군가가 당신을 모욕할 때 그들은 실제로 당신을 한 번만 '찌른' 것이다. 하지만 당신이 그 사람이 당신에게 한 말을 마음속으로 곱씹으면 그것이 당신을 다치게 하는데도 계속 자신을 찌르고 있는 것과 같다.

그 사람은 당신을 한 번 찔렀지만 당신은 칼을 들고 스무 번이나 더 찔렀다. 그러면 감정 척도에서 위로 이동하기가 매우 어려워진다. 그보다 더 나쁜 것은 당신은 실제로 감정 상태를 낮추고 자신을 위해 바닥이 없는 구덩이를 파는 반면, 당신을 모욕한 사람은 자신이 한 말을 기억조차 하지 못한다는 것이다.

내가 '더 빌리버'라고 부르는 사람이 되려면 가능한 한 '최고 단계'에 있어야 한다. 절대 8의 수준보다 낮아서는 안 된다. 그럼 감정 척도에서 레벨을 올리는 방법을 알려주겠다.

먼저, "나를 행복하게 만들 수 있는 몇 가지 방법은 무엇인가?"라는 질문에 답을 작성하도록 2분만 준다면 무엇을 쓰겠는가? 가장 먼저 떠

오르는 것은 무엇인가? 흥미롭게도 사람들은 대부분 자신을 행복하게
만드는 방법을 3~5가지밖에 생각하지 못한다. 반면 그들에게 자신을
불행하게 만드는 것을 적도록 같은 시간을 주면 그들은 5가지보다 훨
씬 더 많은 방법을 나열한다.

우리가 자신을 행복하게 만드는 것보다 고통스럽게 만드는 방법을
더 잘 안다는 것이 이상하지 않은가? 그 때문에 우리는 동기부여, 행복,
감정 척도를 더 높은 수준으로 유지하기가 매우 어렵다. 다행히 이를
수정하는 것은 그리 어렵지 않다.

나는 당신이 스스로를 행복하게 만들 수 있는 상위 25가지 방법을
작성하길 제안하고 싶다. 거창할 필요는 없고 주변의 단순하고 쉬운 것
을 사용하면 된다. 내게는 나를 행복하게 만드는 25가지 목록이 있다.
첫 12가지를 아래에 공유하겠다.

1) 블랙핑크의 노래 〈Lovesick Girls〉를 듣는다.

2) 카라바오Carabao의 노래 〈The Great PoorMan(คนจนผู้ยิ่งใหญ่)〉
을 듣는다.

3) 내가 좋아하는 색인 핑크를 찾아본다.

(이 방법은 정말 효과적이다. 내가 세계 어디를 가도 내 근처에는 어
딘가에 분홍색이 있을 것이다. 좋아하는 특정 색이 있다면 당신을 행복
하게 만들고 싶을 때 주변을 둘러보고 그 색을 찾아라. 아주 조금이라

도 어딘가에는 있다. 내가 좋아하는 색은 어디든 있을 수 있고 행복도 마찬가지다. 어디에서든 내가 좋아하는 색과 행복을 모두 찾도록 두뇌를 단련하라. 만약 해당 색상을 확실히 보길 원한다면 휴대전화 케이스를 당신이 좋아하는 색깔로 바꿔라.)

4) 유튜브에서 버락 오바마Barack Obama의 2008년 당선 연설을 듣는다.

5) 인스타그램에서 아름다운 여행 사진을 구경한다.

6) 축구 하이라이트 클립을 시청한다.

7) 인스타그램 '탐색'에서 리사Lisa의 영상을 본다.

8) 서점에 가서 읽을 소설책을 구매한다.

9) 불교 경전을 암송한다.

10) 내 비전 보드를 본다.

11) 밤에 혼자 영화를 본다.

12) 기타를 연주한다.

위의 행동은 내가 나를 격려하는 25가지 방법 중 일부다. 당신도 자신만의 목록을 만들어라.

내가 당신과 공유하고 싶은 또 다른 방법은 '서프라이즈 기부Surprise Giving'다. 이는 말 그대로 당신이 모르는 사람에게 무언가를 주는 행위다. 당신 뒤에 있는 차 두 대의 통행료를 지불하든, 맥도날드에서 낯선 사람에게 해피밀을 사주든, 콘도 경비원에게 커피를 사주든, 주는 것이 무엇이든 이는 감정 척도에서 수준을 높이는 가장 좋은 방법이다.

우리에게 보답하는 사람들에게 선물을 주는 것도 좋지만, 우리에게 선물을 받은 적이 없고 앞으로도 줄 일이 없을 듯한 사람들에게 주는 것이 훨씬 낫다. 이것은 우리의 감정 척도를 높이는 데뿐 아니라 우리가 전반적으로 더 나은 사람이 되는 데도 도움을 준다.

이제 기분을 개선하는 다양한 방법을 알게 되었으므로 그 긍정적인 기분을 장기적으로 유지하는 방법을 몇 가지 살펴보자.

1) 매일 아침 목표를 적는다.

2) 휴대전화 잠금 화면을 할 일 목록으로 변경한다.

3) 비전 보드를 만든다.

4) 규칙적으로 운동한다.

5) 지금부터 1년 뒤 자신이 원하는 모습에 편지를 써서 목표를

더 명확히 시각화한다.

내가 정기적으로 사용하는 또 다른 방법은 매일 휴대전화에 알람을 3개 설정하는 것이다. 오전 10시로 설정한 첫 번째 알람은 이렇게 울린다. "신의 명령이시여, 오늘과 매일의 제 삶을 주관하시고 오늘 모든 것이 합력하여 선을 이루게 하옵소서. 오늘은 좋은 날입니다. 오늘 제게 일어나는 모든 일이 잘되기를 바랍니다."

두 번째 알람은 오후 1시에 울린다. 이때는 단순히 '확실한 최고 목표'라는 문구가 뜬다. 이 알람이 울리면 나는 평소 주머니에 가지고 다니는 A4 용지에 적은 내 목표를 본다.

세 번째이자 마지막 알람은 오후 4시에 울린다. 이 알람 때는 '부처님과 함께하는 애프터눈 티Afternoon Tea'라는 문구가 뜨고 나는 불경을 암송한다. 나는 이를 종이에 적어 주머니에 넣고 다니기도 한다.

그러면 이런 일을 하는 것은 동기부여와 긍정적인 태도를 유지하는 데 어떻게 도움을 줄까? 오전 9시에 나를 몹시 괴롭히는 무언가가 있어도 오전 10시에 알람이 울려 내 감정이 정상으로 돌아가도록 도와준다. 내게 일어나는 모든 일에는 이유가 있고 적어도 부정적인 사건에 집착하지 말아야 한다는 것을 상기시킨다. 따라서 나는 자유롭게 움직이고 일을 끝낼 수 있다.

그 이후의 알람도 마찬가지다. 12시 30분과 오후 1시에 문제가 발생하면 두 번째 알람이 울리면서 내 목표를 읽으라고 상기시킨다. 덕분에 나는 나쁜 것에 집착하는 대신 내가 리셋되고 원기를 회복하는 느낌을 받는다.

그리고 오후 3시에 다른 부정적인 일이 발생하면 오후 4시에 알람이 '부처님과 함께하는 애프터눈 티'라고 알려주면서 나는 다시 리셋된다.

이 방법은 계속해서 꿈을 믿고 전진하는 데 도움을 준다.

3. 참고

참고는 우리가 우리 믿음을 알리기 위해 사용한다. 우리가 생각하는 바가 확실하지 않고 결정하기 전에 추가 정보가 필요할 때 참고를 한다. 참고는 3가지 형태로 이뤄진다. 듣기로 얻은 정보, 자신의 개인적인 경험 그리고 상상력으로 얻은 정보가 그것이다.

나는 첫 번째 유형의 참고, 즉 우리가 읽거나 들은 정보를 가장 쉽게 찾을 수 있는 정보라고 생각한다. 서점이나 도서관에 가면 당신은 즉시 필요한 정보를 찾을 수 있다. 당신에게 필요한 정보가 무엇이든 누군가는 그것에 관한 책을 썼을 것이다.

개인적으로 나는 성공한 사람들과 시대를 초월한 리더들의 자서전을 읽는 것을 좋아한다. 어려운 상황에서 어떻게 해야 하는지 더 명확히 이해하는 데 도움을 주기 때문이다. 많은 리더가 당신보다 앞서 무엇을 했는지 알면 당신이 해야 할 일에 관해 훨씬 더 명확한 비전을 세울 수 있을 것이다. 그렇지 않으면 스트레스를 받는 순간 여러 복잡한 감정으로 갈피를 못 잡는 내면의 목소리 탓에 혼란스러워지기 쉽다.

대신 당신은 당신이 지금 직면한 것보다 훨씬 더 어려운 문제를 극복하는 데 성공한 사람들의 목소리를 들을 수 있다. 때로 우리에게는 주어진 상황을 어떻게 생각해야 하는지 그 기준이나 근거가 없다. 이럴 때 문학 혹은 소설을 읽거나 좋은 영화를 보는 것으로도 답을 찾는 데 도움을 받는다.

나는 성공한 역사적 인물들의 책과 다른 작품을 읽는 것을 좋아하고 그들에 관한 다큐멘터리를 보는 것도 정말 좋아한다. 이 모든 다양한 참고 자료를 꾸준히 사용한 덕분에 나는 직면한 각 문제를 해결할 자원을 얻었을 뿐 아니라 특정 항목을 신뢰하는 내 믿음을 더 명확히 정의할 수 있었다.

2016년 중반, 나는 국내와 국제 차원으로 대규모 사업 확장을 계획했지만 계속해서 장애물에 부딪혔다. 그때 나를 구한 건 바로 일론 머스크Elon Musk의 자서전이었다. 아직도 후아힌Huahin에 있을 때 그 책을 읽었던 기억이 나는데 그것을 다 읽고 굉장히 힘이 났다!

내 마음이 밝아지는 느낌이 들었고 나는 빠르게 감정 척도의 최상위 수준으로 올라갔다. 덕분에 나는 내가 직면한 문제의 해결책을 찾아 헤쳐갈 수 있었고 결국 그해에 계획한 모든 것을 달성했다. 그래서 물건보다 경험을 쌓으라고 권하고 싶다.

가장 쉽게 찾을 수 있는 참고 자료는 다른 사람의 경험을 읽고, 듣고, 살펴보는 것이다. 그러나 가장 강력한 참고 자료는 자신이 개인적으로 직접 경험한 것을 기반으로 한다. 나는 이것을 잘 알고 있기에 최고의 경험을 위해 수백만 달러를 지불할 용의가 있다. 방콕에서만 탈 수 있는 고급차에 돈을 쓰기보다 세상을 탐험하는 것은 당신이 돈을 쓰고 더 부자가 되는 유일한 길이다.

어려운 일과 과제에 도전하고 완수할 수 있는 용기를 내라. 그것은 당신의 직접적인 경험이므로 당신만의 고유한 자원으로 남는다. 우리가 읽거나 다른 사람에게서 들은 것은 단순히 간접적인 정보가 아니다. 당신은 새로 어려운 상황에 직면할수록 더 용기 있는 사람이 될 것이다. 새로운 문제에 직면할 때마다 당신은 이전에 더 어려운 장애물을 극복했음을 상기할 수 있다.

예를 들어 나는 에베레스트산과 메라피크를 혼자 등반하기로 결정했고, 한 달 동안 다른 대륙에서 열리는 세계 주요 마라톤 대회 3개도 완주하기로 했다. 특히 매번 레이스를 공식으로 끝내기 4시간 전에 결승선에 도달하는 것을 목표로 삼았다.

아무도 나를 이렇게 만들지 않았다. 그것은 내 선택이었고 나는 나자신을 위한 새로운 참고사항을 만들기 위해 성공했다.

인생은 우리가 쌓은 개인 경험에 항상 뭔가를 추가할 수 있을 만큼 충분히 길다. 우리가 가장 살아 있음을 느끼는 순간은 불가능에 도전해 최전선에 서 있는 동안 어려운 상대나 도전에 직면했을 때라는 점에 주목하라. 돌격 직전에는 두려움, 불안, 심지어 슬픔까지 느낄 수 있지만 일단 승리를 거두면 그 부정적인 감정은 승리감에 묻혀 희미해진다.

개인 경험의 중요성을 이야기하다 보니 문득 가장 기초적인 참고 자료 중 하나인 나 자신의 경험을 공유하고 싶다. 2019년 11월 2일 일요일 뉴욕 마라톤에 참가했을 때 나는 4시간 안에 완주하는 것을 목표로 삼았다. 이는 4주 동안 세 번째로 참가한 마라톤이었다(나는 이미 베를린과 시카고 마라톤에 참가했다).

나는 크게 스트레스받지 말자고 마음먹고 3시간 55분(3:55:00) 안에 끝내기로 했다. 그리고 책임감을 느끼기 위해 나는 이 결정을 그곳에 있는 모든 사람에게 알리기로 했다.

내가 달린 모든 세계 주요 마라톤 중에서 뉴욕 마라톤이 가장 힘들었다. 지난 두 번의 마라톤으로 나는 이미 상당히 지쳐 있었는데, 여기에다 추운 날씨와 대륙 횡단 비행에 따른 시차 피로가 더해져 한 번도 경험하지 못한 피로가 누적되었다.

더욱이 이 마라톤 트랙에는 다리 5개(태국의 라마 8세Rama VIII 다리와 유사)와 꽤 높은 언덕이 포함되어 모든 가능성이 내게 불리했다. 매우 어려운 경주가 될 것이 분명했다.

마라톤의 총거리는 42.195킬로미터였고 나는 센트럴 파크를 달리면서 내 그라민 페닉스Gramin Fenix 5x 플러스를 확인하기로 했다. 40킬로미터를 달리자 2.195킬로미터가 남았다. 그런데 이미 3시간 43분이 경과한 것으로 나타나 레이스에서 2.195킬로미터를 달리기 위해 남은 시간이 10여 분에 불과했다.

나는 내가 킬로미터당 4분 50초의 속도로 달려야 한다는 것을 즉시 이해했다. 확실히 킬로미터당 5분을 넘지 않아야 했다. 불가능해 보였지만 이 목표를 달성하는 것은 내게 매우 중요했다. 그 순간 나는 나 자신의 경쟁자가 되어 경주를 완주하기 위해 4시간 동안 쉬지 않고 뛰고 있던 지친 내 심장을 쥐어짜야 했다. 내 안의 한 목소리는 속도를 늦춰도 괜찮다고, 우리는 이미 아주 잘 해냈다고 말했다.

'우리는 이미 다른 마라톤 2개를 뛰었으니 너무 세게 밀어댈 필요가 없어. 우리는 그냥 휴식을 취할 수 있어.'

하지만 또 다른 더 큰 목소리는 내가 모든 사람에게 내 목표를 발표했음을 상기시켰다. 만약 내가 뭔가를 하겠다고 말했다면 나는 끝까지 해내야 한다. 그것은 내가 다시 돌아가 그 순간을 맞을 수는 없으며 지금 당장 하지 않으면 이 특정 레이스에서 특정 목표를 달성할 수 없다는 것을 떠올리게 했다.

센트럴 파크에서의 그 경험은 내가 승자인지 패자인지 시험하는 순간 같았고 나는 승자가 되기로 결심했다.

지금도 이를 악문 내 귓가에 심장이 크게 뛰는 소리가 들리던 기억이 난다. 그때 나는 내가 세운 목표를 달성하겠다고 마음속으로 다짐했고, 그 찰나의 결정과 함께 갑자기 심장이 다리로 흘려보낸 피가 전기로 변한 것 같은 엄청난 에너지 폭발을 경험했다.

나는 킬로미터당 4분 50초(4:50)의 목표 속도로 결승선을 향해 질주하면서 마치 질소 폭탄이 된 듯한 기분이 들었다. 과연 나는 제시간에 도착해 성공했을까?

나는 3시간 54분 30초(3:54:30) 만에 결승선을 통과했다. 내가 정한 기한까지 남은 30초는 한 인간으로서 나를 형성하는 데 엄청나게 중요했다. 그날 굳게 마음먹고 역경을 극복하기로 선택한 나 자신이 여전히 정말 자랑스럽다. 내가 그 경주에서 굳게 마음먹고 정확한 시간에 밀고 나갈 또 다른 기회는 없었을 것이다.

그날을 회상할 때마다 나는 똑같은 생각을 한다. 만약 내가 멈춰서 찰나의 결정을 내리지 않았다면, 나는 내 약속을 지킨다는 점에서 한 인간으로서 내 발전에 엄청나게 귀중한 30초의 승리를 잃었을 것이다. 나는 내가 이를 악물고 밀어붙이기로 결정해서 정말 기쁘다. 그 일이 일어난 순간부터 그것은 내가 늘 개인적으로 참고하는 가장 강력한 순간 중 하나였고 앞으로 죽는 날까지도 그럴 것이다.

포기하지 않고 이를 악물고 약속을 지키기(타인에게든 자신에게든)로 결정한 다음 끝까지 밀고 나가면 그것은 당신에게 강력한 참고 경험으로 남는다. 당신은 이것을 평생 사용할 수 있다. 만약 내가 시계에 3시간 55분 1초(3:55:01)를 기록하고 결승선을 통과했다면 나는 지금의 '나'가 아니었을지도 모른다.

모든 것이 극복할 수 없을 것처럼 보이는 순간에도 나는 항상 파이팅하는 것을 선택했다. 당신이 질 것 같은 상황에서도 늘 승자가 되는 것을 선택하라. 그 결정을 내리고 성공하면 그것은 당신이 원하는 만큼 성공할 수 있는 능력에 자신감을 강화하는 기준점이 된다.

이제 보다 포괄적이고 명확히 정의한 신념 체계를 구축하는 또 다른 방법은 상상력을 사용해 참고 경험을 만드는 일이다. 이것은 비용을 지불하거나 여행하는 데 시간을 낭비할 필요가 없어서 자신을 위한 참고 경험을 만드는 가장 저렴하고 시간 효율적인 방법이다. 몇 가지 예를 들어보겠다.

첫 번째 예시로 당신이 어느 날 밤 새벽 2시에 잠자리에 들었다고 가정하겠다. 그때 한 신이 내려와 당신이 제우스의 아들이고 축복받았다고 말한다. 당신이 무엇을 하든 당신이 실패하는 것은 불가능하다. 실제로 이런 일이 일어난다면 어떤 기분이 들겠는가?

아마 다른 사람들이 당신에게 성공하지 못할 것이라고 말해도 당신은 확실히 자신감이 넘쳐 흥분하면서 무엇이든 할 준비가 되어 있다고 말할 것이다. 또한 당신은 자동적으로 그들의 의심보다 당신 자신을 더 믿고 마음먹은 것은 무엇이든 할 수 있는 당신의 능력을 완전히 확신하리라. 이 같은 상상력을 단 한 번만 사용해도 당신에게 이미 자신감을 가질 능력이 있다는 것을 알게 된다. 그것은 당신 자신을 변화시킬 수 있다.

여기 또 다른 예시가 있다. 오늘 당신이 늦게 일어났고, 가는 길에 교통 체증 때문에 직장에 지각했고, 심지어 카시트 전체에 커피를 쏟았다고 해보자. 직장에 도착했을 때 당신은 복통을 느꼈는데 그 와중에 당신의 상사는 무언가로 당신을 꾸짖었다. 기분이 어떤가? 당연히 모든 사람이 매우 기분 나쁘고 "오늘은 모든 것이 왜 이렇게 꼬이지?"라고 스스로에게 물을 것이다.

그럼 똑같은 일련의 사건이 발생해 늦게 일어나고, 교통 체증 때문에 직장에 지각하고, 차에 커피를 쏟고, 배가 아프고, 상사에게 혼나지만 이번에는 지갑에 3천만 바트(약 11억 원)에 당첨된 복권이 있다고 가정해보자.

지금 기분이 어떤가? 당신은 깜짝 놀랄 테고 그 작은 문제들 중 어느 것도 당신을 조금도 당황하게 만들지 않을 것이다. 더욱이 상사가 꾸짖을 때 당신은 진정하라고 말할 수 있을 만큼 충분히 자신감과 안정감을 느끼게 된다.

왜 그럴까? 지금 무슨 일이 일어나도 미래가 안전하다는 것을 알고 있어서다. 당신은 당신에게 발생할 모든 좋은 일에 명확한 비전이 있고 그래서 심지어 그 순간의 혼란 속에서도 침착하게 집중할 수 있다. 이것이 바로 당신이 상상력을 사용해 자신을 위한 참고사항을 만드는 방법이다.

이처럼 능수능란하고 쉽게 상상력을 발휘할 수 있으려면 다양한 장르의 책을 많이 읽는 것이 좋다. 독서를 습관화하라. 영화관보다 서점에 더 자주 가고, 옷보다 책을 더 자주 사고, 넷플릭스를 보기로 결정할 때마다 먼저 최소 10분 동안 독서부터 시작하라.

나는 우리가 계속해서 더 많은 시간을 독서에 할애한다면 우리가 인생에서 경험하는 모든 혼란이 사라질 것이라고 굳게 믿는다.

4. 습관적인 질문

오늘 당신이 벽을 향해 달리고 있다면 가장 확실한 해결책은 가속 페달에서 발을 떼고 핸들을 반대 방향으로 휙 돌리는 것이다. 나아가 여러 과학 실험에서 발견한 가장 효과적인 해결책은 핸들만 돌리는 게 아니라 머리도 돌리는 방법이다. 포뮬러 1 운전자는 항상 이 방법을 사용한다.

마찬가지로 낙담할 때 자신에게 물어볼 질문 목록을 미리 준비하는 것은 감정 상태를 개선하는 가장 효과적인 방법이다. 모든 종류의 질문에 답하는 것은 아마도 문제에서 해결책으로 초점을 전환하는 가장 빠른 방법일 것이다.

부정적인 것에 집착하는 대신 의식의 초점을 전환하는 데 도움을 주는 질문을 자신에게 해보라. 예를 들어 스트레스를 받고 있다면 "지금 내 손은 어디 있지?"라고 자신에게 물어보라. 갑자기 당신의 두뇌는 문제를 강조하는 대신 당신의 손을 찾는 데 집중한다.

다음번에 스트레스를 받거나 화가 났을 때 "지금 내가 어떻게 숨을 쉬고 있지?"라고 자신에게 물어보라. 이는 당신이 호흡에 집중하도록 돕고 당신은 곧바로 진정될 것이다. 이것을 실천할 경우, 혼란스럽고 거슬리는 당신의 모든 생각을 적어도 절반으로 줄이고 생각을 더 명확히 할 수 있다. 생각이 명확해지면 상황을 분석해 실용적인 해결책을 떠올릴 수 있다.

내가 사용하는 질문 목록이 있는데 이를 당신과 공유하고 싶다. 이 질문 목록이 당신에게 도움을 준다면 더없이 기쁠 것이다. 부담 없이 사용해 보라.

- 나는 여기서 무엇을 하고 있는가? 이곳은 즐거운 곳인가, 평화로운 곳인가?

- 내가 지금 하는 일이 내 꿈에 더 가까이 다가가게 해줄 것인가?

- 시간을 그냥 보내고 있는가, 아니면 최대한 활용하고 있는가?

- 지금 내게 스트레스를 주는 것은 앞으로 5년 후 내 삶에 어떤 영향을 미칠 것인가?

- 내가 실패하는 것이 불가능하다면 이것을 하겠는가?

영화 〈스타워즈〉를 예로 들어보자. 요다Yoda는 가장 중요한 순간에 항상 루크Luke, 오비완 케노비Obiwan Kenobi 그리고 기타 중요한 인물들에게 '포스가 강하다'는 것을 상기시킨다. 바로 이것이 우리가 습관적인 질문으로 스스로를 위해 해야 할 일이다.

5. 가치

우리의 우선순위는 우리가 인생에서 가장 중요하게 생각하는 것이며,

이는 일반적으로 신념과 일치하고 결과적으로 일상적인 선택에도 영향을 미친다. 명확히 정의한 우선순위는 효과적인 결정을 내릴 때 게임 체인저 역할을 한다. 우리는 엇갈린 감정 사이를 오가는 대신 어떤 선택이 우리의 목표와 가장 일치하는지 확인하고 그에 따라 주저 없이 행동할 수 있다.

만약 우리 행동과 약속이 우리의 가치와 일치하지 않으면 아주 쉽게 포기할 것이다. 그런데 그보다 더 나쁜 것은 우리가 자신의 가치관이 무엇인지 모르는 경우다. 이럴 때 우리는 아무것도 이루지 못하고 아무것도 성취할 희망도 없이 이리저리 방황하고 만다.

만약 당신에게 시간 관리와 일반적인 조직화에 어려움을 겪는 경향이 있다면, 나는 당신이 그 분야에서 발전하고 강해지려고 노력할 만큼 충분히 격려할 수 없다. 만약 당신이 우선순위를 알고 있다면 시간을 보다 효과적으로 사용하는 방법을 선택할 수 있다.

다음 가치 중에서 3가지만 선택할 수 있다면 어떤 것을 선택하겠는가?

성공, 편안함, 모험, 가족, 건강, 자유, 부, 정직함, 기쁨, 평화, 명예, 안정, 평온함 중 가장 원하는 3가지 가치는 무엇인가? 그렇게 선택한 3가지 중에서 가장 중요한 것과 가장 덜 중요한 것은 무엇인가? 예를 들어 세 사람이 있을 경우 그들의 선택과 후속 우선순위는 다음과 같을 수 있다.

첫 번째 사람: 1. 성공 2. 부 3. 자유

두 번째 사람: 1. 가족 2. 건강 3. 편안함

세 번째 사람: 1. 정직함 2. 안정 3. 평온함

모든 사람이 자신의 시간을 같은 방식으로 사용하지는 않는다. 특히 주말에는 더욱 그렇다. 첫 번째 사람은 인생에 휴일이 없어야 하고 일이 인생에서 가장 중요하다고 믿는다. 그래서 아마 주말에도 일할 테고 만성 스트레스를 자각하고 있다.

두 번째 사람은 매주 토요일과 일요일 아침에 달리기를 하고 주말에는 가족과 함께 해변으로 놀러 갈 것이고, 세 번째 사람은 아마 주말과 새해에도 공덕을 쌓기 위해 절에 갈 것이다.

여행의 경우, 첫 번째 사람은 혼자 여행해야 하지만 일등석을 이용하고 비싼 5성급 호텔에 머물 수 있다. 두 번째 사람은 가족과 함께 여행하는 것을 좋아하지만 예산에 맞게 여행해야 한다. 세 번째 사람은 아마 여행을 전혀 좋아하지 않고 집에서 정원 가꾸기를 더 좋아할 것이다. 이는 대다수에게 지루해 보일 수 있지만 그는 그 나름대로의 방식으로 행복하다.

경력 측면에서도 동일하게 일반적인 아이디어를 적용할 수 있다. 한

사람은 자신의 소규모 사업체를 운영할 수 있고 다른 사람은 개인 회사 임원일 수 있다. 그리고 세 번째 사람은 국영 기업에서 일할 수 있다.

당신이 가치 있게 여기는 것이 무엇인지 아는 것은 매우 중요하다. 어린 나이부터 혹은 적어도 대학 졸업 전에는 그것을 알아내는 것이 필수적이다. 이미 마음껏 성공을 이룬 사람으로서 나는 이루고자 한 것을 모두 이룬 후에는 자신의 가치관이 가장 중요하다고 자신 있게 말할 수 있다.

권력, 명예 또는 돈을 갖고 난 뒤에는 그 모든 것을 책임감 있게 사용하는 데 도움을 주는 가치를 설정해야 한다. 당신에게는 가진 것을 어떻게 사용할 것인지, 그것을 언제 누구에게 줄 것인지, 남은 인생을 어떻게 최대한 활용할 것인지 결정하는 데 도움을 주는 가치가 필요하다. 본질적으로 당신에게는 추가 장점을 부여하는 방식으로 성공을 잘 활용하도록 돕는 가치가 필요하다.

당신이 이해해야 할 매우 중요한 또 다른 사항은 우리가 더 오래 살고 더 많은 경험을 할수록 우리의 가치를 조정할 수 있고 또 조정해야 한다는 점이다. 특히 혼자 있을 때의 가치관은 가족이 있을 때의 가치관과 달라야 한다.

예를 들어 내가 20대였을 때 내 최우선 순위 2가지는 성공과 모험이었다. 하지만 지금은 그 분야에서 내가 원하는 모든 것을 이뤘기에 지혜를 얻고 더 많은 평화와 행복을 경험하는 것이 우선순위다.

당신이 기억해야 할 또 다른 매우 중요한 사항은 당신이 자신의 가치를 결정한다는 점이다. 누구도 당신에게 그들의 가치를 받아들이도록 강요할 수 없다. 오히려 당신 자신이 개발해야 한다.

당신이 자신의 핵심 가치를 변경할 수 있음을 이해하면 자신도 바꿀 수 있다는 것을 이해하는 것이 가능하다. 현재의 자신처럼 생각하는 것을 멈추고 대신 될 수 있는 사람처럼 생각하기 시작하면 인생 전체가 더 나은 방향으로 바뀔 것이다.

예를 들어 오늘 가장 중요한 우선순위 3가지가 다음과 같다고 가정해보자.

1)   부
2)   자유
3)   성공

그렇다면 당신은 아마도 매우 심한 일 중독자일 것이다. 물론 그것은 잘못된 것이 아니다. 당신은 성공적인 사업가가 되겠지만 자주 스트레스를 받을 것이라는 사실을 받아들여야 한다. 나는 개인적으로 이러한 우선순위/가치를 평생이 아니라 일정 기간만 보유할 수 있다고 생각한다. 누구도 죽을 때까지 그런 의욕적인 라이프스타일을 유지할 수 없다. 성공적인 사업을 만드는 이점 중 하나는 나이가 들면 휴식을 취할 수 있다는 것이다.

만약 당신이 다음과 같이 가치의 우선순위를 바꿀 경우 마인드셋도 바뀌기 시작한다.

1) 평화
2) 자유
3) 성공

이 변화를 상상해보라. 처음 3가지 가치를 상상할 때보다 전반적으로 훨씬 더 가볍고 편안해졌음을 느낄 것이다. 더 편안해지면 속도가 약간 느려질 수 있지만 이는 올바른 결정을 내리고 보다 안정적인 사업을 구축하는 데 도움을 준다.

하지만 이것을 일하지 않고 늘 느긋하게 지내는 것을 위한 핑계로 사용하지 마라. 이는 평화를 우선하는 것과는 다르다. 시간을 낭비하지 마라. 당신은 여전히 목표가 있는 사업가다. 평화를 얻는 것은 그 목표 달성을 방해하지 않으며 이는 목표를 향한 노력을 중단할 구실도 아니다.

많은 사람이 성공하지 못하는 한 가지 이유는 자신이 무엇을 소중히 여기고 무엇을 우선시하는지 모르기 때문이다. 그들은 오랫동안 명확히 정의한 우선순위가 필요하다는 사실조차 몰랐고 이것을 생각하는 데 시간을 할애하지도 않았다.

많은 사람이 성공하지 못하는 두 번째 이유는 가치관이나 우선순위가 상충해서다. 예를 들어 하나의 가치는 모험과 다른 안정성을 포함할 수 있으며 이 둘은 분명 공존할 수 없다.

많은 사람이 성공하지 못하는 세 번째 이유는 그들의 우선순위가 그들이 속한 삶의 단계에 맞지 않기 때문이다. 자유를 잘 사용할 책임이 없으면 자유를 최우선 순위로 평가할 수 없다. 자신의 독립을 이루기 위해 열심히 노력하지 않았다면 하고 싶을 때마다 하고 싶은 것을 하고자 하는 것은 무책임할 뿐이다(현대의 많은 10대는 이런 유형의 우선순위가 맞지 않는다).

나는 젊을 때 성공을 최우선으로 삼으라고 조언한다. 직업윤리를 개발하고 고품질 제품으로 양질의 사업을 구축하라. 한 10대가 이것을 자신의 우선순위로 삼는다면, 그는 우선순위가 자신의 인생 단계와 일치하지 않는 다른 10대보다 훨씬 더 성공할 것이다.

다음 예를 들어 요약하겠다. 꿈을 향한 우리의 길이 방콕에서 어딘가로 여행하는 것이라면 우리의 핵심 신념은 자동차 기름과 같다. 차의 모델이 무엇이든 엔진 오일이 없으면 우리는 아무 데도 갈 수 없다.

우리의 감정 수준(앞서 말한 감정 척도)은 자동차의 마력 또는 최대 속도와 비슷하다. 빨리 도착하고 싶으면 전속력으로 또는 적어도 거의 전속력으로 운전해야 한다. 높은 감정 수준은 돈이나 부유한 배경이 있든 없든 가질 수 있는 것이므로 항상 마음이 들떠야 한다.

이 비유를 계속하자면 참고사항은 구글 지도와 같다. 구글 지도는 우리에게 길을 보여주고, 우리가 올바른 길에 있는지 확인하게 해주며, 우리가 계속해서 편안하게 운전하도록 해준다. 한마디로 우리가 길을 잃을 염려 없이 앞으로 나아가는 데 집중하게 해준다(이것은 재산에 상관없이 상당한 비용을 들이지 않고 스스로 만들 수 있는 것이기도 하다).

우리가 스스로에게 묻는 습관적인 질문은 원치 않는 산만함이나 여정을 늦추는 부정적인 자극을 제거하는 앞 유리 와이퍼와 같다. 당신의 시야를 가로막는 그 어떤 것도 허용하지 마라. 당신이 최대한 빠르게 가속하지 못하도록 방해하는 요소를 제거하라.

마지막으로 가치는 당신이 어디로 가고 있는지 알려주는 나침반과 같다. 가장 중요한 것은 당신이 코스에서 벗어나고 있을 때 알려주고 다시 정상 궤도에 오르도록 상기시킨다는 점이다.

이것이 신념 체계의 5가지 필수 요소다. 이 요소들은 기본 토대 역할을 하기 때문에 당신은 평생 이것을 기반으로 계속해서 성취해갈 수 있다. 나는 처음부터 나 자신과 다른 모든 사람에게 유익한 이 방법을 사용해왔다. 이것을 다른 사람들과 공유할 수 있어서 정말 기쁘다.

> 당신이 행복할 때는 음악을 즐기지만,
> 당신이 슬플 때는 가사를 이해하기 시작한다.

9장
배드 보이즈

나는 '라렝'이라고 이름 지은 토끼를 사자로 키웠다. 내 작은 토끼는 내게 아들 같은 롭이어Holland Lop 수토끼다. 어제 라렝이 한 살이 되었다. 토끼의 1주일은 인간의 1년과 같다. 그러니 토끼가 한 살이면 인간 나이로는 대략 스물한 살이다.

나는 아이를 낳을 계획이 없었다. 아무튼 내가 잘 자라온 만큼 라렝에게도 모든 것을 최고로 제공해야 했다. 라렝을 키우며 나는 부모와의 관계, 그리움, 배려, 희생을 체험하고 이를 진정으로 배울 수 있었다. 나는 자녀가 아플 때와 행복할 때의 감정은 물론 자녀가 평화롭게 자는 것을 보는 게 얼마나 멋진 느낌인지 이해하기 시작했다.

토끼가 생일을 맞이할 때마다 나는 내 토끼의 모든 생일을 가능한 한 특별하게 만들어주고 싶다. 토끼는 대부분 평균 10년을 살기 때문이다. 더구나 올해 초에는 내 작은 토끼가 너무 아파 거의 죽을 뻔하기도 했다. 나는 매일 토끼와 함께하기 위해 병원에 갔다. 그리고 그가 사자의 심장을 가진 토끼가 되어 회복할 수 있도록 매일 기도했다.

토끼는 인생에서 힘든 시기를 겪었다. 올해는 그를 방콕 중심에 있는 킴튼 말라이 호텔Kimpton Maa-Lai Hotel에 묵게 했다. 이곳은 반려동물 동반이 가능한 5성급 반려동물 친화적인 호텔이다. 이곳에서는 전 직원이 모든 생명을 진짜 두 발 달린 인간처럼, 진짜 가족처럼 아끼고 돌본다. 내 토끼는 치료를 아주 잘 받았고 그의 생일에 맞춰 회복했다. 그의 생일날에는 그를 환영하는 꽃과 생일 선물이 모두 준비되어 있었다.

오늘은 일찍 일어나 7시가 되기 전에 토끼를 데리고 마당으로 산책하러 갔다. 나중에 손님들이 개와 아이들까지 데리고 산책을 나와 내 토끼에게 위험할까 봐 두려웠기 때문이다. 그런데 150미터 정도 떨어진 곳에서 내가 토끼와 산책하는 동안 또 다른 여성 손님이 퍼그 개 두 마리를 데리고 산책을 나왔다.

개가 토끼를 본 순간 모든 것이 멈춰버렸다. 몇 초 후 강아지들은 목줄이 팽팽해져 더 가까이 다가갈 수 없을 때까지 내 토끼를 쫓는 것 같았다. 가슴이 철렁했다. 하지만 정말 놀라운 것은 내 토끼가 개 두 마리를 보기 위해 몸을 돌렸을 때 아무런 공포나 공포의 기색을 보이지 않았다는 점이다. 두려움이 뭔지도 모르는 것 같았다.

오히려 뒷발을 차서 내가 재빨리 목줄을 뒤로 당겨야 할 정도로 윙윙거리는 소리(토끼가 짖는 소리다. 그렇다, 토끼도 짖는다)를 내며 강아지 두 마리가 있는 방향으로 달려갔다. 상대 여성은 개 목줄을 당겨 급히 다른 길로 걸어갔다. 그녀도 매우 놀란 기색이었다. 내 토끼는 내가 알던 그 토끼가 아니었다.

토끼와 개는 매우 다르지만 개는 그것을 모르는 것 같았다. 그들이 다른 종이라고 생각하는 것은 우리다. 우리에게 발생하는 모든 두려움은 우리가 자신을 위해 만드는 두려움이다. 비록 나는 충격을 받았지만 내 작은 토끼의 용기가 자랑스러웠다. 그가 나와 함께한 첫날부터 내가 용기를 키우는 동시에 그를 양육했다는 것이 자랑스러웠다.

나는 미소를 지으며 내가 아기 토끼를 키우는 건지 새끼 사자를 키우는 건지 모르겠다는 생각을 했다. 결국 나는 내가 토끼를 사자로 키웠다는 결론에 이르렀다. 미소를 지으며 방으로 돌아오면서 나는 두려움과 실패를 극복함으로써 용기를 기르는 것을 생각했다(내 토끼의 인스타그램을 팔로우하라: @mr.rareng).

용기를 키우는 것보다 인생에 더 나은 관점을 제공하는 것은 없다. 그리고 두려움과 실패만큼 성공의 길에서 우리를 멈추게 하고 더 많은 시간을 낭비하게 만드는 것은 없다.

두려움, 희망, 꿈, 사랑, 이것은 모두 우리 마음속에 있다. 두려움은 힘이 최소한이거나 전혀 없어야 한다. 두려움에 직면할 때마다 우리에게는 3가지 선택권이 있다. 하나는 그것으로부터 멀리 도망치는 것인데 이 옵션을 사용하면 당신이 두려워하는 사람, 두려워하는 장소, 두려워하는 많은 것으로부터 벗어날 가능성이 크다. 그러나 그 두려움이 여전히 마음속에 있고 모든 곳에서 당신과 함께한다면 어떻게 진정으로 두려움에서 벗어날 수 있겠는가?

두 번째 옵션은 두려움이 저절로 사라지기를 기도하고 희망하는 것이다. 물론 이것은 가능하지 않다. 설령 두려움이 사라져도 이전과 마찬가지로 어디를 가든 두려움은 다시 당신에게 돌아온다. 이제 세 번째 옵션으로 넘어가야 하는데 이것은 당신이 두려움을 직시하고 극복하는 것이다.

만약 두려움을 극복하고 싶다면 **첫번째로 먼저** 모든 사람에게 자신만의 두려움이 있음을 인정해야 한다. 성공한 사람들은 그 두려움을 인식하고 극복한다.

두 번째로 이해해야 할 중요한 것은 우리가 자기 계발 과정에서 두려움을 반드시 경험한다는 점이다. 잠재력을 활용하기 위해 새로운 단계를 밟을 때마다 우리는 새로운 두려움을 발견한다. 이는 과정의 일부일 뿐이다.

한 번도 해본 적 없는 일을 하는 것에 두려움을 느낄 때마다 시도하려는 일이 실제로는 두려운 일이 아님을 스스로에게 상기시켜라. 그것은 단지 새로운 일이라 그런 것뿐이다.

예를 들어 내가 에베레스트산의 메라피크를 혼자 오를 때 처음부터 두려움을 느끼지 않았던 것은 아니다. 나는 그 두려움을 받아들이기로 선택하는 대신, 메라피크 등반 자체가 무서운 것이 아니라 전에 한 번도 등반한 적이 없어 두려움을 느끼는 것이라는 걸 상기했다. 나는 최고로 발전할 수 있는 내 모습(또는 궁극적인 내 모습)으로 발전하고 싶다면 두려움을 극복해야 한다는 것을 이해했다.

두려움을 두려움으로 보지 마라. 대신 두려움을 진정한 잠재력을 달성하는 데 도움을 줄 무언가로 재정의하라. 성공을 향해 노력할 때 그것을 과정의 일부로 만들어라. 모든 성공자는 미지의 영역에 두려움을 느꼈지만 두려움이 자신을 정의하도록 허용하는 대신 마인드셋을 바꿔 두려움을 재정의하기로 선택했다. 어쨌든 그들은 두려워하는 것이 무엇이든 해야 한다는 것을 알기에 밀어붙여서 해낸다.

세 번째로 이해해야 할 중요한 것은 당신의 꿈에 연료를 공급하는 일이다. 성공을 향한 열망을 유지하고 동기를 강하게 유지하라! 당신에게 꿈은 종종 두려움을 제거하는 가장 효과적인 해독제일 수 있다. 당신의 꿈이 구체적일수록 그것은 연료로서 더 효과적이다. 재정의한 두려움은 용감하게 움직이게 하고 올바르게 사용하면 연기 나는 불씨를 활활 타오르는 불로 바꿀 수 있다.

나는 메라피크 봉우리를 단독 등정할 때 두려움이 내 동반자였다는 것을 아직도 기억한다. 하지만 산 정상에 오르고 싶은 마음이 두려움보다 훨씬 강렬해 내 감정을 압도한 두려움을 가라앉혔다.

걸음을 내디딜 때마다 머릿속 이미지는 더욱 선명해졌다. 정상에 오르면 더 나은 리더가 되도록 무릎 꿇고 기도해야겠다는 생각이 들었다. 나는 당신이 육체적으로 강할 때 하늘의 어떤 신과도 교감하기가 훨씬 더 쉬울 거라고 굳게 믿는다. 이 강력하고 구체적인 욕망은 내 모든 두려움을 없애주었다.

마음에 두려움을 남겨두지 마라. 그러면 두려움이 커질 수 있다. 오히려 용기와 꿈의 궁극적 실현에 많은 가치를 두어 마음에 두려움의 여지가 없도록 하라. 당신이 두려움을 극복하기 시작하면 당신의 자유는 여기까지 확장되고 당신은 무엇이든 성취할 수 있을 것이라고 내가 장담한다.

네 번째로 이해해야 할 중요한 것은 자신이 통제할 수 있는 것에만 집중해야 한다는 점이다. 주변의 모든 것을 통제할 수는 없지만 영향을 받지 않도록 선택할 수는 있다. 미국의 전설적인 농구 코치 존 우든John Wooden은 "당신이 통제할 수 없는 것이 당신이 통제할 수 있는 것을 망치도록 내버려두지 말라"라고 말했다.

그는 자신의 농구팀을 4시즌 연속 우승으로 이끌었고, 88연승을 달성했으며, 전국 대회에서 열 번이나 우승했다. 그는 여전히 지난 100년 동안 가장 위대한 농구 코치로 여겨지며 오늘날까지 아무도 그의 기록을 깨지 못했다. 그가 말한 위의 마인드셋은 그가 팀을 승리로 이끄는 데 사용한 것이다.

다섯 번째로 해야 할 일은 크든 작든 연달아 승리로 이끄는 행동하는 라이프스타일을 형성하는 일이다. 승리의 역사와 좋은 결과보다 더 우리에게 두려움을 극복하고 파이팅하도록 큰 자신감을 주는 것은 없다. 당신에게는 승리를 위해 파이팅하는 습관 혹은 패배를 받아들이는 습관이 있을 텐데, 그것이 후자가 아닌 전자인지 확인해야 한다.

당신은 반드시 성공할 좋은 결과를 만드는 데 몰두해야 한다. 작은 승리도 꿈에 불을 붙이고 두려움을 극복하며 위대한 일을 할 수 있도록 도와준다. 우리는 두려움을 여러 번 부숴야 할 수도 있지만 그럴 때마다 이전처럼 두렵지는 않다. 그리고 우리에게 불가능할 정도로 멀게만 느껴졌던 것이 점차 아주 쉽게 도달할 수 있을 만큼 더 가깝게 느껴지기 시작한다.

이로써 두려움, 불안, 규율 부족, 나약함, 낙담, 포기하려는 경향은 모두 영구적으로 사라지고 더는 궁극적 성공으로 가는 길을 방해하지 않을 것이므로 계속해서 용감하게 행동할 것을 촉구한다. 그리고 언젠가는 그런 나쁜 특성이 하나도 없는 새로운 사람이 되어 예전의 자신과 삶을 돌아보며 계속해서 용기 있는 선택을 한 것에 매우 기뻐할 것이라고 내가 약속한다.

여섯 번째로 기억해야 할 것은 두려움은 우리가 스스로 만들어내는 것이라는 점이다. 이는 우리 마음의 구성물이다. 화가가 여성을 그리면서 완전히 사실적이고 아름답게 그려 실제 여성이 아닌 초상화와 사랑에 빠지는 것이 합리적이라고 생각하는가? 당연히 아니다. 초상화는 그 자체로는 의미가 없다. 마찬가지로 괴물 그림을 그렸는데 너무 사실적이라 겁에 질려 경찰에 신고했다면 그것이 타당한가? 당연히 아니다.

당신의 두려움은 당신이 마음속에 그린(어쩌면 현실적으로 그린) 괴물일 뿐이다. 그것은 현실과 아무 관련이 없다. 두려움과 관련해 이런 유형의 마인드셋을 채택한다면 모든 것을 극복할 수 있을 것이다.

일곱 번째로 기억해야 할 것은 준비를 하면 자신에 관한 믿음을 강화할 수 있다는 점이다. 그러나 오해하지 마시라. 뭐든 집착하거나 스트레스 때문에 과도하게 준비하면 안 된다. 자신이 무엇을 하고 있는지 알 만큼 충분히 준비하되 지나치게 생각하지 마라.

물론 두려움에 대응하기 위해 선택하는 다양한 방법은 각각 다른 결과를 가져온다. 처음에 당신의 두려움이 작아도 그것이 당신을 어떻게 느끼게 하는지에 집착하고, 무언가 당신이 두려워하는 것을 지나치게 생각하면 당신의 두려움은 커진다. 반대로 처음에는 두려움이 엄청나 보여도 용기를 내 대응하면 두려움은 더 이상 당신을 괴롭히지 않을 정도로 줄어든다.

매일 우리는 어떤 상황을 두려워하는 감정과 자신에 관한 믿음을 모두 느낀다. 매일 우리는 어느 것에 초점을 맞출지 선택해야 한다. 당신의 마음을 지배하는 것처럼 보이는 감정에 그냥 굴복하는 대신 상충하는 감정에 직면할 때마다 자신을 믿도록 신중하게 선택해야 한다.

만약 우리가 두려워하는 것보다 용기에 더 많은 여지를 주면 우리는 성공의 길을 따라 더 멀리 가겠지만, 그 반대라면 우리가 아무리 멀리 걸어도 결코 진전을 이루지 못할 것이다. 용기 있는 생각을 마인드셋과 일상 습관으로 바꿔야 한다. 그러면 더 이상 두려움과 혼란에 빠져 시간을 낭비하지 않아도 되기 때문에 훨씬 더 효율적으로 성공을 거둘 수 있다.

지금까지 두려움을 극복하는 방법을 다뤘으므로 이제 성공으로 가는 여정에서 마주할 또 다른 강력한 장애물인 실패를 살펴보자.

사람들이 인생에서 성공하지 못하는 이유는 대부분 실패와 거절을 두려워하기 때문이다. 이는 그들이 잠재적으로 실패나 거부로 끝날 수 있는 결정을 하거나 행동을 취하는 것을 피하게 만든다. 결국 이들은 인생에서 아무것도 하지 않아 정말 실패하고 그것은 그 자체로도 실패다.

진정 성공한 사람이 되는 데 필요한 필수 자질 중 하나는 투지다. 그

릿grit(투지)은 실패에 대처하는 능력으로 그릿이 있으면 실패할 때마다 (그 자리에서 그만두는 것과 달리) 다시 일어나 계속 나아간다. 실패에 이런 태도를 보이면 결코 성공을 막을 수 없다. 과거의 실패(심지어 미래의 실패도)가 삶의 가치를 결정하지 않는다는 점을 기억하라.

데니스 웨이틀리Denis Waitley의 저서 《마이 시크릿 가든Seeds of Greatness》은 성공한 사람들이 실패를 배우고 성장할 기회로 본다는 것과 그것이 유일하게 성공으로 가는 길에서만 나타나는 실행 가능한 태도라는 것을 내가 깨닫게 해주었다.

성공한 사람들은 실패에 오래 연연하지 않는다는 내 말을 믿어라. 후회에 초점을 두거나 앉아서 상황이 달라졌으면 하고 바라는 대신, 긍정적 마인드셋으로 전환하고 과거의 성공과 미래의 희망을 생각하라. 실망감에 젖어 있는 대신 실패를 반복할 가능성을 최소화하기 위해 실패로부터 개선하는 방법을 배워라. 우리의 태도가 실패와의 싸움에서 중요한 역할을 하는 것은 분명하다.

당신의 실패가 성공궤도로 오르는 데 도움을 주는 사다리가 되고, 당신의 승리가 가교 역할을 하고, 당신의 경험이 마찬가지로 교훈을 주길 바란다. 인생은 긴 여정이므로 나쁜 하루가 전체 여행을 망치지 않도록 하라.

이제 좀 더 구체적으로 나는 실패에 대처하기 위해 사용하는 7가지 마인드셋 또는 사고방식을 당신과 공유하고 싶다.

첫 번째 방법은 실패로부터 배우고 실패에 감사하는 것이다. 실패를 성공으로 가는 길을 장식하고 풍요롭게 하는 장미꽃으로 여겨라. 이는 당신이 앞으로 나아가고 있음을 상기시키고 얼마나 멀리 왔는지 표시해준다.

실패를 경험하지 않은 사람은 정체된 사람이다. 실패가 귀중한 자산인 이유 중 하나는 그것이 당신을 더 강하고 더 오래 견디는 사람으로 만들어주기 때문이다. 훗날 당신이 다시 실패를 맞닥뜨릴 때 그것이 당신 여정의 정상적인 과정임을 더 정확히 인식할 수 있을 것이다. 그것으로부터 새로운 것을 배운다는 사실을 알고 있기에 당신은 그것을 다시 마주할 때 당황하지 않는다. 오히려 그것이 과정의 일부일 뿐임을 인식하기 때문에 자신에게 더 인내심을 보인다.

내가 권장하는 **두 번째 마인드셋**은 가벼운 마음이다. 이것은 지나치게 생각하거나 작은 문제를 너무 심각하게 받아들이지 않는 것이다. 이 마인드셋으로는 미래의 언젠가 웃게 될 것임을 인식해 지금 스트레스를 받는 것 때문에 실수를 너무 심각하게 받아들이지 않는다.

인간으로서 무엇이든 모든 것을 생각하도록 훈련받은 우리는 생각을 멈추는 방법에서 너무 자주 헤맨다. 모든 것(특히 부정적인 것)을 기억하도록 스스로 훈련한 우리는 잊는 방법을 모른다(부정적 상황에서는 잊을 줄 알아야 한다). 인간으로서 자신에게 집중하되 자신을 용서하지 않도록 훈련받은 우리는 괴로움을 유발하는 고통스러운 기억에 머문다.

하지만 기억하라. 실패를 나쁜 기억이 아닌 인생의 교훈으로 받아들일 때, 당신은 어떤 것에도 도전할 수 있는 더 용감한 사람이 된다. 모든 것이 잘될 때 웃고 긍정적으로 생각하는 것은 쉽다. 그래서 일이 잘 풀리지 않을 때 웃는 연습을 하는 것이 매우 중요하다.

사람의 정신적 평화 수준은 과거의 사건이나 미래를 걱정하는 것과 상관없이 현재에 머무는 능력으로 측정한다는 점을 늘 기억하라. 당신은 항상 현재에 살고 있으므로 그 안에 머물기로 선택하면 일상이 훨씬 더 가벼워질 것이다.

우리가 실패를 유리하게 사용하는 **세 번째 방법**은 실패를 현재 우리가 걷는 길을 평가해주는 알림으로 보는 자세다. 때로 우리는 실패할 텐데 그때 우리가 해야 할 일은 그것을 너무 심각하게 받아들이지 않아야 한다는 것을 상기하고 계속 걷는 것이다.

실패는 우리가 계속해서 벽돌 벽을 통과하려 한다는 신호다. 각 실패를 평가해 특정 실패가 위의 범주 중 어느 범주에 해당하는지 확인한 다음 계속 나아가야 한다.

실패를 유리하게 활용하는 **네 번째 방법**은 팀과 함께 작업할 때 가장 적합하다. 특정 실패가 '누구의 잘못'인지 묻는 대신 '왜' 실패했는지 물어야 한다. 누군가를 비난하면 안 된다. 비난은 팀의 전반적인 사기를 크게 떨어뜨리고 리더십을 해칠 수 있다.

팀 내에서 실패 사례가 발생하면 배움의 기회로 삼고 실수를 저지른 사람들을 비난하지 마라. 잘못한 사람들을 비난하기보다 격려하고 위로하는 것이 항상 더 좋다. 다음번에 당신과 당신의 팀이 실패에 직면하면 이런 질문을 하라.

이것으로부터 우리가 배운 교훈은 무엇인가? 우리는 이 경험에 어떻게 감사할 수 있는가? 어떻게 하면 이 실패를 성공으로 바꿀 수 있을까? 여기서 더 나아가기 위해 무얼 해야 하는가? 이전에 비슷한 일을 겪어본 사람이 있는가? 그는 어떻게 이를 극복했는가? 다른 사람이 우리와 같은 길을 가려고 한다면 우리의 경험이 어떻게 다른 사람의 결정에 영향을 미칠 수 있는가? 규칙을 지키지 않아 실패한 건가, 아니면 목표를 너무 높게 설정해 실패한 건가? 이 실패에 직면하기 전에 우리가 성공하고 이룬 것은 무엇인가?

팀은 문제의 책임을 공유해야 한다. 마찬가지로 문제를 해결하기 위해 창의적인 문제 해결 과정도 공유해야 한다. 특정 팀원을 비난하는 것은 자기 삶의 책임을 거부하는 것과 같다. 당신은 인생을 한 번밖에 살 수 없다. 그러니 당신이 소유한 것을 돌보고 책임지는 삶을 살라.

실패 경험을 유리하게 만드는 **다섯 번째** 방법은 실패를 성장 척도로 사용하는 것이다. 많은 사람이 성공을 우리의 결과와 실패 횟수로 측정한다고 믿는다. 하지만 나는 더 나은 성공 척도는 '쓰러진 뒤 몇 번이나 스스로를 일으켜 세우고 계속해서 파이팅했는가'라고 생각한다. 나는 〈포브스Forbes〉에서 가장 성공한 사람 중 일부는 실제로 성공하기 전에 적어도 일곱 번은 실패했고, 거의 모든 경영자가 성공하기 전에 최소한 세 번은 실패한다고 읽었다.

결국 우리는 더 많이 시도하고 실패할수록 전혀 시도하지 않는 사람보다 성공에 더 가까워지므로 계속 노력하는 게 중요하다는 것을 알 수 있다. 비록 나는 많은 실패를 겪었지만 내 잠재력을 충분히 활용하지 못한 채 좌절하는 사람이 아니라 내 가능성을 최대한 활용하는 사람이

되고 싶었다.

실패에 관한 관점을 '당신을 망치는 것'이 아닌 '당신에게 무언가를 가르치는 것'으로 바꿔라. 그러면 당신은 더 나아질 것이다. 그래야 그럴 때마다 상실감을 느끼지 않는다. 결승선에 먼저 도달하지 못했다고 해서 실패했다는 의미는 아니다. 5위를 차지하고 있을 때 가장 열심히 노력해 4위를 달성하는 것이 성공일 수도 있다. 성공은 과거의 자신을 이기고 자기 능력을 스스로 증명하는 것이다. 하면 할수록 1등에 가까워지는데 이것이 사람들이 흔히 말하는 '실패를 딛고 나아가기failing forward'다.

실패를 유리하게 활용하는 **여섯 번째** 방법은 장기적인 목표와 계획의 관점을 제시하는 것이다. 여기서 실패는 장기적인 실패와 의미가 같지 않으며 더 큰 그림을 보는 것이 중요하다. 마라톤처럼 궁극적인 성공을 향한 여정을 본다면 달리는 동안 약간의 휴식이나 중단으로 낙심하지는 않는다.

실패를 마침표가 아닌 쉼표로 보라. 나는 여러 번 실패를 겪었다. 예를 들어 나는 2011~2012년에 업무 목표를 달성하지 못했는데 그때는 내 인생에서 가장 야심 찬 시기라 크게 실망했다. 하지만 한 걸음 물러나 더 큰 목표라는 원대한 계획 중 그 작은 목표를 달성하지 못한 것이라고 평가하면서 그것이 내 장기적인 인생 목표 달성을 방해하지 않는다는 것을 깨달았다. 나는 스스로를 일으켜 세우고 계속 나아갔다.

목표를 직소 퍼즐처럼 바라보라. 각각의 작은 조각을 제자리에 놓으려고 시도할 때마다 머릿속에는 여전히 더 큰 그림이 있다. 실패는 훨씬 더 큰 퍼즐에서 아직 작은 조각 하나를 찾지 못한 것뿐이며 장기적으로 완료하는 것을 방해하지 않는다. 실패를 만날 때마다 머릿속에 큰 그림을 떠올렸으면 한다.

실패를 극복하는 **일곱 번째이자 마지막 방법**은 절대 포기하지 않는 것이다. 실패는 누구에게나 일어나지만 모든 사람이 다시 일어나 계속 나아가기를 선택하는 것은 아니다. 사실 사람들은 대부분 실패를 이기지 못한다.

실패를 잠시 우회하는 것으로 보고(잘못된 방향 전환처럼) 가능한 한 빨리 주요 도로로 돌아가는 방법을 찾아야 한다. 실패 탓에 일시적으로 자신감을 잃을 수도 있지만 포기하면 필연적으로 자신의 모든 존중을 잃고 만다.

나는 온 세상이 내 성공을 보았지만 내가 실패한 모습은 보지 못했다고 자주 말했다. 그들은 내가 어떻게 이를 악물고, 몸을 일으키고, 고통에 대처하고, 재빨리 계속 가는지 보지 못했다. 이것은 모든 성공한 사람들이 알고 있고 경험하는 것이다. 계속해서 실패하고 계속해서, 계속해서 시도하라. 당신의 성공이 다른 사람들에게 기적처럼 보일 때까지 계속 파이팅하라.

특정 목표를 제시간에 달성하지 못해도 꿈을 위해 계속 파이팅하는 것이 언제나 더 낫다. 작은 중간 목표와 장기 목표를 구별하는 것을 잊지 마라. 작은 목표를 모두 달성하지 못할 수 있고 의도한 것보다 늦게 달성할 수도 있지만, 어떤 일이 있어도 성공을 위해 계속 파이팅하면 반드시 당신이 계획한 장기 목표에 도달하며 심지어 더 빨리 달성할 수도 있다.

바로 이것이 내게 일어난 일이다. 내 작은 목표 중 일부는 내가 바랐던 것보다 훨씬 늦게 달성했으나 결코 포기하지 않아 실제로 계획한 것보다 더 빨리 장기 목표를 달성했다. 현재 당신의 파이팅은 궁극적으로 아름다운 그림을 그리고 당신의 성공을 아름답게 나타낼 것이다.

> **실패를 두려워하지 마라. 성장의 부재를 두려워하라!**

10장
갈락티코스 드림팀

조용히 앉아 차오프라야강에 반사되는 햇빛을 지켜본 적 있는가? 오전 7시, 나는 만다린 오리엔탈 호텔의 만다린 스위트룸에 앉아 차오프라야강이 흘러가는 소리를 들었다. 차오프라야강의 멋진 풍경에 흠뻑 젖어 상상의 나래를 펼치다 마침내 나는 전 세계 유명 작가들이 방콕을 방문했을 때 왜 이 호텔에 와서 묵는지 이해가 갔다. 왜 이 궁전을 '작가의 호텔writer's hotel'이라 부르는지도 이제는 이해가 간다.

"좋은 태도를 지닌다는 것은 무엇을 의미하나요?"

아침에 나는 이탈리아 커피의 향을 맡으며 인스타그램 메시지를 보다가 이 질문을 발견했다. 내 앞의 작은 흰색 컵에 담긴 커피는 아주 진했고 그 자리에서 힘이 나는 것 같았다. 이 질문은 멕시코에 있는 20대 초반 리더가 보낸 것이었다.

우리는 2020년 3월 내가 멕시코시티에서 연설할 때 만났는데, 코로나19가 발생한 뒤 태국이 국경 폐쇄를 발표하기 전인 2020년 마지막 여행이라 더욱 기억이 난다.

그럼 좋은 태도를 지닌다는 것은 무엇을 의미하는가? 아마도 널리 알려진 반쯤 채워진 컵과 반쯤 비어 있는 컵의 예를 알고 있을 것이다. 똑같이 물이 반쯤 차 있는 컵을 보고 낙관주의자는 기뻐하는 반면 비관주의자는 불행해한다. 이는 도움을 주는 예시지만 좋은 태도를 지닌다는 것에는 그보다 훨씬 더 깊은 의미가 있다.

좋은 태도를 지니는 데 가장 중요한 부분은 자신을 믿는 것이라고 생각한다. 타인이 자신을 믿지 않을 때는 많은 사람이 성공하지만 스스로를 믿지 않으면서 성공하는 사람은 거의 없다. 자신의 능력을 믿는 것은 긍정적인 태도를 지니는 가장 기본적인 부분 중 하나다.

우리가 진정 무언가를 이룰 수 있다고 믿으면 이미 그것을 성취하는 데 반은 온 것이다. 반대로 우리가 하고자 하는 것을 이룰 수 없다고 믿으면 시작도 하기 전에 실패한 셈이다. 자신을 믿으면 성공을 위한 모든 능력이 향상된다. 지금 당장 필요한 기술이 없어도 자신을 믿고, 그 믿음을 토대로 목표를 향해 계속 자신을 밀어붙일 경우 결국에는 실제로 그 스킬을 터득하기 때문이다.

자신감은 우리가 미래의 길을 더 명확히 보도록 도와주는 한편 우리가 스스로를 발전시키고 목표에 더욱 집중하게 해준다. 다만 내가 말하는 자신감은 자신이 다른 사람보다 낫다는 생각(나르시시즘적 행동으로 이어지므로 피해야 한다)이 아니라는 점에 유의해야 한다. 오히려 자신이 할 수 있는 일에 보이는 자신감이며 타인의 능력과는 무관하다.

내가 관찰한 바에 따르면 자신의 능력을 믿지 않는 사람은 타인의 나쁜 충고와 자기 마음에서 나오는 부정적인 혼잣말에 귀를 기울인다.

또한 그들에게는 집중력과 새로운 것을 시도할 용기가 둘 다 부족한 경향이 있다.

태도 개선을 위해 내가 제일 먼저 권하고 싶은 것은 자신에 관해 다양하고 긍정적인 믿음을 많이 축적해 점차 자신감을 키워가는 자세다.

긍정적인 태도를 지니는 또 다른 중요한 요소는 타인에게서 좋은 점을 찾고 그들의 의도를 믿는 것이다. 나는 주변 사람들을 사랑하지 않는 긍정적인 사람을 본 적이 없다.

나는 사람들을 1~10의 척도로 평가하라는 요청을 받으면 처음 만나는 모든 사람에게 10점을 준다. 나중에 그 점수에 맞지 않는 것 같아도 그건 내가 판단할 일이 아니라고 본다. 정말로 10점을 받을 만큼 자신을 발전시키는 것은 그 사람의 의무지만 사람을 믿는 것은 내 의무다. 당신과 다른 사람도 모두 마찬가지다.

나는 다양한 비즈니스 리더와 함께 많은 워크숍을 진행했고 그 과정에서 타인의 좋은 점을 찾는 것에 실제로 많은 이점이 있음을 발견했다. 그것이 내가 기대하는 것을 보게 해주기 때문이다(그러니 당신이 기대하는 것이 늘 좋은지 확인하라).

많은 사람이 리더가 그들을 어떻게 생각하는가에 따라 행동한다. 리더가 그들을 믿으면 그들은 모든 상황에서 최선을 다하고 또 최선을 다하려 한다. 마찬가지로 만약 리더가 그들을 긍정적으로 바라보면 그들도 리더를 긍정적으로 본다.

대개는 누군가의 능력에 믿음을 보여주는 것만으로도 그들이 합리적으로 능력을 발휘하도록 만들기에 충분하다. 아주 드문 경우지만 누군가를 믿는 것만으로 충분하지 않더라도 괜찮다. 최선을 다했다면 안심하고 진행해도 좋다.

당신의 긍정적인 태도를 더 쉽게 유지하도록 부정적인 것이 당신의 정신 공간에 머물게 하지 마라. 너무 실망하지 않도록 노력하라(이것도 드문 경우지만). 실망은 좋은 태도의 최악의 적이기 때문이다.

긍정적인 태도의 다음 필수 구성 요소는 모든 곳에서 기회를 찾는 일이다. 로버트 카를로스(플레이스테이션 2의 게임 위닝일레븐에 나오는 인물)를 예로 들어보겠다. 게임 내에서 R2를 누르면 그는 오토바이보다 더 빠른 속도로 달려가 새치기하고 기회가 있을 때마다 이를 잘 활용한다. 좋은 기회를 잡는 것은 운이나 지위 문제가 아니고 목표를 책임지는 일이다.

주어진 상황이 아무리 암울해 보여도 성공한 사람들은 기회를 찾는다. 그들은 어디에나 기회가 있다는 것을 이해하기 때문이다. 이것을 믿기 시작하면 불가능해 보이는 상황에서도 기회를 찾기 시작한다. 그러나 일단 기회를 발견하면 주도권을 쥐고 그것을 잡을 용기를 내야 한다는 것을 기억하라.

긍정적인 태도를 지니는 것의 또 다른 중요한 측면은 문제에 직면했을 때 해결책을 찾을 수 있다는 점이다. 걱정에 굴복하지 않고 해결책을 찾는 데 집중하기로 결정하는 것은 신중한 선택이다.

긍정적인 태도를 지니는 것은 당신이 해결할 수 없는 문제에도 해결책을 고안하도록 하고 불가능에서 가능성을 찾게 한다. 인생에서 가치 있는 모든 것은 어느 순간 불가능해진다. 긍정적인 태도를 지닌 누군가가 그 안에서 가능성을 발견하고 그것을 활용하는 데 성공하기 전까지는 말이다.

당신이 고려했으면 하는 긍정적 태도의 다음 요소는 관대함이다. 처음에 부정적이더라도 당신이 너그럽게 행동하고 남에게 아낌없이 베풀면 마치 긍정에 전기충격을 받은 것과 같을 것이다. 관대함은 심리적으로 유익하고 많은 경우 치료에도 도움을 주기 때문에 관대한 사람이 (어떤 종류의) 신경증을 경험하거나 정신 건강이 좋지 않은 경우는 드물다.

관대한 사람이 부정적으로 생각하는 것은 매우 어렵다. 관대한 라이프스타일로 사는 것이 가능한 최고의 삶의 수준이기 때문이다. 관대한 사람은 타인에게서 무엇을 얻을지 생각하는 대신 타인을 도울 다양한 방법과 그들에게 무엇을 줄지 생각하는 데 시간과 에너지를 쓴다. 내 말이 믿어지지 않는다면 직접 해보라. 분명 당신이 놀랄 것이라고 확신한다.

나는 세상에서 실패한 사람은 대부분 이것을 이해하지 못한다는 것을 더 명확히 해두고 싶다. 그들은 그 사람의 태도(좋은지, 나쁜지) 상태를 그가 가진 것(물질적인 것을 말함)으로 측정한다. 그들은 그 사람이 얼마나 많은 도움을 받았는지 혹은 받지 않았는지 살펴보고, 성공의 현실이 완전히 반대일 때 그것을 측정하려 한다. 그럼에도 불구하고 좋은 태도를 지닌 사람들은 서로를 잘 이해한다.

긍정적인 태도의 중요한 요소는 아무도 보고 있지 않을 때도 기꺼이 연습하고 열심히 일하는 자세다. 언젠가 수천 명이 당신의 성공에 박수를 보내길 원한다면 아무도 보고 있지 않아도 매일 일찍 일어나 성공을 만들어내야 한다.

결승선을 통과할 때와 마찬가지로 일일 훈련에서도 기쁨을 누려야 한다. 실패하고 계속 실패하는 사람은 시도했다가 실패하면 다른 것을 시도해야 한다고 믿는 경향이 있다. 나는 이 조언을 따랐다가 성공하는 사람을 본 적이 없다.

모든 꿈과 놀라운 성취는 누군가가 그것을 고수하고 힘들어 보일 때도 계속 노력한 덕분에 비로소 현실화한 것이다. 긍정적인 태도를 지닌 사람들은 포기하지 않고 역경을 극복해야 할 도전으로 여기는데, 이는 가장 끔찍한 상황에서도 성공하도록 이끈다.

어려운 상황 앞에서 포기하는지 아닌지는 당신이 어떤 사람인지 보여준다. 포기하기는 쉽지만 훈련받기는 어렵다. 인내, 불굴의 의지, 끈기는 모두 긍정적인 태도를 강화하는 자질이다. 마찬가지로 긍정적인 태도는 우리가 정말로 할 수 있다고 믿게 해주기 때문에 어려움에 직면해도 더 인내하고 끈기를 발휘하게 만든다.

우리에게 일어나는 모든 일이 잘 풀릴 거라고 믿을 때 우리는 우리가 직면하는 작은 문제에 그다지 신경 쓰지 않는다. 또한 일이 계획대로 진행되지 않아도 당황하지 않는다. 어떤 실수가 발생해도 더 나은 일이 계속 진행되고 있음을 알기 때문이다.

긍정적인 태도는 당신이 더 빨리 회복하고 게임에 다시 참여하게

해 당신의 장기적인 성공에 도움을 준다. 그 과정에서 여러 번 다시 시작하는 것은 드문 일이 아니므로 되돌리는 능력을 개발하는 것이 중요하다.

우리는 모두 삶의 어느 지점에서 실패를 경험하기도 하지만 진정 끈질긴 사람은 모든 일에서 실패한 적이 없다. 날마다 훈련하고 노력하고 무슨 일이 있어도 인내하면 결국 승리한다. 간단히 말해 실패했을 때 가장 먼저 해야 할 일은 되돌아와 게임에 바로 복귀하는 것이다.

"'내 권리가 뭐지?'라고 묻지 말고 '내 책임이 뭐지?'라고 물어라."

이 말에 반영된 태도는 자기 삶을 책임지게 만드는 것이며, 이는 긍정적인 태도에 필수적이다. 낙관적인 사람(또는 성공한 사람)은 자신의 선택을 책임지기 때문에 자기 삶에 불평하는 것을 거의 볼 수 없다. 반면 부정적인 사람은 항상 투덜거리고 자신에게 받을 자격이 있으니 모든 것을 달라고 요구한다(실제로 이것은 타인에게 자기 삶을 책임지게 하는 행위다).

발생한 일을 책임지지 않으면 삶을 긍정적으로 살아가는 것은 거의 불가능하다. 자신의 강점과 약점을 살펴보고 발생한 문제 앞에서 다른 사람을 비난함으로써 자신의 태도를 망치거나 자신을 희생하고 발전을 가로막지 마라. 인생을 책임지기 시작하는 날이 곧 성공과 긍정적인 태도를 향한 여정의 첫걸음이다.

긍정적인 태도를 유지하려고 노력할 때 마지막으로 염두에 두어야 할 중요한 것은 마음챙김mindfulness이다. 이를 축구에 비유해보자. 만약 상대 팀 공격수가 우리 팀 수비수를 모두 제치고 골키퍼만 남아 있을 경우 우리는 팀의 골키퍼가 강하기를 원한다. 마음챙김 연습은 골키퍼가 훈련을 잘해 다른 팀이 득점하는 것을 막는(혹은 생각이 제멋대로 날뛰도록 내버려두지 않는) 것과 같다.

마음챙김은 당신의 오래되고 나쁜 정신 습관에 따른 제한을 막고 당신의 마음이 자율성을 유지하게 해준다. 마음챙김을 연습하면 지나치게 생각하는 것을 멈추고 모든 종류의 부정적인 결론에 도달하는 대신 평화롭게 기다리면서 현실을 평가할 수 있다. 그러면 스트레스 요인이 영구적인지 비영구적인지 정확히 판단하고 그에 따라 대응할 수 있다.

나는 2010년부터 스승 고엔카의 10일 위파사나 명상 코스에 적어도 1년에 두 번 참석하기 시작한 이후 마음챙김을 (다소 집중적으로) 수련해왔다. 그와 함께 20일, 30일 훈련을 받고 10년 넘게 마음챙김을 연습했지만 나는 여전히 3~4개월마다 10일 코스로 들어가 수양하는 것을 좋아한다.

위파사나 명상이 내게 가르쳐준 관행과 법을 듣고 배운 모든 것이 내 성공에 직접 영향을 미쳤다는 것은 절대적인 확신으로 말할 수 있다. 물론 이 훈련을 받은 이후 부정적인 생각이 전혀 없었던 것은 아니지만(누구나 가끔은 그렇듯) 마음챙김 수련을 시작한 뒤 그것이 급격히 줄어들었다.

이제 오늘의 글쓰기를 마치기 전에 이 장에서 기억해야 할 가장 중요한 5가지 사항을 요약 목록으로 남기고 싶다. 배에서 꼬르륵 소리가 나기 시작하니 만다린 오리엔탈에서 맛있는 볶음밥과 유명한 두부볶음 요리를 주문해야겠다.

1) 긍정적인 태도와 삶에 낙관적 전망이 있는 사람을 찾아 함께 시간을 보내라. 노숙자를 선호하는 사람과 함께 호화로운 저택을 지을 수는 없다. 당신의 발전을 방해하는 사람과 시간을 보내는 대신 자신의 꿈이 있는 사람을 찾고 둘 모두가 함께 발전하기 위해 노력하라.

2) 현재를 살고 행복한 시간을 만들어라. 미래를 걱정하거나 과거에 집착하지 마라.

3) 충분히 휴식을 취하고(그것이 양질의 휴식인지도 확인하고) 일상생활에서 스트레스를 줄이기 위해 할 수 있는 일을 하라. 아이스크림을 사 먹든, 친구들과 버블티를 주문하든 너무 걱정하지 말고 즐거운 시간을 보내라.

4) 해야 할 일을 즉시 실행하라. 결코 일을 미루지 마라. 이는 사소한 일들이 쌓이고 우리가 짜증을 내거나 부정적으로 생각하게 만드는 것을 막아준다.

5) 권리에 집착하지 말고 책임에 집중하라.

꾸준히 좋은 태도를 유지하는 것은 축구 선수 팀이 체력과 좋은 신체 상태를 유지하는 것과 비슷하다. 매일 당신의 모든 선수가 강한지 확인하라. 만약 그들이 강하면 당신은 챔피언이 되는 데 필요한 태도를 지닐 것이다.

당신이 당신의 태도를 되돌아보면 인생은 알아서 잘 풀릴 것이다.

11장
눈 깜짝할 사이에

레프 톨스토이Lev Tolstoy는 "모든 사람이 세상을 바꾸고 싶어 한다. 그러나 아무도 자신을 바꾸려고 하지는 않는다"라고 말했다. 사람들은 대부분 변화를 두려워하고 실제로 자신을 바꾸는 것을 두려워한다. 실은 당신에게 정말로 자신을 바꾸고 싶고 진정 변화시킬 의지가 있으면 당신은 눈 깜짝할 사이에 바뀔 수 있다(그 과정에서 당신의 미래도 변화시킬 수 있다).

변화는 삶의 불가피한 부분이다. 고대 그리스의 위대한 철학자 헤라클레이토스가 말했듯 "변화 외에 영원한 것은 없다." 인생에서 어떤 변화가 일어날지 항상 선택할 수 있는 것은 아니지만 마주치는 변화에서 성장할지는 선택할 수 있다.

여기서 내가 경고하겠다. 변화를 받아들이고 변화에서 배우는 대신 변화에 맞서 싸우는 사람은 결코 잠재력을 최대한 발휘할 수 없다. 변화를 받아들이길 거부하는 것은 본질적으로 인생 게임에서 패배를 인정하는 것이나 마찬가지다. 계속해서 발전하겠다고 결심하는 것이 미래를 위해 지속가능한 개선을 실행하는 출발점이기 때문이다.

만약 일반인 100명에게 대학 졸업 후 읽은 책이 몇 권인지 묻는다면 아마 놀라울 정도로 적은 숫자를 발견할 것이다. 같은 맥락에서 지난 6개월 동안 자기 계발 세미나에 참석했거나 자기 계발을 장려하는 오디오 클럽을 들은 적 있는지 100명에게 물으면 그 수치 역시 놀라울 정도로 낮으리라고 본다. 이는 사람들이 대부분 졸업과 동시에 배움을 중단하기로 선택하기 때문이다.

하지만 한 인간으로서 성장하고 발전하는 데는 행복, 만족, 심지어 삶의 의미까지도 진정으로 필수다. 졸업 이후 많은 세월이 흘렀어도 (그리고 계속 지나가고 있음에도) 학생 때처럼 미성숙하고 저개발 상태로 남아 있으면 결코 만족할 수 없다. 이 문제를 해결하는 데 도움을 주고자 내가 미래를 진정으로 바꾸기 위해 내려야 할 7가지 결정을 제시하겠다.

성장하는 삶 선택하기

내가 호주 멜버른에서 음악을 전공할 때 오브라이언 선생님은 반 친구들에게 음악 이론을 가르쳤고 나는 첼로를 공부했다. 우리가 연구한 사람 중에는 파블로 카잘스라는 스페인 첼리스트도 있었는데, 그는 세계적으로 가장 놀라운 첼리스트 중 한 명으로 여겨진다.

어느 인터뷰 기사에서 기자가 그에게 물었다.

"당신은 아흔다섯 살이고 이미 세계 최고 첼리스트로 평가받는데 왜 아직도 매일 6시간씩 첼로를 연습합니까?"

그가 대답했다.

"첼리스트로서 나는 아직 더 나아지고 발전할 수 있기 때문입니다."

이 대답은 내 자기 계발에 커다란 영향을 미쳤다. 그 대답의 영향을 받은 나는 내가 매일의 목표를 세우도록 책상 위에 주의사항을 둔다.

당신의 삶의 질을 높이는 유일한 방법은 당신이 할 수 있는 모든 방법으로 개발할 기회를 포착해 인격의 질을 개발하는 것이다.

자기 계발 프로세스를 시작하는 것은 항상 어렵다. 하지만 끝까지 꾸준히 참아내면 결국 굉장히 기쁨을 얻게 된다. 사람은 변할 수 있지만 누구도 다른 사람을 바꿀 수는 없다. 스스로 자신을 변화시키고 개선해야 한다.

일단 일어나 라이프스타일에 중대한 변화를 일으키기 시작하면 실제로 진전을 보는 데 얼마나 짧은 시간이 걸리는지 알고 놀랄 것이다. 7일간의 목표를 진지하게 받아들일 경우 일상이 완전히 바뀔 수 있다.

비즈니스가 성장하게 하려면 리더로서 자신을 개발해야 한다. 아들이 좋은 아이가 되기를 바란다면 먼저 스스로 발전해 좋은 부모가 되어야 한다. 사람들이 당신을 존중하기를 원한다면 타인의 존경을 받을 만큼 충분히 자신을 개발해야 한다. 세상 모든 것이 나아지는 것을 보고 싶다면 먼저 자신부터 개선해야 한다.

"모든 것은 당신으로부터 시작된다"라는 말은 진부할 수 있고 또 그것을 천 번 이상 들었을지도 모르지만 이보다 더 진실한(또는 하기 어려운) 말도 없다. 우리가 자신을 개선하기로 결정하고 한 인간으로서 발전하려고 진정 노력할 때 인생은 우리에게 무한한 성장을 허용한다. 진정한 성장과 힘은 당신이 이전에 당신의 능력을 의심했던 일을 할 때 나타난다.

오늘 시작하기로 결정하기

소심한 사람은 감히 시작하지 않는다. 꿈이 없는 사람은 매일을 살아가지만 실제로는 생명이 없다. 왜 오늘부터 시작해야 할까? 성장은 저절로 일어나는 것이 아니기 때문이다. 솔직히 말해 개선은 저절로 시작되지 않는다.

우리에게는 어린 시절이 한 번뿐이지만 어떤 사람은 평생 어린 시절을 보낸다. 나이가 든다는 것이 실제 성장과 항상 일치하는 것은 아니다. 오늘 시작하면 자동으로 더 나은 내일이 만들어지므로 오늘 시작해야 한다. 오늘 당신이 가진 모든 것은 어제 당신이 한 일의 결과이므로 내일 당신에게 좋은 일이 생긴다면 그것은 오늘 당신이 잘했기 때문이다.

지금 시작하기로 한 결정은 미래를 위해 할 수 있는 최선의 투자다. 성장은 당신의 책임이기 때문이다. 어렸을 때의 발달은 부모 책임이지만 성인이 된 이후에는 삶의 모든 측면에서 그 책임이 전적으로 당신에게 있다.

당신의 성장이 당신 책임이라는 것을 이해하고 인정하지 않으면 당신은 결코 성장하지 못할 것이다. 성공하지 못한 사람들은 특정 상황에서 자신이 어떤 모습일지 상상하길 좋아한다. 그러나 진정 성공한 사람들은 성공이 저절로 생기는 것이 아니며 운만으로는 삶을 더 나은 방향으로 바꿀 수 없다는 사실을 알고 있다. 진정 성공한 사람들은 오늘부터 시작한다.

가르침을 잘 받는 사람이 되기로 결심하라

세상에서 가장 불행한 사람은 한 번도 스승을 만나본 적 없는 사람이다. 새로운 것을 시작한 모든 인간은 적어도 잠시 동안 그 분야의 '유치원생'이었다. 가르침을 받지 않고 마술처럼 모든 일을 하는 방법을 아는 사람은 없다. 어떤 면에서 자신을 인생 학교의 유치원생으로 보는 것은 한 사람으로서 계속 발전하도록 보장한다.

이 주제와 관련해 내가 가장 좋아하는 말은 농구 코치 존 우든의 이것이다.

"모든 것을 알고 난 뒤에 아는 것이 중요하다."

그룹을 구축하고 많은 사람이 오늘날 리더로 발전하도록 도운 내 경험에 비춰볼 때 학습의 가장 큰 적은 무지가 아니라 자신이 이미 박식하다고 믿는 것이다.

아주 많은 리더가 이미 많이 배운 터라 모든 것을 안다고 생각하는 함정에 빠진다. 그들은 많은 것을 배우고 매우 성공적이었기에 그 과정에서 자신이 전지전능하다고 생각하는 함정에 빠진다. 당신이 듣기를 멈추면 아무도 당신을 가르치려 하지 않을 것이다. 이것은 당신의 삶이 정체되고 당신이 완전히 발전을 멈출 거라는 것을 의미한다.

로마 시대에는 말을 길들일 때 먼저 부드러운 막대기를 사용하고 그것이 듣지 않으면 더 단단한 막대기를 시도했다. 그래도 듣지 않으면 그냥 말을 죽였다. 아무리 말을 잘 타는 장군도 말을 듣지 않는 말을 탈 수는 없기 때문이다.

마찬가지로 당신이 가르침 받기를 중단하면, 사람들이 제공하는 것을 기꺼이 받아들이지 않으면, 아무도 당신을 돕거나 가르치려 하지 않는다. 이는 본질적으로 당신의 잠재력을 죽이는 일이다. 말을 길들일 때처럼 스승이 즉시 포기하지 않을 수 있다. 먼저 더 부드러운 제안을 시도한 다음 더 공격적으로 질책할 수도 있지만 결국 포기하고 스스로 정체되도록 내버려둘 것이다.

이미 달성한 것에 만족하지 마라

오히려 꾸준히 성장하고 계속해서 새로운 성공을 창출하기로 선택하라. 현실에 안주하는 것은 자신이 이미 모든 것을 안다고 생각하는 것만큼이나 나쁘다. 새로운 배움을 중단하기로 선택하게 만들기 때문이다.

때로는 오늘의 성공이 내일의 발전에 최악의 적일 수 있다. 오늘 이룬 것만으로는 영원하지 않다. 꾸준히 발전하는 가장 좋은 방법은 계속해서 새로운 목표를 세우고 이를 달성하기 위해 노력하는 것이다.

학습을 평생 직업으로 만들어라

우리가 육체적 성장을 위해 영양 면에서 가치 있는 음식을 계속 섭취하는 것처럼 좋은 '두뇌 음식brain food'을 꾸준히 섭취해야 우리의 내면이 성장한다. 우리는 평생 더 많은 두뇌 식품(지식 또는 새로운 스킬)을 계속 찾아야 한다. 올해 정신적으로 무엇을 얼마나 많이 소비하느냐가 내년의 질을 결정하기 때문이다.

우리가 배우는 것은 우리가 새로운 지식 없이는 선택 사항을 고려하지 않았을 새로운 일을 성취하도록 동기를 부여한다. 더구나 우리가 더 많이 알수록 다른 사람을 돕는 것이 더 쉬워진다(나아가 우리는 그렇게 할 자격을 더 정당화한다).

자신을 위해 의미 있는 성공을 이루고 싶을 경우 매일 새로운 것을 배우려고 노력해야 한다는 것은 아무리 강조해도 지나치지 않다. 인간으로서 우리는 예전에 배운 것을 잊는 경향이 있기 때문에 배움을 멈추면 결국 아무것도 모르는 사람이 되고 만다. 당신은 오래전에 배운 것은 잊고 새로운 것은 배우지 않아 결국 아무 생각 없이 살아가게 된다(이는 재앙적 운명이 아닐 수 없다).

하지만 평생 학생이 되기로 결심하면 그런 걱정을 할 필요가 없다. 가장 먼저 해야 할 일은 자신을 위한 학습 일정을 짜는 것이다. 이것은 시간을 소중히 여기는 법을 가르쳐주기에 매우 유익하다. 당신은 더 이상 시간을 끝없이 낭비해도 좋은 것으로 여기지 않고 매일 5분 혹은 10분도 가치 있게 여기기 시작한다(나중에는 그렇게 적은 양의 시간도 낭비하지 않는다).

당신은 낭비하는 5분이 당신이 배울 수 있는 시간 5분과 같다는 것도 이해한다. 곧 매 순간이 당신을 위한 잠재적 지식 습득의 시간이 된다.

배움을 위한 한 가지 좋은 방법은 가능한 한 많이 읽는 것이다. 집을 나설 때마다 책을 가져가라고 권하고 싶을 만큼 나는 이것을 굳게 믿는다. 개인적으로 나는 책을 단 한 권만 들고 집을 나서지 않는다. 항상 적어도 두 권의 책을 가지고 다닌다. 그러면 첫 번째 책을 다 읽었을 때 곧바로 두 번째 책을 읽기 시작할 수 있다.

지하철을 타기 위해 줄을 서서 기다리는 3분 동안 적어도 세 쪽은 읽을 수 있다. BTS나 지하철을 타면 10분 안에 적어도 한 장은 읽을 수 있다. 나는 기차를 탈 때마다 얼마나 많은 사람이 앉아서 책을 읽는지 재빨리 세는 것을 좋아하는데 (매우 충격적이게도) 객실당 5명을 넘지 않는다는 것을 발견했다. 이는 매우 실망스러운 일이다. 왜냐하면 객실이 4개가 있는 열차 하나에 책 읽는 사람이 20명을 넘지 않는다는 의미이기 때문이다.

나는 당신이 책 읽는 사람 중 하나가 되도록 동기를 부여하기 위해 이 이야기를 들려주고 있다. 바라건대 휴대전화를 들여다보는 대신 책 읽기를 선택하는 사람이 객실당 10명으로 늘어나길 바란다. 생각 없이 휴대전화를 들여다보는 것은 내게 엄청난 시간 낭비처럼 보인다.

자기 계발을 위한 계획 세워라

나는 기타와 피아노를 연구하면서 이 결정의 중요성을 배웠다. 우리가 개선해야 할 것을 단순히 연습하는 데 보내는 시간과 그것이 정확히 무엇인지 결정하는 데 보내는 시간은 매우 다르다.

한 시간의 블라인드 연습(사전 계획 없는 연습)은 정규 연습 한 시간과 동일하다. 그러나 특정 전략으로 우리의 약점을 공략하는 의도적인 연습에 소비한 한 시간은 맹목적인 연습 5시간과 같다. 어떤 경우에는 블라인드 연습 시간 기준으로 10시간의 가치가 있을 수도 있다.

자기 계발을 위해 노력하는 일주일은 자기 계발에 사용할 특정 방법을 계획하는 일주일만큼의 가치는 없다. 내가 계획한 주의 한 주를 예로 들어보겠다.

월요일: 한 시간 동안 리더십 분야 책 읽기.

화요일: 리더십에 관한 오디오 클립을 한 시간 동안 듣기.

수요일: 한 시간 동안 철학, 종교 또는 사회 분야 책 읽기.

목요일: 한 시간 동안 리더십에 관한 내 생각을 성찰하고 기록하기.

금요일: 40분 동안 대중 연설 분야 책 읽기.

독서를 좋아하는 나는 특정한 날에 내게 시간이 더 있다는 것을 알기 때문에 독서 계획을 세우고 그것을 자기 계발 유형에 따라 분류한다. 현재 나는 관계, 재정/투자, 태도/리더십-영성, 종교/사회, 의사소통 기술, 소설/문학 그리고 마지막으로 우주론과 기타 유형 과학책의 7가지 범주로 분류한다. 독서를 좋아하면 이처럼 계획을 세우는 것이 좋다.

지식을 행동으로 옮겨라

어쩌면 당신은 "말하기는 쉬워도 행동으로 옮기기는 어렵다"라는 말을 수백 번도 더 들었을지도 모른다. 이것은 맞는 말이다. 모든 것이 말하기는 쉽고, 많은 일이 실제로 해내기는 어렵다. 무언가를 얼마나 빨리 달성하는가는 타고난 숙련도가 아니라 실제로 시도할 용기가 있는지에 달려 있다.

지식은 가치가 있지만 그것이 뇌 속에만 영원히 남아 있을 뿐, 현실 세계에 전혀 적용하지 않는다면 아무것도 모르는 것만큼이나 가치가 없다. 배움을 위한 배움은 현실에서 벗어나 행동을 미루는 방법일 뿐이다. 지식은 그 자체로 가치가 있다고 자신에게 말한다면 당신은 스스로를 속이는 것이다.

당신이 삶에 적용하려 하는(그리고 실제로 적용하는) 새로운 것을 배우는 것은 매우 가치 있다. 나아가 이것은 사람이 진정 성장한다는 것을 보여준다. 오늘 당신은 무언가를 배웠는가? 그럼 단순히 배움의 지식이 늘어났다고 당신의 삶이 바뀌는가? 당연히 아니다. 과거에 배운 모든 것과 앞으로 계속 배울 모든 것을 잘 활용해야 한다. 그렇지 않으면 변화를 위한 수양이 부족하다는 것을 알 수 있다.

모든 성공적인 사람은 매일 긍정적인 학습 습관과 자기 계발 습관을 구축하고 육성한다. 실제로 휴대전화 앱을 빠르게 확인해보라. 어휘를 늘려주는 게임이나 앱이 있는가? 다른 언어를 배우기 위해 사용하는 앱이 있는가, 아니면 사진을 편집하는 데 사용하는 앱이 있는가? 매일 영감을 주는 명언을 제공하는 앱이 있는가?

무언가를 배우기로 결정할 때마다 공부하려는 것을 언제 어디서 사용할 수 있는지 자신에게 물어보라. 그리고 그것을 공부하면 누가 혹은 어떤 유형의 사람이 가장 많은 혜택을 받을 수 있는지 자신에게 물어보라.

미래를 더 나은 방향으로 바꾸는 데는 5년이나 10년이 걸리지 않는다. 반대로 눈 깜짝할 사이에 바뀔 수도 있다. 자신의 성장을 책임지기로 결정하는 데 걸리는 시간은 눈 깜짝할 순간이기 때문이다.

마지막으로 내 성장 이야기를 짧게 몇 가지만 들려주고 싶다.

나를 만났거나 내 연설 영상을 본 많은 사람이 내가 꽤 유창하게 말한다고 한다. 그들은 내가 이야기를 엮는 방식이 리오넬 메시Lionel Messi가 축구 경기에서 공을 매끄럽게 드리블하는 것과 비슷하다고 말했다. 그 칭찬에 기분 좋은 게 사실이지만 그 실력은 우연히 나온 것이 아니다.

나는 책을 읽을 때마다 내가 좋아하는 영감을 주는 인용문이나 시에 강조 표시(종종 포스트잇으로)를 한다. 그런 다음 책을 다 읽고 나면 3×5 크기의 메모 카드에 강조 표시한 모든 내용을 적어 별도의 범주에 넣는다. 나는 이 메모 카드를 5가지 방법(개별 봉투 5개에 보관)으로 분류한다. 리더십, 영적 개발, 스토리텔링, 사랑과 관계 그리고 농담/시 모음이 그것이다.

이 습관 덕분에 초안을 작성하고 좋은 연설문을 쓰는 것이 어렵지 않다. 나는 각각의 봉투에서 카드 한 장을 가져오고 작게 분리한 모든 아이디어와 이야기를 종합해 강력한 프레젠테이션으로 통합한다. 그래서 나는 듣는 사람이 단호하게 행동하도록 동기를 부여하는 심오한 이야기를 담아 유머러스하면서도 감동적으로 훌륭한 연설을 해내고 있다.

이 책도 많은 부분을 10년 이상 축적한 자원이 들어 있는 그 5개 봉투를 활용해 같은 방식으로 작성했다. 수십 년 전 나는 뛰어난 의사소통과 대중 연설 능력이 필요하다고 결정했다. 그 결정으로 내가 성취한 모든 것은 자신의 성장을 책임지는 것의 중요성을 증명한다.

시작하기에 너무 늦지 않았다. 당신은 오늘 시작해야 한다. 이 결정을 내리면 눈 깜짝할 사이에 미래를 바꿀 수 있다. 지금부터 자기 계발을 모두 책임지기로 결정하는 데는 1초밖에 걸리지 않는다.

새해를 위한 새로운 계획이 아닌 새로운 책무와 헌신이 필요하다.

12장
슈퍼맨이 되는 것은 그리 어렵지 않다

새로운 것을 시작할 때는 항상 처음에 힘들고 바쁘게 느껴진다. 시작하기 전에 경험한 것이 공허함뿐이기 때문이다. 의미 있는 길은 늘 멀고 그 길을 가다 보면 당연히 피곤함을 느낀다. 지칠 수도 있지만 이전에 불가능했던 일에서 가능성을 만들고 있음을 알기에 짜릿함도 느껴진다.

나는 누구도 자신이 할 수 있는 것과 할 수 없는 것을 다른 사람에게 말해서는 안 된다고 굳게 믿는다. 우리는 다른 사람이 아니라 우리 자신의 한계를 설정한다. 그리고 종종 한계를 넘어 남들이 불가능하다고 말한 것을 성취하는 것이 우리 삶의 사명이다.

당신은 어려움에 맞닥뜨릴 때마다 계속해서 패배를 극복함으로써 당신이 초인적 기질을 갖도록 트레이닝할 수 있다. 한두 번이 아니라 마주치는 횟수만큼 말이다. 초인들은 어려움을 극복해야 할 도전으로 바라보고 그것을 극복하는 것을 실제로 재미있게 생각한다.

나는 어떤 큰 결정을 내리기 전에 다양한 종류의 어려움을 극복하는 것이 좋다고 생각한다. 그러면 우리가 미리 극복할 다양한 어려움이 우리에게 결정을 위한 자료로 쓰이기 때문이다.

우리가 직면하는 새로운 어려움 중 일부는 다른 누군가 또는 다른 것 때문에 발생할 수 있지만, 여전히 솔선수범해 주체적으로 해결해야 한다. 사실 우리가 초인이라고 생각하는 사람들은 대부분 우리 같은 평범한 사람이다. 그러나 그들은 스스로 변명하기를 거부하고 매일 자신을 위해 설정한 모든 요구 사항을 충족해야 한다고 생각한다.

그러한 요구 사항은 매우 일반적이라 평범한 사람도 충족할 수 있지만, 초인이 더 성공적인 이유는 그 요구 사항을 충족하면서 절대 변명하지 않기 때문이다. 초인의 가장 중요한 척도는 그들이 누구인지가 아니라 그들이 하는 일과 그들이 믿는 것이다. 이러한 초인에게는 사람들의 꿈을 지킬 수 있는 자격이 주어진다.

내가 과거에 리더를 양성하고 초인을 만들어낸 경험을 바탕으로 초인이 되는 과정을 아래에 기술했다. 초인이 되는 방법은 5단계로 이뤄진다.

첫 번째 단계는 스스로 목표를 결정하는 것이다. 파이팅할 것이 없는 사람이나 결승선을 통과하지 않아도 되는 사람은 없다. 우리의 삶의 상태는 우리가 하는 어렵지만 의미 있는 선택으로 정의할 수 있다.

우리는 지금 자신의 의미를 만들 수 있기 때문에 삶의 의미를 찾는 데 시간을 낭비할 필요가 없다. 나는 2011년에 읽은 존 C. 맥스웰John C. Maxwell의 책에서 인용한 문구를 아직도 또렷이 기억한다.

"성공한 사람들은 올바른 결정을 일찍 내리고 그 결정을 매일 관리한다."

모든 초인의 공통점은 그들이 삶에서 무엇을 원하는지 정확히 안다는 것이다. 그들은 스스로 목표를 빠르게 설정하고 변명하지 않으며 목표를 달성하기 위해 할 수 있는 모든 일을 한다.

일반인과 초인을 구분하는 한 가지 요소는 일반인은 자신에게만 영향을 미치는 목표를 설정하는 반면 초인은 자신뿐 아니라 타인에게도 도움을 주는 목표를 설정한다는 점이다. 초인의 목표는 다른 사람들이 꿈꾸고 자신처럼 초인이 될 여지를 더 만드는 데 있다. 그들이 개인 목표를 달성했을 때도 그들의 성공은 점점 더 많은 사람이 그런 성취를 향해 노력하도록 영감을 준다. 힘은 불가능하다고 생각했던 일을 극복하고 성취하는 데서 나온다.

두 번째 단계는 하루하루를 최대한 활용하고 잠재력을 불러일으켜 이를 극대화하는 것이다. 평범한 사람은 평생 전체 잠재력의 10%만 사용하며 25%를 사용하는 사람은 천재로 칭송받는다. 아무도 100%에 도달하려고 노력하지 않으며 확실히 초과하지도 않는다.

우리에게는 우리가 인식할 수 있는 것보다 더 많은 천문학적 수준의 잠재력이 있다. 이를 활용하기 위해 우리가 해야 할 일은 스스로를 믿는 것이다.

내가 당신 내면에 숨은 재능들이 세상 밖으로 나오기를 기다리고 있다고 말할 때 나를 믿어라. 한 사람 내면에는 숨겨진 댄서, 다이버, 등반가, 기타리스트의 재능이 잠재되어 있다. 태국의 많은 사람이 제2 언어로 중국어를 사용하는 것처럼 영어, 프랑스어, 스페인어, 이탈리아어,

한국어 등 우리가 선택하면 배울 수 있는 다른 많은 언어가 있다.

마찬가지로 과체중인 사람도 식스팩이 있는 근육질 몸매를 지닐 수 있고, 분노조절장애가 있는 사람의 내면에는 침착하고 냉정한 사람이 기다리고 있다.

내면의 더 나은 자아는 우리가 변명을 그만두고 필요한 조치를 하기 시작하면 미래의 결과로 나타날 준비가 되어 있다. 나는 내가 세계 주요 마라톤 6개에 각각 출전하거나 노르웨이 트롬쇠에서 열리는 미드나이트 선 마라톤에 출전하리라고는 상상도 못했다(나는 그해 출전한 유일한 태국인이었다).

미드나이트 선 마라톤은 자정에 시작했지만 (지리적 위치 때문에) 정오처럼 밝았다. 섭씨 3도를 기록하는 미친 듯이 추운 날씨였고 설상가상으로 레이스 도중에 비가 내리기 시작했다. 아주 잔인한 마라톤이었다.

나는 내가 지금처럼 북극과 남극을 모두 탐험하리라고 혹은 개인 비행기로 북극광aurora borealis을 쫓을 거라고 상상하지 못했다. 에베레스트산의 메라피크 정상에 오를 거라고도 상상하지 못했다. 또한 북극권에서 출발해 호주 멜버른을 거쳐 마지막으로 피지제도에 착륙해 잠자리에 들고, 다음 날 아침 일어나 글을 쓰는 등 4개 대륙을 날아다닐 것이라고는 상상도 하지 못했다. 나는 12개월 동안 이 모든 일과 훨씬 더 많은 일을 했다. 하루하루를 최대한 활용하는 동시에 내 속에 숨겨진 잠재력을 활용하고 계발함으로써 말이다.

미켈란젤로가 평생 실제로 조각상 44개를 조각했다는 사실을 알고 있는가? 그는 겨우 14개를 완성했는데 그중 가장 유명한 2개는 '다비드상'(이탈리아 피렌체의 갤러리아 델 아카데미아에 보관)과 '모세상'(이탈리아 산 피에트로 인 빈콜리 성당에 보관)이다. 나머지 30개는 부분 조각으로 남아 있다. 대개는 머리나 팔만 조각한 돌에 불과하다.

이 30개는 미켈란젤로의 '미완성 작품'으로 알려져 있는데 그중 10%만 여러 이탈리아 박물관에서 대중에게 공개하고 있다. 미켈란젤로가 나머지 30개 조각품을 완성하지 못한 것은 상당히 안타까운 일이라고 생각한다. 만약 그가 나머지 작품도 완성했다면 우리는 '다비드상'보다 훨씬 더 인상적이고 아름다운 조각상을 볼 수 있었을 테니 말이다.

우리는 많은 사람의 삶을 미완성 조각품에 비유하는데 그들은 완성한 작품을 못 보고 죽는다. 만약 우리가 평생 잠재력의 10%만 사용한다면 우리는 팔만 있고 나머지 몸은 없는 미완성 작품과 같다. 가치 없는 일반 돌과 다를 바 없는 것이다.

하지만 나는 우리가 매일 (자신의 궁극적인 모습을 찾기 위해) 가능성을 점점 더 발견하려는 의도로 산다면 세상을 떠날 때 아름답고 완성한 조각이 될 것이라고 굳게 믿는다. 그렇게 우리는 우리가 남긴 모든 사람에게 영감을 준다. 초인은 계속해서 실패하는 게 아니라 실패나 다른 어떤 어려움이 닥쳐도 포기하지 않고 버티는 사람이다.

초인이 되는 과정에서 마주하는 세 번째 단계는 어려움과 도전을 '레벨 업' 과정으로 보는 것이다. 이 단계에서의 레벨 업은 선수들이 몸을 단련하는 것과 유사하다. 난이도를 전혀 높이지 않고 매일 동일하게 쉬운 운동을 하면 더 강해질 수 없다. 어벤저스도 타노스 침공을 준비할 때 상당한 어려움을 겪었다.

긍정 역시 초인이 되기 위한 매우 중요한 요소다. 비관론자는 존재하지 않는 문제를 발견하고 자신을 제자리로 되돌리지만, 긍정적인 사람은 최악의 상황에서도 해결책을 찾아낸다. 어벤저스는 낙관론자였다. 타노스의 공격에 우울해하는 대신 그들은 해결책을 찾고 그 과정에서 세상을 구했다. 낙관적인 사람들은 세상을 더 나은 곳으로 만든다.

내가 추가하고 싶은 조언은 다른 선택의 여지가 없다고 믿지 말고, 해서는 안 되는 일이라고 추정하는 것을 하라는 것이다. 직관에 반하는 것처럼 들릴 수도 있지만 우리의 욕망과 꿈은 서로 다르다. 그러니 다른 사람들이 당신에게 권하는 꿈을 그냥 받아들이지 마라. 오히려 진정한 당신 자신의 것을 추구하라. 그렇지 않으면 초인이 된다는 것이 어떤 것인지 모른 채 세상을 떠날 수 있다.

이 과정의 네 번째 단계는 (특히 자신의 목표나 임무와 관련해) 자신을 믿는 법을 배우는 것이다. 오바마, 리사, 호날두, 손흥민 등 모든 초인은 자신을 믿는다. '자신을 믿는다'는 생각이 이해하기 어렵고 실체 없는 것처럼 들릴 수 있지만 실제로는 좋은 혼잣말 스킬을 습득하는 것으로 귀결된다.

왜 시작했는지, 누가 시작하도록 영감을 줬는지 명확히 기억할 때까지 반복해서 자신을 격려하라. 믿음이 확고하면 길은 분명해진다. 경로가 명확하면 결정적인 선택을 할 수 있다. 결정적인 선택을 하고 나면 혼란, 두려움, 동요 또는 모든 종류의 낙담 같은 부정적 감정은 완전히 사라진다. 문제의 크기에 상관없이 그것은 우리가 알고 있는 위대함에 비해 작아 보일 것이다.

나는 실제로 어려운 상황에서 나 자신을 위로할 때 사용하는 문구를 성경에서 많이 모았다. 특히 5년 동안(스물여섯 살부터 서른 살까지) 사업을 국제적으로 확장할 때 이를 많이 사용했다. 당시 나는 호텔 밖에서 지냈고 잠은 대부분 비행기에서 잤다. 내 라이프스타일은 일반적으로 돈므앙Don Muang 공항에 도착해 센트럴 랏프라오Central Ladprao 근처에 있는 콘도에서 새 옷과 단백질 보충제를 챙긴 뒤, 다음 해외 사업을 계속 확장하기 위해 공항으로 돌아가 다른 비행기에 탑승하는 나날의 연속이었다.

내 여행 일정은 그때나 지금이나 크게 다르지 않다. 첫째 주에는 홍콩, 두 번째 주에는 한국, 세 번째 주에는 베트남, 네 번째 주에는 말레이시아 그리고 치앙마이 · 푸켓 · 방콕에서 보냈다. 5년 동안 한 달에 한 번씩 꾸준히 다녀온 일정인데 의외로 전혀 지치지 않았다. 오히려 정반대였다. 그런 일정 덕분에 나는 기분이 상쾌했다. 여행 내내 내가 왜 이 일을 하는지, 누구를 위해 일하는지 염두에 두었기에 재미있었다.

새로운 세대가 가능하다고 생각하는 것보다 더 강력한 리더가 되도록 돕기 위해, 위 내용을 상기하고 지난 10년 동안 내 성공을 보장하기 위해, 내가 사용한 성경 구절 4가지는 다음과 같다.

"너희 안에 계신 이가 세상에 있는 자보다 크심이라."

"내게 능력 주시는 자 안에서 내가 모든 것을 할 수 있느니라."

"하늘이 땅보다 높음 같이 그의 길은 너희 길보다 높으니라."

"좁은 문으로 들어가라. 멸망으로 인도하는 문은 크고 그 길이 넓기 때문이다."

초인이 되는 다섯 번째 단계는 좀 더 복잡하지만 원한다면 누구나 이해할 수 있다. 우리에게는 궁극적으로 자신과 다른 사람들을 신(부처, 예수, 알라 또는 다른 신)으로 이끌 소명과 삶의 구체적인 목적이 있다.

요점은 당신이 현재 얼마나 성공했든, 미래에 얼마나 성공하기를 원하든 신이 당신을 이끌어주어야 한다는 것이다. 당신이 성공할 때 성공을 위해 기도한 모든 시간을 잊지 말고 당신이 그것을 성취하도록 도와주신 신께 감사하라.

당신이 그것을 완전히 혼자 힘으로 달성한 게 아니라는 것을 잊는 건 매우 위험하며, 이 한 가지 실수로 초인도 몰락할 수 있다. 신을 무시하고 스스로를 돌볼 수 있다거나 신이 더 이상 필요하지 않은 것처럼 행동하기 시작하면 신은 순식간에 당신의 성공을 앗아갈 수 있다.

간단히 말해 공로를 인정해야 할 부분에 공을 돌리는 것을 잊지 말고, 이미 성공한 후에도 도와주신 신께 계속해서 감사하라. 당신이 모든 것을 스스로 해낸 것이 아님을 인정하고, 성공이 신의 선물임을 인식하고, 그것을 그렇게 대하라.

바로 이런 정서 때문에 나는 크게 성공하고 싶어진다. 큰 성공은 더 많은 사람이 내 말에 귀를 기울이게 만드니 말이다. 이 아이디어를 모두와 공유할 수 있기를 바란다. 나는 목표를 향해 노력하면서 이 생각을 마음에 품고 있었기에 그렇게 빨리 성공할 수 있었다(그 결과 지금처럼 세상에 긍정적 영향을 미치게 되었다).

또한 이 믿음은 내게 힘, 집중력, 인내, 마음챙김, 끈기를 증대하는 역할을 한다. 나는 운이 좋았고 일에서 빠르게, 자주 성공했기에 많은 사람이 내게 나를 초인이라 생각한다고 말했다. 개인적으로 나는 나를 초인적 믿음을 지닌 평범한 사람이라고 생각한다. 그리고 나는 대부분의 평범한 사람들이 하지 않기로 선택하는 규칙적인 일을 한다.

내가 말하는 다섯 번째 단계(우리의 모든 성공이 우리 자신이 아니라 그 과정에서 우리를 도와준 더 높은 분 덕분이라는 생각)는 우리가 성취하는 동안에도 항상 겸손함을 유지하는 데 도움을 줄 것이다. 이 단계의 어느 시점에 사실은 우리 삶이 빌린 것이라는 점을 당신이 이해하리라고 본다. 우리 삶은 진정 우리의 것이 아니다. 이러한 이해에 도달하면 끝없는 에너지로 채워지고 꿈을 향해 계속 노력할 수 있는 동기를 꾸준히 부여받을 것이다.

말레이시아에서 매우 존경받는 장로 류 다게Liu Dage, 刘文远에게 질문할 기회를 얻기 전까지 나는 왜 삶이 이런 식으로 작동하는지 확신할 수 없었다. 이듬해 그가 세상을 떠나기 전인 그날 오후 그와 이야기할 수 있었던 것은 엄청난 특권이었다.

나는 그에게 내 빡빡한 여행 일정과 어떻게 도착해 공개적으로 연설하고, 질문에 답하고, 일반적으로 전 세계 사람을 돕고, 영감을 주기 위해 내가 할 수 있는 모든 일을 하는지 이야기했다. 나는 그에게 내가 아무리 많이 일해도 절대 지치지 않는 것 같다고 말했다. 실제로 나는 사람들이 내게 어떻게 버티느냐고 물을 때마다 절대 설명할 수 없다고 말했다. 끝없는 에너지가 어디서 오는지 이해할 수 없었기 때문이다.

나는 그에게 어떻게 이런 라이프스타일을 꾸준히 유지할 수 있는지 물었고, 그는 미소를 지으며 중국어로 "우리가 더 큰 영향력을 위해 일할 때 더 큰 영향력이 우리에게 활력을 준다"라고 말했다.

우리는 모두 평범하게 태어났지만 믿음은 우리를 초인으로 만들 수 있다. 나는 당신도 압도적인 초인이 될 수 있다는 것을 분명히 하고 싶다. 나는 이것을 진정으로 믿는다. 미래의 어느 날 당신이 초인적인 자신을 만났을 때 그 초인은 당신에게 "나를 더 빨리 풀어줬어야 했다"라고 말할지도 모른다.

> 굉장한 모습은 우리가 입는 옷이나 재능에서 찾을 수 없다.
> 오히려 그것은 생각에서 발견할 수 있으며
> 우리 행동이 굉장한 모습과 일치할 때 더욱 증폭된다.

13장
폭풍의 눈

'폭풍의 눈'은 모든 거대한 토네이도나 허리케인의 중심에 있으며 이곳은 거센 바람과 강우가 없는 유일한 곳이다. 주위의 모든 것이 요동치고 거칠게 굴지만 주변에 어떤 기상 재난이 닥쳐도 침착함을 유지한다. 폭풍의 눈 같다면 놀랍지 않겠는가? 혼돈의 한가운데서 당신은 당신 주변의 모든 사람에게 정신적 지주 같은 평온한 사람이 될 수 있다.

나는 당신이 폭풍의 눈이 되는 연습을 했으면 한다. 예를 들어 구정을 위한 대규모 가족 모임을 열었다고 해보자. 이런 모임은 재미있지만 매우 혼란스럽기도 하다. 주변이 아무리 시끄럽고 산만해도 침착함을 유지하고 평화의 본보기가 될 것을 미리 다짐하라.

숨을 천천히 쉬고, 다른 사람의 말을 듣거나 관찰하는 연습을 하고, 다른 사람이 가장 좋아하는 주제를 이야기하게 하라. 그렇지만 기억하라. 이것을 '할 수 있는 일'이라고 미리 결정한 경우에만 그 일을 성공적으로 수행할 수 있다. 이 책에 설명한 대로 연습하는 것은 본질적으로 폭풍의 눈이 되기 위한 입문 수업이다.

가족 모임 같은 무해한 모임으로 시작하면 어떻게 해야 하는지 전반적으로 이해할 수 있고 평화를 향한 첫걸음을 성공적으로 내디딜 수 있다. 가령 폭풍의 눈으로 사는 것의 이점, 현재를 더 많이 느끼는 방법, 더 평화롭게 사는 방법, 스트레스를 받는 것이 훨씬 더 어려워지는 방법을 알게 된다. 이 같이 평온한 상황에서 평화를 마스터하면 더 어려운 상황(도전, 고난, 진정한 슬픔에 직면해도)에서도 계속해서 평화로울 수 있다. 몇 번 실패해도 계속 시도하라. 일관성이 결국 성공하는 데 도움을 주기 때문이다.

꿈이 현재를 고려하지 않고 미래를 막연하고 폭넓게 생각하도록 만드는 것만은 아니다. 반대로 꿈은 우리에게 주어진 24시간을 어떻게 잘 사용해야 하는지 알려준다. 또한 꿈은 모든 노력의 원동력이다. 꿈은 우리를 불굴의 존재로 만들고 아무리 어려운 상황에서도 싸울 수 있도록 영감을 준다.

이를 염두에 두고 폭풍의 눈이 되도록 자신을 트레이닝하는 것은 고난에 직면했을 때 효과적으로 파이팅하게 해주는 도구가 된다. 이것이 가장 차가운 폭풍 속에서도 궁극적인 폭풍의 눈이 되는 유일한 방법이다.

다음은 당신이 이 길을 걷는 데 도움을 주는 자세(다른 사람의 이익을 위해)를 유지하기 위한 5가지 태도와 3가지 방법이다.

첫째, 어려운 상황에서 포기하기로 선택하면 생각보다 자신이 누구인지 훨씬 더 많이 알 수 있으며, 더 나쁜 것은 이것이 모든 것을 훨씬 더 견디기 어렵게 만드는 습관이 될 수 있다는 점을 이해하라. 인생에서 이기고 싶다면 그 반대가 되어야 하고 절대 포기하지 않는 습관을 들여야 한다. 누구나 꿈을 향해 가는 길에 장애물이 있다는 사실을 잊지 마라. 변명하지 말고 실패를 다른 사람이나 외부 환경 탓으로 돌리지 마라. 성공한 사람은 그 모든 일을 겪었지만 멈추지 않았다. 마찬가지로 그것이 당신을 멈추게 하지 마라.

성공한 사람들은 당신보다 더 쉽게 성공을 이루지 않았다. 당신이 포기하는 것이 곧 실패다. 그러니 자신의 실패가 통제할 수 없는 상황의 결과라고 여기며 자신을 속이지 마라. 당신 내면에는 위대해질 잠재력과 완전히 평범할 수 있는 잠재력이 있으며 당신은 어느 쪽을 충족시킬지 선택할 수 있다. 성공은 항상 포기하는 사람보다 포기하지 않는 사람에게 더 가깝다.

둘째, 좋은 자기 대화 스킬을 연습하라. 자신에게 존중과 배려로 말하고 내면에서 자신을 낮추지 마라. 누군가가 당신을 베려고 사용하는 칼은 처음 한 번만 벨 뿐이다. 그 칼로 당신이 계속해서 당신을 베는 것이 엄청나게 더 해로운 일이다. 이것은 분명 당신의 잘못이다.

결론적으로 자신에게 정중하게 말하고 자신을 친절하게 생각하라. 혀(말)는 육신의 상처를 남기지 않고 사람을 죽일 수 있는 칼과 같다. 당신이 누구에게 말하든, 그러니까 타인에게 말하든 자신에게 말하든 당신의 말은 믿을 수 없을 정도로 해로울 수 있다. 불친절하거나 잔인한 말만큼 날카로운 무기는 없으므로 사용하는 말(특히 자신을 위한 말)을 현명하게 선택하라.

우리가 자신에게 자주 하는 것처럼 타인에게도 잔인하게 말한다면 아무도 우리와 함께 있고 싶어 하거나 우리와 시간을 보내고 싶어 하지 않을 것이다. 누군가가 당신이 자신에게 하는 말과 똑같은 말로 당신을 모욕했다면 아마 엄청나게 화가 나고 기분이 상할 것이다.

그러면 왜 우리는 자신을 잔인하게 대할 때 화를 내거나 기분이 상하지 않는가? 꿈을 이루고 싶다면 혼잣말 습관에 세심하고 또 세심하게 주의를 기울여야 한다. 다른 사람에게 잘못 선택한 몇 마디 말도 전쟁을 일으킬 만큼 강력하지만, 우리가 자신에게 하는 말은 그보다 훨씬 더 강력하다.

매일 자기 대화 스킬을 향상시키기 위해 노력하라. 그러면 자신의 믿음을 긍정적으로 강화하고 성공을 거두는 데 사용할 수 있는 격려의 표현을 보다 광범위하게 축적할 수 있다. 당신의 사전에서 '할 수 없다'와 '항복하다'라는 단어를 영구 제거하고 고무적인 단어로 교체하라.

당신이 직면하는 모든 상황을 생각하는 방법에는 2가지가 있다. 이전에는 이런 일이 없었는가, 아니면 가장 먼저 달성할 수 있는 훌륭한 기회가 주어졌는가? 전통 방식으로 무언가를 할 자원이 충분하지 않은가, 아니면 지금은 문제를 혁신적으로 해결해야 할 때인가? 시간이 부족한가, 아니면 더 효율적으로 일하는 방법을 배울 기회인가?

무언가에 실패했거나 경험을 쌓았는가? 특정 분야에서 자격이 부족하거나 해당 분야의 전문 지식을 갖춘 사람과 상담해야 하는가? 팀 규모가 너무 작은가, 아니면 긴밀한 팀 덕분에 더 빨리 일할 수 있는가? 그 실패가 정말로 당신이 할 수 있는 최선이었는가, 아니면 더 많은 계획과 노력과 결단력으로 더 잘할 수 있었는가?

실현 불가능한 생각인가, 아니면 당신이 도전하게 하는가? 전달할 가치가 없는 제품인가, 아니면 전달자로서 스킬을 연마할 기회인가? 그것은 당신의 임무가 아닌가, 아니면 이제 당신이 도와줄 만큼 충분히 성숙하고 책임이 있는 임무인가? 당신은 할 수 없는가, 아니면 확실히 할 수 있는가?

당신 자신에게 할 수 있다고 말하는 것이 성공을 보장하는 것은 아니지만, 자신에게 할 수 없다고 말하는 것은 실제로 실패를 보장한다.

셋째, 행동을 취하기 전에 '완벽한 때'를 기다리지 마라. 섬에 발이 묶인 사람은 수영하기 전에 도움을 줄 완벽한 배가 지나갈 때까지 기다리지 않는다. 바꿔라. 변화를 일으키기 위해 무언가를 하지 않으면 아무것도 바뀌지 않는다. 아마 당신도 마음속 깊이 이것을 이미 알고 있을 것이다.

내 경험상 나는 당신이 꿈을 위해 일을 시작하기에 완벽한 시기는 결코 없을 것이라고 확실하게 말할 수 있다. 유일하게 당신이 통제할 수 있는 완벽한 조건은 당신 자신의 헌신과 결단력이다. 이 2가지를 모두 충분히 갖추고 있다면 현재 처한 불쾌하거나 불완전한 상황에 직면할 준비를 한 셈이다.

활동할수록 당신의 능력은 더 광범위하고 다양해진다. 상황과 기회가 완벽해지기 전에 조치하라. 조치하면 상황과 기회가 모두 향상될 것이기 때문이다. 그러나 시작하지 않으면 현재보다 나아지는 것을 결코 볼 수 없을 것이다.

넷째, 이미 성공했다고 생각하라. 성공은 외적 성취가 아니며 성공한 사람은 마인드셋과 태도로 구별할 수 있다. 그리고 그 마인드셋의 가장 두드러진 차이점은 실패를 대하는 태도에서 드러난다.

성공한 사람들은 실패를 긍정적 관점에서 살펴본다. 실패는 모든 사람이 꿈을 완전히 이루기 전에 겪는 자연스럽고 필요한 과정임을 이해하기 때문이다. 더구나 그들은 그것을 생각하는 데 시간을 낭비하지 않는다.

이것은 단순히 그들의 기발한 기준이 아니라 그들이 장기적으로 꿈을 위해 파이팅할 수 있게 한다. 성공한 사람들은 놀라울 정도로 집요하며 모든 실수에서 새로운 것을 배운다. 그들은 항상 발전하고 있고 모든 것에서 좋은 태도를 유지하기 위해 마음 통제력을 활용한다(궁극적으로 그것 덕분에 승리한다).

나는 당신에게 꿈을 향한 첫 발걸음을 내딛기를 촉구한다. 처음에는 비틀거리고 가끔은 넘어지더라도 계속 걷다 보면 결국에는 반드시 그곳에 도착한다는 것을 약속한다. 인내와 헌신은 시간의 길이를 극복할 수 있다. 계속해서 포기하지 마라.

다섯째, 꿈을 실현하는 데 필요한 자원은 절대 잃어버릴 수 없다. 필요한 모든 것이 마음속에 있기 때문이다. 많은 사람이 성공하기 전에 특정 기회가 필요하다고 생각하는 경향이 있다. 하지만 이런 식으로 생각하면 당신은 현재 가지고 있는 외부 자원을 활용하지 못할 뿐 아니라, 당신이 더 많은 기회를 만드는 데 도움을 줄 마음의 창조적인 과정도 멈춰버릴 것이다.

행동, 기회, 자원은 서로 명확히 관계가 있으며 후자는 둘 다 당신이 얼마나 행동하는가에 따라 직접적인 상관관계가 증가한다.

이것은 재미있는 달팽이 이야기에 비유해볼 수 있다. 추운 12월 아침, 달팽이가 사과나무 위로 조금씩 올라가고 있었다. 반쯤 올라갔을 때 한 나뭇가지 구멍에서 영리한 벌레가 튀어나와 달팽이에게 말했다.

"너 미쳤니? 거기에 먹을 사과는 없어! 너는 너무 느리게 움직이고 너무 고집이 세!"

그러자 달팽이가 대답했다.

"걱정하지 마. 내가 정상에 도착할 때쯤에는 내가 먹을 만큼 사과가 열릴 거야."

말문이 막힌 벌레는 구멍으로 들어가버렸다.

만약 당신이 인생에서 승리하고 싶다면 먼 거리(어쩌면 위험할 수도 있는)를 오랫동안 여행할 각오를 다져야 한다. 당신은 꽃이 피는 시기나 정원과 식물이 가장 아름답게 보이는 시기를 통제할 수 없다. 당신은 그것이 언제가 될지 모르니 나무 위로 올라가 열매가 적시에 익을 것이라고 믿어야 한다.

역경을 토대로 성장하기로 선택하고 무슨 일이 있어도 인내심을 가져라. 성공하기 위해 정말로 필요한 것은 헌신이다. 기회와 외부 자원은 적시에 나타난다. 내 개인적인 경험과 내가 가르친 많은 리더의 경험으로 나는 이것을 증명할 수 있다. 우리는 앞으로 기회가 없을 것 같은 때도 계속해서 전진했고 그러다 마지막 순간에 인생 최고의 기회를 만났다.

기억하라. 이 같은 기적은 당신이 끝까지 싸우기로 선택한 경우에만 일어난다. 여기에는 당신이 여정을 시작할 때 내리는 의식적인 선택이 필요하다. 어떤 상황에 직면해 지치고 무력감을 느낄 때 모퉁이에 빛이 있음을 잊지 마라. 그런 상황에서 포기하거나 희망을 잃지 말 것을 촉구한다. 만약 당신이 그렇게 한다면 당신은 자동으로 해결책 찾기를 멈출 것이다.

나는 지난 10년 동안 내 꿈을 믿은 덕분에 일어난 수많은 기적을 목격했다. 그래서 모든 것이 불가능해 보여도 먼저 믿음이 있어야 기적이 일어난다고 자신 있게 말할 수 있다. 절대 포기하지 마라. 그러면 결국 길이 나타난다.

포기하지 않는 것은 승리하는 습관을 갖게 하고 곧 승리하는 것이 당신의 표준이 될 것이다. 꿈의 매력은 현실적이며 가까워질수록 더 쉬워진다. 처음에는 오르막이 가파르고 산 정상이 불가능할 정도로 멀게 느껴져도, 혹은 아무리 강한 비바람이 내리쳐도 이를 악물고 계속 가야 한다. 정상에 가까워질수록 결국 구름 위로 이동하면서 여정의 마지막 구간은 편안함으로 가득해진다.

도중에 벽에 부딪히면 그냥 통과하라. 그것이 당신이 새로운 사람(당신이 될 수 있을 거라고 생각하지도 못했던)이 되는 유일한 방법이다. 이 새롭고 더 나은 버전을 발견하면 가능하다고 생각했던 것보다 훨씬 더 멀리 나아가고 훨씬 더 빠른 속도로 발전한다.

이것을 경험하는 것은 아주 멋진 일이다. 나는 내가 가르치는 리더들과 함께 그것을 여러 번 경험했다. 자신의 한계를 뛰어넘고 패배하더라도 싸움을 멈추지 않는 것은 매우 중요하다. 새로운 사람이 되기 위해, 새로운 나와 과거의 나 사이의 거리를 벌려놓기 위해 싸워야 한다. 이것은 특별한 일이며 실제로 꽤 재미있는 과정이다!

지금 당신이 꿈을 실현하는 데 진전이 없다고 느낀다면 아직 확고한 결정을 내리지 않았기 때문일 수 있다. 여정 중에 필요에 따라 태도와 방법을 개선하고 조정하라. 알베르트 아인슈타인에 따르면 '미친 짓'이란 같은 일을 계속 반복하면서 다른 결과를 기대하는 행동이다. 그런데 놀랍게도 많은 사람이 이것을 이해하지 못해 거기에서 벗어나지 못한다.

위 교훈을 설명하기 위해 예를 들겠다. 가령 A의 직업윤리와 노력의 정도는 5단계인데 태도의 착함과 긍정성이 2단계에 불과하다고 해보자. 아래 제시한 차트를 보면 이것이 레벨 10에서 성공을 거둔 것을 볼 수 있다. 만약 성공 수준을 20으로 높이고 싶을 경우 여기에는 2가지 옵션이 있다.

옵션 1(대다수 사람이 선택하는 옵션)에서 그는 직업윤리 수준을 5에서 10까지 높일 수 있다. 이렇게 하면 원래 수준의 2배(10×2=20)가 되어 그의 성공 수준이 20에 이른다.

옵션 2(모든 성공적인 리더가 선택하는 것으로 내가 선택하도록 권장하는 옵션)는 같은 수준의 작업(5)을 유지하면서 태도를 개선해 레벨 4로 올라가는 것이다. 이렇게 하면 성공 수준이 20까지 동일하게 증가하면서(5×4=20이므로) 시간, 에너지, 자원을 더 잘 활용할 수 있다.

나는 항상 옵션 2를 선택한다. 옵션 1보다 지속성이 훨씬 뛰어나기 때문이다. 장기적으로 당신은 늘 미친 듯이 열심히 일하기보다 긍정적인 태도를 유지할 가능성이 훨씬 더 크다. 당신은 훨씬 더 쉽게 이 옵션 실행을 유지할 테고 이후에 당신은 훨씬 더 성공할 것이다.

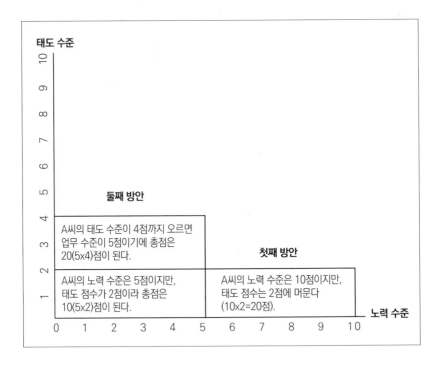

지속가능한 변화를 만들 때 가장 먼저 해야 할 선택은 태도 변화다.

결론적으로 옵션 2를 선택하면 장기적으로 성공할 수 있다.

다음으로 현재의 '일반적인' 사고방식을 크게 성공한 리더의 사고방식으로 전환하는 3가지 방법을 소개하겠다.

자신을 승자로 바라보라

사고 실험을 위해 당신의 마음속에서 싸우고 있는 두 팀을 구성해보라. 레드팀은 당신이 하려는 모든 일에서 성공할 수 있다는 생각을 나타내고 블루팀은 당신이 실패할 것이라는 생각을 나타낸다. 이 대회에서 레드팀이 우승한다는 데 천만 바트를 걸겠는가?(나는 성공한 사람들의 성공적인 마인드셋을 배우도록 독서를 장려한다). 어쨌든 당신은 레드팀이 이긴다는 쪽에 1억 바트를 기꺼이 내기 전까지 패자의 마인드셋을 지닐 것이다.

패자의 마인드셋을 지니는 것은 (위 그래프에서) 본질적으로 0을 곱하는 것이다. 직업윤리 수준이 100이어도 100 곱하기 0은 여전히 0($100 \times 0 = 0$)이라 성공하지 못한다.

오늘날 내가 이룬 성공은 위 수천 가지 사고 실험의 산물이며 많은 실험에서 블루팀이 이겼다. 크고 의미 있는 승리는 실제로 많은 작은 승리의 축적에서 나온다. 지금 승자처럼 생각하면서 포기하지 않고 그 마인드셋을 유지하면 반드시 성공할 것이라고 약속한다. 이 점에서 자신과 타협하지 마라. 그러면 결국 그것은 당신과 완전히 통합되어 하나가 될 것이다.

인내 마인드셋을 채택하라

이 마인드셋 유형은 성공에 필수적이다. 성공은 기한을 정할 수 있는 게 아니라서 일주일, 한 달, 심지어 1년 안에 일어난다고 기대할 수 없다. 실패 마인드셋을 지닌 사람은 자신이 원하는 만큼 빨리 성공하지 못하면 포기한다. 조바심은 무엇보다 당신의 꿈을 확실히 죽여버린다. 이 점을 잘못 이해하면 부정적인 사람이 되기 쉬우며 그 결과 우울증의 나락으로 빠져든다.

반대로 내가 이 책에서 설명한 올바른 태도와 이해를 채택하면 성공의 정당한 조건을 받아들일 것이다(물론 때로는 견디기 어려울 수 있다). 당신의 긍정적인 태도와 현실적 이해는 가장 어려운 시기에도 인내하는 데 필요한 인내심을 부여하고 이는 궁극적인 성공으로 이어진다. 올바른 마인드셋을 지니는 것은 삶을 개선하고 꿈을 실현하는 데 필요한 첫 번째 단계다.

습관을 바꾸고 시간을 잘 활용하라

한 가지 묻겠다. 절제력 있는 행동의 즉각적인 고통을 느끼겠는가, 아니면 장기적인 후회의 고통을 느끼겠는가? 매일 아침 일어나자마자 할 일 3가지와 잠자리에 들기 전에 할 마지막 3가지 일을 결정하라. 그 일들이 당신의 꿈과 관련이 있고 당신이 꿈을 이루도록 직접적으로 돕고 있는지 확인하라. 그러면 하루를 내내 생산적으로 사용할 뿐 아니라 일을 순조롭게 진행하는 데 도움을 받는다.

우리 삶은 우리가 시간을 어떻게 사용하느냐에 따라 달라진다. 시간은 소중한 자산이며 단 1초라도 지나면 되돌릴 수 없다. 시간은 돈보다 훨씬 더 소중하다. 지금 은행에 31,536,000바트가 있다고 해보자. 이것을 모두 출금해 사용하면 돈은 사라진다. 그러나 적어도 당신은 그것을 사용하지 않고 예금해두기로 선택할 수 있다.

반면 시간은 사용 여부와 상관없이 흐른다. 남은 시간이 31,560,000초라면 이를 잘 사용해야 한다. 당신이 잘 사용하는지와 무관하게 결국 소멸하니 말이다. 그래서 나는 시간이 돈보다 훨씬 더 소중하다고 믿는다.

정말로 중요한 일에 시간을 쓰는 것을 두려워하지 마라. 실제로 시간을 할애할 가치가 있는 일이 있다. 다시 말하지만 지금 가진 돈을 낭비하는 것은 그냥 돈만 낭비하는 것이다. 반대로 현재를 낭비하면 미래도 파괴되고 낭비할 수 있다. 왜냐하면 당신이 지금 잘못 보내는 삶의 작은 부분이 결국 겉보기에 작은 부분이 아니라 당신이 인생 전체를 낭비했음을 보여주기 때문이다.

성공은 우리가 매일 일관성 있게 하는 작은 노력의 큰 결과다. 하고 싶지 않은 좋은 일을 하기로 선택할 때마다 우리는 더욱 절제하고 태도를 개선하며 자기효능감을 얻는다. 이는 직접 요리한 음식이 식당에서 먹는 음식보다 맛이 더 좋은 경향이 있는 것과 비슷하다(그것을 만드는 데 들어간 모든 사랑과 수고를 이해하기 때문이다).

성공하기 위해 상당한 시간과 지속적인 노력이 필요한 일을 성취하면 자존심과 자존감이 크게 높아진다. 나아가 당신은 더 낙관적인 사람이 되고, 당신에게 닥칠 어떤 변화도 더 이상 두려워하지 않고, 모든 것에 '할 수 있다'는 태도를 보이고, 전혀 문제없이 폭풍의 눈처럼 고요할 수 있다.

> ' ~ 면 어쩌지?'보다 '나는 할 수 있다'에 더 집중하라.

14장
무엇이 사람을 완전하게 하는가

발달하고 성숙한 사람은 덜 발달하고 미성숙한 사람처럼 자신을 과시하려 하지 않는다. 이것은 내가 승려가 되기 위해 준비할 때 법전에서 읽은 내용을 기반으로 기억하는 교훈이다.

내가 스무 살에 출가할 기회를 얻은 것은 정말 행운이었고 또 1년 동안 스님으로 산 것은 굉장히 감사한 일이다. 치앙마이, 치앙라이, 매홍손의 다양한 숲과 사원에서 넥캄마Nekkhamma를 수련한 시간은 지금도 여전히 내게 영향을 미치는 인생을 바꿔준 경험이었다.

어쨌든 나는 다르마Dharma와 성공이라는 주제를 다룬 책 《루앙 포르 차 수파토 Luang Por Cha Suphatto》에서 앞서 말한 교훈을 읽었다. 그는 다르마로 성공한 사람은 겸손으로 성공한 사람이라 말했고 이후 그 생각은 내 마음에 새겨졌다. 나는 여전히 (내가 가르치는 모든 리더, 우리 팀과 함께 일하는 모든 사람에게) 겸손이라는 미덕의 중요성을 강조한다.

같은 책에서 배운 또 다른 교훈은 '금욕주의'를 실천하는 것, 즉 자신을 단련하고 외부 세계를 인내하는 것의 중요성이다. 하지만 세속적 적용에서 그것을 설명하는 가장 좋은 방법은 '성숙함' 또는 성숙하게 행동하는 것이라고 생각한다.

'성숙'이란 단순히 나이를 의미하는 게 아니다. 많은 사람이 나이가들면 자연스럽게 성숙해진다고 생각하지만 실제로는 나이를 먹어도 성숙해지지 않는 사람이 꽤 많다. 내게 가장 주목할 만한 성숙의 측면은 상실로부터 배우는 능력, 지혜를 구하려는 열망, 정서적 안정과 일관성을 유지하는 것, 인생에서 일어나는 모든 일로부터 배우기 위해 양심적 선택을 하는 것이다.

성인이 되었을 때 가장 먼저 해야 할 일은 상실로부터 배우기다. 많은 사람이 아직 손실을 본 적 없기에 마인드셋이 미성숙한 상태에 있다. 개인적 손실에서 배워 남은 인생에 도움이 되도록 사용할 수 있으면 미래에 실수할 가능성은 줄어든다.

당신은 더 나은 문제 해결사가 되고 전반적으로 더 인내심 있고 평화로운 사람이 될 수 있다. 이렇게 손실과 실패를 유리하게 활용할 경우 자신이 어른으로 성숙했음을 깨닫는다.

나는 큰 손실을 많이 겪었다. 그중 하나는 2013년 사랑하는 장모 마에 자에브 수시마Mae Jaeb Susima를 잃은 것이다.

상실은 삶의 가치를 깨닫게 해주기 때문에 무엇보다 성숙의 속도를 앞당긴다. 상실을 겪은 뒤 우리는 매일, 매초를 최대한 활용하는 것이 얼마나 중요한지 깨닫고 마침내 '시간'이라는 단어의 진정한 의미를 이해하기 시작한다.

본질적으로 성숙이란 시간의 가치를 깨닫는 일이다. 그만큼 간단하다. 지혜는 '시간'이 얼마나 소중한지 깨닫는 것이다.

또한 긍정적으로 생각하고 계속해서 긍정적 감정에만 주의를 기울이는 것을 선택함으로써 성숙도를 높일 수 있다. 나는 개개인에게 주어진 순간에 부정, 분노, 불행을 느끼는 능력뿐 아니라 긍정적이고 만족스럽고 행복하다고 느끼는 능력도 있다고 굳게 믿는다.

인생에서 모든 나쁜 감정을 완전히 근절하는 것은 불가능하지만 불행 대신 행복을 선택하고 부정적 생각보다 긍정적 생각을 선택하는 것은 가능하다. 그 선택을 계속하면 습관이 된다. 기분이 좋지 않을 때마다 행복하지 않더라도 긍정적으로 생각하라. 이것을 계속하면 행복이 기본이 되는 동시에 해야 할 일을 하고 싶지 않아도 하는 습관을 얻게 된다. 그러한 특성의 조합이 바로 진정한 성숙을 구성한다.

성숙함은 좋은 습관의 축적이다. 사실 어린이와 어른의 가장 큰 차이점은 이런 좋은 습관이 있느냐 없느냐에 있다. 성숙한 사람은 좋은 습관을 기르려면 규율과 시간이 필요하다는 것을 이해하며, 어떤 장애물에 직면해도 감정이 아니라 규율을 실천하고 계획을 따라야 한다는 것을 이해한다.

만약 당신이 성숙도를 높이고 싶다면 발전하길 원하는 습관 목록 3가지를 만들어라. 그런 다음 그 각각의 습관을 들이도록 집중하는 데 일주일을 보내라. 그러면 당신은 규율 그리고 당신이 원할 때마다 자신을 위한 탐닉에 빠지지 않기로 선택하는 것에 따르는 평온함을 알게 된다. 더 중요한 것은 이러한 좋은 습관 개발은 당신을 더 책임감 있는 사람으로 만들어준다는 점이다.

아마도 책임감은 당신이 지닐 수 있는 가장 중요한 자질일 것이다. 왜냐하면 당신의 일상생활에서 책임의 유무는 당신이 생각할 수 있는 다른 어떤 좋은 자질보다 더 큰 영향을 미치기 때문이다.

성년과 성숙함은 인내의 결과다. 참을성 없는 사람은 거의 성공하지 못한다. 솔직히 말해 참을성 없는 사람은 아이들뿐이다. 성숙한 사람은 장기적인 성공과 안전을 위해 즉각적이고 짧은 즐거움을 포기해야 하는 경우가 있음을 이해한다. 오늘은 남들이 하지 않을 것을 선택하고, 내일은 남들이 하지 못하는 것을 할 수 있도록 하라.

규율과 인내는 습관이 아니라 라이프스타일이다. 내가 마라톤에 참가하고 글을 쓰면서 배운 가장 가치 있는 삶의 교훈 중 하나는 인내와 규율의 엄청난 중요성이다. 이 2가지 특성을 모두 갖춘 사람만 삶에서 진정 자유롭다.

해야 할 일을 억지로 하기 시작하고, 하지 말아야 할 일을 거부하기 시작할 때 인생이 바뀌기 시작한다. 위에 설명한 대로 꾸준히 좋은 선택을 하면 시간이 지나면서 결국 규율은 당신의 일부가 된다.

자유는 하고 싶은 일을 하는 데서 오는 게 아니다. 오히려 그것은 장기적인 욕구를 위해 단기적인 욕구를 제한하고 희생하는 데서 온다. 인생에서 가장 원하는 것을 얻기 위해 자제하는 법을 배우는 날이 진정 자유로운 날이다. 그리고 장담하건대 자유의 맛은 매우 달콤하다.

만약 당신이 꾸준히 인내를 연습하지 않으면 만족할 줄 모르고 항상 지루해하며 욕구를 충족하지 못할 것이다. 그보다 더 나쁜 것은 만성 우울증 위험에 처할 수 있다는 점이다. 성숙함은 가만히 앉아 혼자 있을 수 있는 능력, 과도한 자극이나 흥분하는 상황 없이 살아가는 사람에게서 찾을 수 있다.

성숙한 사람은 (미성숙한 사람과 달리) 지루함이 정상임을 이해하고 어떤 대가를 치르더라도 지루함에서 벗어나려 하지 않는다. 나아가 이들은 지루함으로부터 이익을 얻는 법을 배운다.

성숙한 사람은 다른 사람에게 존경받지만, 자신을 존중하지 않거나 자존감이 강하지 않은 사람은 다른 사람이 존경할 수 없다. 성격이 강해야 자신을 존중하고 자존감이 강할 수 있는데 그런 성격은 지속적으로 좋은 선택을 하는 데서 나온다.

자신을 존중하고 계속 좋은 결정을 내리면 자신을 좋게 여기는 것은 아주 자연스러운 일이다. 요컨대 훌륭하고 절제된 선택을 하는 것은 자신을 존중하는 데 도움을 주며 결과적으로 다른 사람들도 당신을 존중하게 만든다.

질 것처럼 보일 때도 계속 싸우겠다는 선택, 다른 사람의 지시를 받지 않고 최선을 다하겠다고 선택하는 게 좋은 선택이다. 이 경우 아무도 우리에게 책임을 묻지 않을 때도 우리의 약속을 지키는 것처럼 보일 수 있고, 부정적인 상황에 긍정적인 태도로 대응하기로 선택하는 것처럼 간단해 보일 수도 있다.

이 같은 좋은 선택을 할 때마다 우리는 자신의 성격을 형성할 뿐 아

니라 자신의 자존감과 다른 사람들이 우리를 존중할 토대를 마련하는
셈이다. 추가로 위 모든 선택은 결정적으로 성숙한 선택임을 지적하고
싶다.

자신의 성숙도를 높이고 싶다면 자신을 위해 만든 규칙을 고수하는
것부터 시작하라. 물론 공공이익을 목표, 약속, 규칙의 품질을 확인하
는 데 쓰는 패러다임으로 사용하라. 예를 들어 열심히 일하지 않고 타
인의 노동으로 이익을 얻는 대신 지역 사회에서 강력한 직업윤리의 모
범을 보여라.

여기서 성숙의 본질과 중요성을 이중으로 가르치기 위해 고안한 짧
은 동화를 당신에게 들려주고 싶다.

옛날 옛적에 한 어머니가 세 자녀를 위해 맛있는 아침 식사를 준비할
난로에 쓸 기름을 사기 위해 세 자녀를 시장에 보냈다. 그들은 기름을 사
서 집으로 향하기 시작했지만 슬프게도 도중에 비틀거리다 절반 정도를
쏟았다.

집에 도착하자 첫째 아이는 쏟아버린 기름이 안타까워 울고 또 울었다.

둘째 아이는 어머니에게 그래도 반이나 남았다고 말하고 안도하며 하
루를 보냈다.

마지막으로 셋째 아이는 어머니에게 상황을 설명하고 절반이 남아서
기쁘다고 재확인한 다음, 저축한 돈으로 나머지 절반을 사서 어머니에게

가져다주기로 약속했다.

첫째 아이는 정확히 아이다운 모습으로 행동한 반면, 둘째 아이는 또래에게 기대하는 것보다 다소 성숙하고 전체 상황에 낙관적이었다. 셋째 아이는 어려운 상황에 낙관적으로 대처했을 뿐 아니라, 한 단계 더 나아가 상황을 책임지고 해결책을 제시해 실제로 문제를 해결하는 어른의 성숙함까지 보여주었다.

성공과 성숙에는 항상 겸손이 뒤따라야 한다. 온유함이 부족한 사람은 성공에 부주의하기 때문이다. 타인을 적절히 평가하지 않고 자신의 성숙함과 지위를 자랑하면 그는 인생을 망치는 것은 물론 순식간에 성공에서 실패로 가고 말 것이다.

겸손은 성공적인 사람을 학생으로 만들기도 한다. 왜냐하면 겸손은 (당신이 얼마나 성취했는가에 관계없이) 당신을 좋은 경청자로 만들고 가르칠 수 있는 태도를 주기 때문이다. 겸손한 사람은 듣고 배울 준비가 되어 있고 누구도 판단하지 않겠다고 미리 결정하는 반면 건방진 사람은 누구의 말도 듣지 않는다. 그들은 자신이 모든 것을 알고 있다고 생각하고 너무 비판적이라 항상 화가 나 있으며 기분이 좋지 않다.

겸손은 우리가 더 큰 그림의 작은 부분에 불과하다는 것을 기억하도록 도와주지만, 겸손이 부족한 사람은 현실 이해가 극도로 왜곡되는 경향이 있다. 이는 그들이 비합리적으로 기대하게 만들고 늘 옳아야 하기에 방어적 행동을 하는 데 모든 시간을 허비하게 만든다. 그들은 어떤 것에 진정으로 사과하거나 감사를 표할 필요가 없다고 생각한다.

겸손은 눈을 뜨고 현실을 더 명확히 보도록 도와주며 자신의 감정과 선호도를 타인에게 투사하는 것을 방지한다. 겸손한 사람은 자신이 거대한 퍼즐의 한 조각일 뿐이라는 것을 알고 있다. 개인적으로 나는 블랙핑크의 네 멤버가 모두 이 아이디어를 아주 훌륭하게 구현한다고 생각한다. 어쨌든 겸손이 부족한 사람은 자신만이 전체 퍼즐을 구성한다고 생각한다.

또한 겸손은 우리가 더 사심 없는 사람이 되도록 도움을 준다. 겸손한 사람은 자신의 성공이 온전히 자기 것이 아님을 알고 그 과정에서 자신을 도운 모든 사람을 감사한 마음으로 분명히 기억한다. 이것은 그들이 다른 사람이 성공하도록 도움으로써 보답하고 싶게 만든다.

실제로 그들은 늘 자신이 누린 것과 동등하게 좋은 기회를 다른 사람에게 주려고 노력한다. 이런 태도를 지닌 사람은 자신의 이익보다 다른 사람의 이익을 생각하는 데 많은 시간을 소비하며 결과적으로 상당히 이타적으로 변한다.

한편 겸손은 실수와 손실 모두에서 성장하는 데 도움을 주기도 한다. 겸손한 사람은 누구도 언제나 완벽할 수 없음을 이해하기 때문에 모든 실패에 자책하지 않는다. 그들은 자기 연민에 빠지지 않고 자신을 용서하며 자신이 저지른 실수로부터 배우고 앞으로 나아간다.

겸손은 불가능한 완벽주의와 그에 따르는 모든 문제를 제거한다. 겸손은 당신의 원래 의도를 유지하도록 돕고 당신이 시작한 날의 순수함을 그대로 유지하도록 해준다. 또한 겸손은 근면에 집중하고 탐욕을 무시하는 데 도움을 준다.

어떤 경우에는 자신이 틀렸다는 것을 깨닫기 전에 올바른 마인드셋이 필요하다.

겸손은 실수를 인정할 용기를 준다. 겸손의 가장 중요한 요소 중 하나는 사과하는 능력이다. 만약 당신이 지나치게 교만하다면 당신이 틀렸다는 것을 절대 인정하지 않을 것이다. 마찬가지로 어떤 나쁜 일도 당신의 잘못이었음을 인정하길 늘 거부할 가능성이 크다.

희소식은 겸손이 자신의 실수를 인정하고, 자신을 용서하고, 심지어 성공과 함께 오는 압박감에서 벗어날 공간을 제공한다는 점이다. 그러니까 성공 여부에 관계없이 때로 평범한 사람, 실수할 수 있는 사람이 될 자유를 제공한다. 다시 말하건대 당신이 저지른 실수를 인정하고 당신이 상처를 준 사람들에게 사과하는 겸손함의 중요성은 아무리 강조해도 지나치지 않다.

물론 실제로 잘못을 저지르지 않고도 사과하는 경우가 많다. 그런 상황에서 사과하면 이는 누가 틀렸고 누가 옳은지 논쟁하는 것보다 관계에 더 관심이 있음을 보여준다(그렇게 해야만 한다). 특히 이것은 결혼한 부부에게 필요하다. 왜냐하면 논쟁에서 한쪽이 이기면 그들의 관계에서는 둘 다 패배하는 것이기 때문이다.

산은 반드시 세계에서 가장 높지 않아도 존재 가치가 있고, 물은 신성한 용의 호수를 차지하지 않아도 존재 의미가 있다. 마찬가지로 겸손한 사람은 언제나 존경과 사랑을 받는다. 성숙한 사람은 덜 성숙한 다른 사람들이 나아지도록 도울 수 있다.

실력 있는 사람은 매우 흔하지만 진정으로 좋은 사람은 드물다. 좋은 성공은 누구나 만들 수 있으나 좋은 마음은 정확하고 의도적인 수양이 필요하다. 겸손은 평범한 사람을 선한 사람으로, 높은 성취를 이룬 사람을 역사적 역할 모델로 변화시킨다. 지혜롭고 재능 있는 사람은 겸손하다. 그렇다면 당신의 태도는 어떠해야 한다고 생각하는가?

> 항상 과거의 실수를 말하는 사람을 멀리하고
> 새로운 시작을 축하하는 사람과 함께하라.

15장
예! 할 수 있습니다!

희망은 좋은 것이며 정말 좋은 것은 절대 사라지지 않는다. 〈รางวัล แด่ คน ช่างฝัน〉는 어릴 때부터 내게 희망을 준 노래이자 내가 처음 연주를 배운 노래이기도 하다. 이것은 "꽃이 피게 하라. 절대적인 두려 움 없이 용감하게 싸우게 하여 그들의 꿈이 이뤄지는 것을 보게 하라" 같은 가사로 이뤄져 있다.

세월이 흘러도, 삶에 어떤 변화가 있어도, 들을 때마다 처음 들었을 때처럼 행복하고 희망을 주는 노래도 있는 것 같다.

최근 나는 청년 리더와 다른 차세대 리더 들을 위한 행사에 초청 연 사로 초대받았다. 행사 담당자는 내게도 사인할 시간을 줬는데 (많은 분이 내 책 3권을 모두 가져왔지만) 시간 관계상 사인을 한 권에만 하 라고 했다.

나는 보통 사인회를 할 때 사인을 받으러 온 사람들과 잠시 수다를 떨곤 한다. 나는 그들을 격려하는 것을 좋아하고 그들이 떠나기 전에 항상 그들의 눈을 바라보며 "저를 믿으세요. … 당신은 할 수 있습니 다"라고 말한다. 하지만 그날은 유난히 줄이 길어서 한 사람 한 사람과 이야기할 시간이 별로 없었다. 나는 그들의 책에 사인하고, 악수하고, 약간의 격려를 해준 후 그들을 보냈다. 마침내 한 젊은 여성의 차례가 왔는데(26~28세였을 것이다) 서로 이야기를 나누던 중 그녀가 내게 크게 감사를 표했다.

"정말 고맙습니다. 저는 5년 전에 사업을 시작했고, 당신의 모든 팟캐스트를 들었고, 페이스북에서 당신의 모든 기사를 읽었고, 당신의 책도 모두 읽었고, 인스타그램에서 당신을 팔로우하고, 매주 목요일 밤 당신의 라이브 방송을 꼭 챙겨 봅니다. 제 그룹의 구성원들에게도 당신이 스포티파이Spotify에 업로드한 방송을 듣게 합니다. 당신이 제게 준 것에 정말 감사하고 당신을 정말 사랑합니다."

첫 만남부터 무엇을 줄 수 있었을까 하는 의구심에 나는 내가 무엇을 주었는지 물었고 그녀는 "희망"이라고 답했다. 이어 그녀는 "당신의 책을 읽고 당신의 팟캐스트를 들을 때마다 희망이 생깁니다. 정말 감사합니다"라고 말했다. 나는 책에 사인했고 그녀는 떠났다.

나는 인스타그램에서 한국, 일본, 오스트리아, 인도, 영국, 호주, 미국, 멕시코 사람들로부터 메시지를 받는다. 심지어 내가 들어본 적 없는 브라질, 아르헨티나, 나이지리아, 보츠와나, 리투아니아, 헝가리 사람에게서도 비슷한 메시지를 받을 때마다 감동과 감사함을 느낀다.

나는 늘 사람들에게 희망을 주고 싶었기에 무척 감사하다. 희망과 상상력은 삶의 2가지 중요한 본질이다. 사람들이 패배감이나 우울감을 느끼지 않고 가혹한 현실에서 살아남도록 돕기 때문이다. 전 세계 사람들이 나로 인해 희망을 느낀다면 그것은 내가 다른 사람들을 도우면서 내 인생을 최대한 활용했고 그 과정에서 나 자신도 발전했다는 뜻이다. 내가 소셜 미디어에 공유한 것이 사람들에게 희망을 주어 정말 기쁘다. 그리고 사람들이 꿈을 추구하도록 영감을 줄 수 있어서 무척 기쁘다.

힘들어도 꿈을 꾸어라. 성공으로 가는 길이 아무리 멀고 험난해도 희망을 잃지 말고 누구도 꿈을 훔쳐 가지 못하게 하라. 나는 평생 리더가 될 계획이라 매일 리더십을 더 많이 배우고자 내가 할 수 있는 일을 한다.

다른 사람들에게 리더십을 가르치는 일은 내게 큰 기쁨을 안겨주었고 그들이 희망을 잃지 않도록 도울 수 있어서 정말 기쁘다. 그것은 모든 리더의 주된 의무다.

희망의 주요 목적이 무엇이라고 생각하는가?

희망의 주요 목적은 바로 이것이다. 희망은 당신을 사랑과 인내로 가득 채우고 가장 중요한 목적으로 당신이 삶에 직면할 용기를 준다. 희망은 용기의 전제 조건이다. 그것 없이는 아무것도 할 수 없다. 당신은 필연적으로 장애물과 도전에 직면할 것이다. 그러나 희망은 당신에게 그 문제를 똑바로 바라보고 "나는 당신보다 위대하고 나는 당신을 이길 것이다!"라고 소리칠 용기를 준다.

나는 이것이 2008년 대선에서 버락 오바마 대통령이 한 일이라고 믿는다. 나는 아직도 그가 취임하던 날을 아주 또렷이 기억한다. 2009년 1월 21일(태국 기준) 수요일 아침, 나는 치앙마이 님만해민 로드의 작은 커피숍에 앉아 그의 취임식을 지켜보았다.

그날은 전 세계적으로 중요한 날이었다. 미국에만 중요한 날이 아니었다. 아프리카계 미국인이 역사상 처음 대통령에 당선되면서 희망의 엄청난 중요성을 깨닫게 했기 때문이다. 희망이 있을 때 우리는 불가능을 가능성으로 바꿀 수 있다. 그것은 전 세계 수백만 명에게 영감을 주는 강력하고 아름다운 것이다.

희망은 당신이 낙담한 순간에도 계속 싸우도록 도와준다. 나는 제2차 세계대전 중 아우슈비츠 수용소에서 살아남은 정신과 의사 빅토르 E. 프랑클 박사가 쓴 《죽음의 수용소에서Man's Search for Meaning》를 읽을 것을 강력히 추천한다.

그는 유대인의 삶을 완전히 가치 없는 것으로 본 잔인한 나치의 강압으로 수용소에 갇혔다. 2018년 5월 나는 폴란드 아우슈비츠-비르케나우 수용소에서 홀로코스트의 참혹함을 대리 체험하며 희망의 힘을 실감했다. 희망은 에너지와 동기를 부여할 뿐 아니라 가장 어두운 시기에도 사람들이 생존을 위해 계속 싸우도록 힘을 실어준다.

호주 멜버른에서 기타리스트로 활동하는 동안 나는 많은 콘서트에 참석했는데 그 콘서트 중 한쪽 벽에서 본 것이 항상 기억에 남아 있다. 그 벽 위에는 밥 딜런의 포스터와 "인간은 음식 없이 40일, 물 없이 4일, 공기 없이 4분을 살 수 있지만 희망 없이는 40초밖에 살 수 없다"라는 문구가 적혀 있었다.

오직 희망만이 어려운 시기를 이겨내고, 우리를 미래의 설렘으로 가득 채우고, 본질적으로 살 이유를 제공하는 힘이 있다. 희망은 영혼을 강화하고 마음을 담대하게 한다. 우울증으로 고통받는 사람들이 아무것도 할 에너지가 없는 것은 놀라운 일이 아니다. 절망이 있는 곳에는 곧 탈진이 따르기 때문이다.

희망이 없는 사람들은 자신을 믿지 않아 인생에서 직면하는 문제들을 계속 해결하려 노력하는 것이 엄청나게 어렵다. 반면 희망이 있는 사람들은 어떤 어려움에도 맞설 준비가 되어 있고 실제로 직면한 모든 어려움을 극복한다.

낮은 지점에 있을 때 해야 하는 일은 위를 보는 것이다. 아래를 내려다보면 막다른 골목만 볼 수 있을 뿐이다.

성공을 향한 여정 내내 나는 희망과 절대적인 절망으로 가득 차 있었다. 내가 그 차이를 이해하는 것은 스펙트럼의 양쪽 끝을 다 경험했기 때문이다. 희망은 당신을 과거에 갇히지 않게 하고 더 밝은 미래로 밀어준다.

오늘이 좋은 날이든 나쁜 날이든, 선택이 옳든 그르든 오늘은 그것으로 끝이다. 당신이 할 수 있는 일은 실수나 부정적인 경험으로부터 배우고 그런 다음 그것을 잊기로 선택하는 것이다. 희망이 있으면 행복하지 않을 수 없다.

희망은 다른 어떤 것보다 더 큰 차이를 만드는 유일한 것이다. 프랭

클린 D. 루스벨트의 전기를 읽으면서 나는 제2차 세계대전 내내 윈스턴 처칠이 유럽 전체의 '희망 수호자'였음을 깨달았다. 나치가 런던에 폭탄을 투하하고 있던 때 히틀러와 나치를 물리치는 것은 완전히 불가능해 보였다. 영국은 극도로 불리했지만 그럼에도 불구하고 전세를 역전시켜 궁극적으로 전쟁에서 승리했다.

결국 불우한 섬나라의 치명적인 군사력에 승리를 안겨준 것은 희망이었다. 처칠은 영국이 나치와 싸우기 위해 어떤 무기를 사용했느냐는 질문에 "희망"이라고 답했다. 알다시피 히틀러는 나중에 자살했는데 이는 그때 그가 절망에 빠져 있었음을 보여준다.

바로 이것이 내가 희망이 무엇보다 큰 차이를 만든다고 말한 이유다. 희망은 우리 자신을 패자로 보지 않고 승리할 때까지 일어서서 싸우도록 밀어준다. 희망은 불가능한 일에서도 성공할 수 있게 해주며 절망 앞에서 문을 쾅 닫는다.

그렇지만 희망과 기대를 구별하는 것을 소홀히 하지 마라. 희망은 타인을 힘의 중심에 두는 이타적이고 자비로운 감정이다. 반대로 기대는 완전히 이기적이다. 처칠에게는 희망이 있었고 히틀러에게는 기대가 있었다. 그 차이 때문에 처칠은 전쟁에서 이겼으며 히틀러는 패배했다.

과연 우리는 어떻게 스스로 희망을 키울 수 있는가? 이를 개발하는 데 필요한 3가지 마인드셋이 있다.

첫째, 희망은 선택이라는 것을 이해해야 한다. 나는 1987년 시카고 대화재를 다룬 기독교 책을 읽은 적 있는데, 그 책에는 화재를 겪고 난 아침에 자신의 가게에 간 한 남자의 이야기가 나온다. 가게가 완전히 불타버린 것을 발견한 그는 그을린 폐허 한가운데에 서서 이런 표지판을 만들었다.

"제 가족은 희망을 제외한 모든 것을 잃었습니다. 가게는 내일도 정상 영업합니다."

이 이야기는 내게 엄청난 감동을 안겨줬다.

그의 마인드셋은 내가 선택한 마인드셋에 커다란 영향을 미쳤다. 나는 앉아서 그 끔찍한 손실을 상상하며 그에게 희망을 품을 이유가 전혀 없음을 알았다. 그럼에도 불구하고 가게 주인은 희망을 품었고 덕분에 그는 더 좋고 더 밝은 미래를 볼 수밖에 없었다.

어려움은 피할 수 없으나 그것이 영원히 지속되는 것은 아니다. 힘든 시간은 지속되지 않지만 힘든 사람들은 계속해서 힘들어한다! 어두운 밤은 영원하지 않으며 도전도 마찬가지다. 낙관주의와 희망은 좋은 일이 오고 있고 상황이 나아지고 있다는 확고한 믿음이다. 이것은 수동적인 마인드셋처럼 보일 수 있지만 최소한 기분은 나아질 것이므로 나는 이를 능동적이라고 주장한다.

단순히 미래를 내다보는 것에는 용기가 필요하지 않아도 미래의 희망을 품는 데는 용기가 필요하다. 희망이 있을 때 실망할 수도 있음을 이해하기 때문이다. 그러나 장담컨대 인생은 희망적인 사람들에게 보상을 해준다.

둘째, 당신의 마인드셋이 계속해서 희망적인지 확인해야 한다. 인생은 우리가 기대하는 것만 준다는 것은 사실이다. 우리가 우울해하면 우울한 삶을 살게 된다. 반면 희망이 있으면 좋은 일이 찾아온다. 절망은 절망을 낳을 뿐이지만 희망은 꿈을 이룬다.

눈을 아래로 향해 땅만 보고 걸으면 폭풍우가 지나간 뒤 하늘이 얼마나 아름다운지, 장미 꽃잎에 반사되는 황금빛 태양과 하늘을 덮은 무지개가 얼마나 멋진지 결코 알 수 없을 것이다.

부정형 마인드셋을 성장형 마인드셋으로 바꿔라. 포기하지 않는 사람, 이기고자 하는 사람, 무엇보다 미래의 희망이 있는 사람이 되어라. 과거에서 배우고 희망을 잃지 않으면 우리에게는 항상 더 나은 내일이 기다리고 있다는 것을 역사로부터 배워라.

셋째, 작은 목표를 설정하고 일관성 있게 행동하게 해주는 마인드셋을 개발해야 한다. 행동이 따르지 않는 희망은 무의미하다. 작은 것이라도 결과보다 더 많이 희망을 주는 것은 없으므로 의욕을 높이기 위해 작은 승리를 많이 달성하도록 노력하라.

한 번 이기면 전체 과정이 어떻게 작동하는지 알게 되고 그러면 더 많이 이기도록 인센티브를 받을 수 있다. 나중에 당신은 더 성공하고 천문학적으로 더 많은 전문 지식을 얻을 것이다. 당신이 날마다 작은 승리를 많이 거두며 임박한 성공을 느끼기를 기도한다. 당신 자신과 다른 사람들에게 희망을 줄 수 있기를, 아무리 어려운 현실 속에서도 긍정적 환경을 만들 수 있기를 기도한다.

이 3가지 마인드셋을 개발하면 당신은 항상 희망찬 사람이 될 것이다.

즉각적인 결과가 보이지 않아도 희망을 잃지 마라. 인내심을 갖고 계속하면 결과는 결국 따라온다. 씨를 뿌린 날에 곧바로 열매를 기대할 수는 없다. 농부들은 방금 심은 벼가 열매를 맺지 못했다고 속상해하지 않는다. 오히려 그들은 햇빛, 비 그리고 가장 중요한 시간 같은 모든 자연환경이 제 역할을 하도록 내버려둔다.

희망이 있는 사람은 더 큰 희망으로 보답받는다.

희망이 있는 사람은 성공을 위해 필요한 희생을 기꺼이 감수하지만, 희망이 없는 사람은 어떤 것도 포기하기를 거부한다.

희망이 있는 사람은 기회를 엿보지만, 희망이 없는 사람은 핑계를 댄다.

희망이 있는 사람은 힘이 넘치지만, 우울하고 희망이 없는 사람은 점점 더 영혼이 없어진다.

희망이 있는 사람은 계획을 따르지만, 희망이 없는 사람은 계획을 포기한다.

희망이 있는 사람은 동료를 돕지만, 희망이 없는 사람은 그들을 방해하려 한다.

희망이 없는 사람은 한 번 쓰러지고 영원히 그만둔다. 희망에 찬 사람은 일곱 번 넘어져도 여덟 번 다시 일어난다.

당신은 희망이 없는 사람이 아니라 희망이 있는 사람이다. 다시 일어서서 "예! 할 수 있습니다!"라고 외칠 시간이다.

> 만약 당신이 밖에 나가 어떤 일을 해내면
> 당신은 세상을 희망으로 가득 채울 것이다.
> – 버락 오바마

16장
삶의 극장

개인의 '진실'은 다를 수 있지만 삶과 존재의 현실은 모든 사람에게 동일하다. 비가 내리지 않으면 나무는 죽을 것이다. 그런데 비는 언제나 바람을 동반한다. 비를 원한다면 폭풍우를 기꺼이 견뎌야 한다.

당신은 전반적으로 운이 상당히 좋을 수도 있지만 필연적으로 문제에 직면할 것이다. 당신의 하루를 성공적으로 살기 위해 그것이 완벽해야 하거나 완전히 문제가 없어야 하는 것은 아니다. 당신이 살아 있다면 어려움에 직면하는 것은 삶의 일부다. 더구나 도전이 없는 삶은 곧 그 자체로 힘들어진다.

끝없는 편안함은 결국 당신을 몹시 지루하게 만들고 그 탓에 자극을 덜 받아 당신은 비참해지고 만다. 인생에는 행복의 달콤함을 더 충분히 이해하도록 적어도 이따금 고통의 쓴맛이 필요하다.

인생은 분명 쉽지 않다. 그런데 어떤 이유에서인지 많은 사람이 막연히 '될 것'이라고 믿는다. 특히 모든 것이 훨씬 더 접근하기 쉬워진 현대 사회에 우리는 모든 것에서 완벽을 기대한다. 우리는 어떤 희생도

하지 않고 보상을 기대하지만 현실은 그렇지 않다.

인생이 쉽지 않다는 사실을 받아들일 때 우리는 성장하기 시작한다. 문제를 배움의 기회로 보기 시작하면 인생의 도전으로 탈선하는 대신 거기에 대처할 수 있다. 당신은 도전을 활용해 당신의 기질을 시험하고 성숙도를 높일 수 있다.

만약 지금 계속해서 같은 도전에 직면하는 것처럼 보인다면 이는 인생이 당신이 배울 때까지 같은 교훈을 반복하고 있음을 의미한다. 그것에 비춰 다가오는 교훈에 너무 뒤처지지 않도록 그 교훈을 빨리 배우도록 노력하라. 이는 당신이 이해할 수 있는 가장 가치 있는 것 중 하나다.

이것은 현대 생활이 정반대 메시지로 우리를 공격하는 탓에 기억하기 어려울 수 있다. 기술이 그 훌륭한 예시다. 문을 여는 일, 식사를 주문하는 일, 물건값을 치르는 일, 송금하는 일 등 우리는 손끝으로 버튼 하나만 누르면 모든 일을 해결할 수 있다. 우리는 버튼을 누르기만 하면 모든 일을 성공적으로 해낼 수 있다고 생각한다. 내가 서점에서 관찰한 것을 예로 들어보겠다.

요즘 많은 책이 판매량을 높이기 위해 눈에 띄는 노하우를 공유하고 있는데, 이것은 다소 비현실적인 기간을 기반으로 하고 있다. 가령 '30일 안에 언어를 배우는 방법'이나 '2주 만에 전문 투자자가 되는 방법' 혹은 이와 유사한 제목이 많다.

이런 제목은 성공하기 위해 열심히 일하거나, 인내심을 기르거나, 많은 일을 하지 않아도 된다는 것을 암시한다. 이것은 우리가 삶을 불합리하고 부정확한 관점으로 살피게 하고 우리 마음을 약하게 만든다.

서적 마케팅 담당자는 사람들이 대부분 불편한 현실을 받아들이고 싶어 하지 않는다는 것을 이해하기에 마치 마약처럼 단순화한 버전을 우리에게 제공한다.

진정 가치 있고 지속적인 성공을 위한 지름길은 존재하지 않는다. 상당한 양의 노력과 시간을 먼저 투자하고 상당한 양의 인내 없이는 누구도 인생에서 가치 있는 것을 얻을 수 없다. 이것을 받아들이지 않으면 당신은 실패할 준비를 하고 있는 셈이며, 당신은 결코 아무것도 배우지 못할 것이다.

인생은 누구에게도 쉽지 않다. 우리는 삶이 대다수에게 쉽지 않다는 것을 이해하지만 마음속으로는 자신에게만큼은 조금 더 쉽기를 바라는 경향이 있다. 그렇지 않다는 점을 유감스럽게 생각한다. 누구도 삶의 어려움을 피할 수 없으며 앞으로 나아가고 싶다면 그것을 받아들여야 한다.

인생은 누구에게도 공평하지 않다. 내가 그런 일을 당할만한 나쁜 짓을 하지 않았음에도 불구하고 내 인생에 많은 스트레스와 혼돈을 초래한 불공평한 많은 일이 내게도 일어났다. 또한 나는 많은 실수도 저질렀다. 심지어 같은 실수를 몇 번이나 반복했다. 나는 때로 사랑하는 사람들을 슬프게 만들었고 가슴 아픈 실패에 직면하기도 했다. 당신에게도 비슷한 경험이 있을 것이다.

우리는 무슨 일이 있어도 어려움을 피할 수 없고 그걸 피하려고 해서도 안 된다. 왜 그런가? 성공한 사람들은 피할 수 없는 일에서 도망치느라 시간을 낭비하지 않기 때문이다. 대신 그것을 직시하고, 받아들이고, 그것에서 배우고, 가능하면 그것을 고치고, 계속 나아간다. 고난에 직면할 때마다 우리는 이러한 접근 방식을 사용해야 한다.

인생은 아주 두꺼운 책과 같다. 어떤 쪽은 끔찍할 수 있지만 모든 쪽을 읽기도 전에 책 전체가 끔찍하다고 섣불리 결정하지 마라. 몇 쪽이 재미없다고 귀중한 책을 버리지도 마라.

어떤 사람은 다른 사람들보다 더 힘든 삶을 살아간다. 그들은 자신이 다른 사람들에 비해 훨씬 더 힘든 삶을 산다는 사실을 인정해야 한다. 누구나 장애물에 부딪히지만 일부 장애물은 더 크고 압도적이다. 당신은 이 같은 엄청난 장애물에 직면해 있거나 아니면 일반적인 장애물에 직면해 있을 수도 있다.

인생은 공평하지 않고 모든 사람에게 정확히 같은 양의 고난을 안겨주지 않으며, 그렇게 기대해서도 안 된다. 만약 그렇게 하면 인생의 대부분을 신음하고 불평하며 시간을 낭비할 것이다. 대신 이렇게 생각하라. 다른 사람보다 더 큰 장애물에 직면하면(그리고 더 자주 직면하면) 다른 사람보다 더 많이 성장하고, 배우고, 나아질 기회를 얻는다!

우리에게 일어나는 모든 일에는 이유가 있고 우리 삶을 관장하는 높은 분들에게는 어떤 장애물보다 훨씬 더 큰 계획이 있다. 그들은 당신이 그것을 이겨낼 수 있다고 보며 당신도 그래야 한다는 것을 안다.

인생이 하늘과 같다면 슬픔은 떠가는 구름과 같다. 때로 그것은 너무 두꺼워 태양을 가리지만 결국 흩어져 표류한다. 구름은 늘 오고 가며 그 위의 아름다운 하늘은 한결같다.

지금 실망해서 아프거나 쓰러졌다 다시 일어나 계속 싸워보려다 실패해서 아프다면 박수를 보낸다. 사람들은 대부분 한 번 쓰러지면 계속 시도하려는 생각조차 하지 않는다. 그들은 영구적으로 포기하는 것을 선택한다. 그런 사람은 인생에서 성공하는 데 필요한 조치를 할 만큼 용감하지 않다.

나는 문제의 크기는 문제를 해결했을 때 얻을 수 있는 성공의 크기와 직접 연관되어 있다고 믿는다. 사업 초기이던 2015년 5월부터 2017년 3월까지 나는 커다란 문제에 직면했다. 그 기간에 나는 사랑하는 사람에게 격려의 메시지를 받기 전까지는 자주 슬프고 괴로웠다. 그 메시지는 이러했다.

"큰 문제는 잠재력이 큰 사람에게만 오므로 문제의 크기는 사람의 그릇 크기를 결정한다."

어떤 관점에서 우리는 문제를 기반으로 내면의 소프트웨어를 업데이트하고 확장해 앞으로 다가올 엄청난 성공을 처리할 수 있게 한다.

내 얘기는 경험에서 나온 것이다. 앞서 말한 위기를 넘기고 나니 극복할 수 없을 듯하던 모든 문제가 내 성공의 크기에 비해 사소해 보였다. 지금 문제 때문에 주의가 산만하다면 다시 정상으로 돌아가 성공에 집중할 것을 촉구한다.

해야 할 일을 하고 미래의 모든 업적을 보호하기 위해 자기 계발을 하며 지속적으로 노력하라. 위의 모든 사항을 실행하면 세상에 자신을 증명하는 것 이상을 할 수 있다. 크기에 관계없이 어떤 문제도 당신을 기다리고 있는 성공과 위대함에 도달하는 것을 방해하지 않도록 하라. 영원히 지속되는 문제는 없다.

타인의 험담과 비판 중에는 때로 받아들여야 할 정당한 것도 있지만, 일단 받아들인 뒤에는 당신의 삶을 계속 이어가야 한다. 고통과 마찬가지로 그것에서 배우되 그것에 연연하지 마라. 강해지고, 이를 갈고, 극복하고, 탈선하지 않도록 하라.

삶이 힘들다는 것을 알고 있으므로 더 어렵게 만들지 마라. 필요한 것보다 더 어렵게 만들면 진정으로 원하는 성공을 달성하는 것이 불가능할지도 모른다.

지금 나는 로즈우드 방콕 호텔에서 아침을 먹고 이 호텔에서만 판매하는 에스프레소 페어링 블랙퍼스트Paring Breakfast 브랜드 네스프레소 커피를 홀짝이고 있다. 이것을 마시면서 나는 인생을 필요 이상으로 어렵게 만드는 5가지 조건 목록을 만들었다.

1) 배움을 멈춘 사람들의 삶은 더 힘들다.

2) 잘못된 마인드셋을 지닌 사람들의 삶은 더 어렵다.

3) 인생의 진리를 받아들이지 않는 사람은 인생이 더 힘들다.

4) 계획이나 목표가 없는 사람들의 삶은 더 어렵다.

5) 문제 해결 능력을 개발하지 않는 사람들의 삶은 더 어렵다.

좋은 멘토라면 누구나 같은 말을 할 것이다. 만약 좋은 코치나 멘토를 찾을 수 없다면 이 책이 도움을 줄 것이라고 믿는다. 그것이 내가 이 책을 쓴 이유다. 나는 사람들에게 삶의 문제를 다루는 방법과 성공을 계획하고 달성하는 방법에 관해 명확한 이해를 제공하고자 책을 썼다.

아침 식사를 마치고 커피 향이 분위기에 스며드는 것을 즐기던 나는 갑자기 궁금해지기 시작했다. 우리가 직면한 어려움과 장애물을 이용할 방법은 없을까? 나는 장애물이 스스로를 더 잘 알아가는 데 정말 도움을 준다고 생각한다. 상황은 영웅을 만들 수 있지만 그 영웅의 자질을 드러내는 것은 장애물이다.

좀 더 명확히 하기 위해 몇 가지 예를 들어보겠다.

다음 두 사람 중 3년 후 가장 행복할 것 같은 사람은 누구인가? 복권에 당첨된 사람, 아니면 머리부터 발끝까지 마비된 사람?(이후 3년 내내는 물론 평생을 휠체어에 앉아 살아야 하는 사람) 믿거나 말거나 대답은 전신이 마비된 사람이다.

첫 번째 사람은 행복을 위해 외부 환경에만 의존한다. 그는 복권에 당첨되었고 그것이 그가 행복한 이유다. 복권에 당첨되지 않았으면 그는 그 같은 행복을 누리지 못했을 것이다.

두 번째 사람은 자신이 직면한 끔찍한 사건으로 진정 자기 자신을 알게 된다. 그는 전혀 예측하지 못한 고난을 받아들여야 했지만 한편으로 이전에 전혀 눈치채지 못하던 삶의 모든 소소한 것들을 즐기기 시작한다. 스티븐 호킹Stephen Hawking이 그 대표적인 예다.

호킹은 우주의 비밀을 풀기 위해 평생을 바친 휠체어의 천재다. 또 다른 좋은 예는《샘에게 보내는 편지Letters to Sam》라는 책의 저명한 저자이자 수많은 사람을 도운 훌륭한 심리 치료사인 대니얼 고틀립Daniel Gottlieb 박사다.

결국 무엇이 우리 삶을 행복하게 만드는지 생각할 때 우리는 사랑하는 사람들을 떠올린다. 우리가 극복한 장애물은 우리에게 이전보다 더 잘 알게 된 내면의 힘과 더 큰 행복감을 준다. 장애물은 우리에게 인내력도 주지만 복권 당첨은 절대 그렇지 않다.

장애물은 행복이나 성공보다 훨씬 더 나은 스승이다. 그것은 우리에게 교훈을 주는 삶의 주요 방법 중 하나다. 아마 "학생이 준비가 되면 스승이 나타난다"라는 말을 들어봤을 것이다. 나는 장애물에 관한 한 그것이 전적으로 사실이라고 생각하지 않는다. 실은 "학생이 준비되어 있든 아니든 스승은 여기 있다"라는 것이 더 정확한 표현이다. 당신(학생)은 잘 배우고 발전할 것인지, 아니면 고집을 부리고 배우는 것을 거부할지 결정해야 한다.

당신이 직면하는 모든 장애물은 다음 단계에 필요한 것을 가르쳐줄 완벽한 시간에 찾아온다. 사실 당신이 직면하는 각각의 장애물은 당신과 당신의 필요에 매우 적합해서 마치 신이 당신을 위해 모든 장애물을 계획한 것 같다. 그러므로 그것이 가르치는 것을 배워야 한다.

당신이 장애물에 올바르게 대응하면 놀라운 방식으로 앞으로 나아갈 수 있다. 물론 당신이 응답하는 방법은 당신의 선택이다.

끊임없는 성공은 때로 우리가 현실 통제력을 잃게 만들 수 있지만 장애물은 그 통제력을 회복해주는 역할을 한다. 나는 이것이 고난의 가장 큰 장점 중 하나라고 생각한다. 내가 이야기를 나눈 매우 성공적이고 현명한 리더들에게 배운 것은 성공이 때로 당신을 느슨하게 만들 수 있다는 것이다.

마침내 꿈을 이룬 날에는 당연히 황홀감이 느껴지고 그 느낌에 사로잡힌다. 이때 집중력과 규율이 줄어드는 것을 경험할 수 있다. 이것이 한동안 이어지면 분명 문제가 된다. 바로 그때 장애물이 유용하다.

당신은 그것을 극복해야 하고 여기에는 집중과 트레이닝이 필요하다. 덕분에 당신은 이전처럼 집중하고 트레이닝한다. 요컨대 장애물은 더 큰 성공을 위해 궤도를 유지하는 데 도움을 준다.

장애물은 다른 사람이 전혀 이해하지 못하는 자신만의 고유한 삶의 경험을 만들 기회를 제공한다. 정원을 방문하는 사람들은 꽃의 아름다움에 감탄할 수 있지만 정원사가 그 아름다움을 보호하고 가꾸기 위해 무엇을 해야 하는지는 모른다.

마주치는 장애물을 통과하면 삶에 가치가 더해진다. 나는 개인적인 경험을 바탕으로 이것을 확신한다.

나는 사업가이자 리더로 일하면서 일기를 많이 쓰고 우리 팀이 직면한 문제를 해결해줄 아이디어를 브레인스토밍(3인 이상의 자유로운 회의방식)했다. 내가 일기를 쓴 빈 공책은 구매 가격이 각각 70바트를 넘지 않았지만, 지금은 그것을 사고 싶어 하는 다양한 사업가와 리더들에게 수많은 제안(모두 수만 바트 이상)을 받고 있다.

처음에 70바트에 불과하던 빈 공책이 지금 엄청나게 가치가 높아진 것은 미친 짓으로 보인다. 그 가치를 높인 것은 바로 내가 극복한 장애물과 도전이었다는 점을 지적하고 싶다.

마찬가지로 우리는 침착함과 안정적인 마음으로 계속 도전에 대응하기로 선택함으로써 우리 자신의 가치를 높일 수 있다. 장애물을 만날 때마다 그것을 극복하기 위해 노력하면 삶의 질이 획기적으로 높아진다.

장애물에 직면한 적 없는 사람은 할 이야기가 전혀 없을 것이다. 우리 삶의 질과 의미는 우리의 이야기로 측정하므로 이는 문제가 된다. 어려움을 겪어본 적 없는 사람은 삶의 질이 매우 낮은 사람이다.

결국 우리 삶은 경제적으로 성공해서 또는 경력이 화려해서가 아니라 극복할 수 없을 것 같던 시련을 이겨냈기에 가치 있는 것이다. 다음 세대에게 영감을 주는 것은 우리의 성공이 아니라 우리가 돌파한 벽이라는 점을 지적하고 싶다.

장애물은 실질적으로 도로표지판 같은 역할을 한다. 이것은 내가 사랑하고 존경하는 릭이라는 리더에게 배운 것이다. 어느 날 우리는 말레이시아 쿠알라룸푸르 암팡 로드에 있는 회의장 근처 커피숍에 앉아 있었는데 그가 내게 물었다.

"테이블 끝, 오른쪽 끝에 있는 개미가 깃발까지 갈 수 있을까요? 개미의 크기에 비해 테이블이 너무 크고 모든 공간이 넓어서 목표로 가는 방향을 잃을 수 있음을 고려할 때 개미가 깃발에 도달하는 것이 가능하다고 생각하나요?"

나는 대답했다.

"아니요. 그냥 정처 없이 테이블 주위를 돌아다닐 것입니다."

릭이 말했다.

"글쎄요, 아무 개입 없이 혼자 기어가도록 놔둔다면요?"

그는 이렇게 덧붙였다.

"개미가 기어갈 때 당신이 손을 사용해 직접적인 경로를 막고 (필요에 따라 양쪽을 막아서) 개미가 깃발 쪽으로 향하게 하면 그때는 도달할 것 같습니까?"

나는 잠시 생각한 뒤 대답했다.

"네, 물론이죠."

우리의 목표와 꿈은 탁자 왼쪽 끝에 있는 깃발에 비유할 수 있고 여기서 개미는 우리다. 우리 스스로 결승선에 도달하는 방법을 상상할 수는 없다. 우리는 분명 길을 잃고 실패할 것이다. 그러나 고맙게도 세상을 다스리는 모든 신, 즉 내가 좋아하는 '하늘에 있는 존재들'은 우리의 등 뒤에 있다. 그들은 내가 가상의 개미에게 했던 것처럼 우리를 꿈의 방향으로 밀어주는 장애물을 보낸다.

인생에는 기복이 있으므로 당신이 행복하다고 느낄 때 그것이 영원할 것이라는 생각에 속지 마라.

고난의 한가운데 있을 때 낙심하지 마라. 가다 보면 또다시 행복이 보일 것이다.

고통 속에서 자유로운 삶을 사는 것은 불가능하다. 이런 삶을 희망하지 마라. 대신 당신의 어려움이 멀리 사라지는 것을 볼 수 있을 만큼 충분히 오랫동안 제정신을 유지하길 바란다.

육체적 고통은 우리에게 인내를 가르치고, 정신적 고통은 우리가 붙잡지 말아야 할 것을 놓아버리도록 가르친다.

나는 내 인내심을 길러준 고난에 감사한다.

나는 내게 지혜를 가르쳐준 모든 문제에 감사한다.

나는 내게 회복력을 가르쳐준 실패에 감사한다.

나는 더 나은 사람이 되기 위해 자신의 오래된 관점을 희생한 이들에게 감사한다.

마지막으로 장애물은 당신의 삶에서 행복을 앗아가지 않으며 삶은 단순히 물질적 목표를 달성하는 것 이상이라는 점을 일깨워주고 싶다. 그보다는 마음을 넓히고, 더 나은 사람이 되고, 더 자비로운 사람이 되는 목표를 달성하는 것이 더 중요하다.

이렇게 생각해보라. 당신이 천재이고 세계적으로 유명한 예술가라서 마음만 먹으면 언제든지(심지어 매일) 가장 정교한 예술 작품을 창조할 수 있다고 해보자. 그런데 어느 날 도둑이 침입해 당신의 그림 중 하나를 훔쳐 간다.

당신은 무엇을 할 것인가? 아마 개인적으로 도둑을 쫓거나, 울거나, 불평하거나, 손실에 화를 내거나 아니면 원할 때마다 다시 작품을 만들수 있으니 이러한 행동을 할 필요가 없다고 생각할 것이다.

같은 맥락에서 우리는 언제든지 스스로 행복을 창조할 능력이 있는천재 예술가다. 삶의 불행이 때로 우리의 기쁨을 앗아갈 수도 있지만원할 때마다 스스로 기쁨을 재창조할 수 있기에 괜찮다. 의인화해서 표현하면 삶은 무자비하고 무정하지만 그가 아무리 폭군이라 해도 당신은 여전히 당신의 행복을 완전히 통제할 수 있다.

우리는 영화나 드라마를 볼 때마다 항상 남주인공과 여주인공을 응원한다. 우리는 그들의 성공을 바라며 그들이 직면하는 모든 장애물을극복하고 행복한 결말을 맞이하길 바란다. 이제 당신이 자기 삶의 주인공이 될 때다. 당신은 충분히 할 수 있다!

액션!

근면, 성실, 쾌활함은
당신을 확실한 성공으로 이끄는 3가지 기본 특성이다.
- 진 싱손(짐), 저자의 재정적 멘토

17장
사회적 딜레마와 내 아이스크림

지금 나는 거의 일주일 동안 후아힌에 있었고 항상 내 근처에는 책이 있다. 나는 해변에 앉아 책을 읽으며 해안에 부딪히는 파도 소리와 여기서 그리 멀지 않은 곳에서 연주하는 라이브 밴드의 음악을 들었다. 마치 내 영혼의 도서관에서 시간을 보내는 것처럼 믿을 수 없을 정도로 평화롭다. 그 도서관에서는 아무리 많은 책을 읽어도 질리지 않는 것 같다. 오히려 정반대로 더 많이 읽을수록 더 활력이 생기는 듯하다.

여기 있는 동안 시계를 차지 않으려고 노력하고 있다. 나는 글쓰기와 관련해 전문 사업가이자 예술가이며 개인 멘토인 프툼 워라콘 라비퐁P'Tum Worakorn Ravipong의 조언을 따르고 있다. 나는 "시간이 있을 때는 시계가 필요 없다"라는 그의 말에 전적으로 동의한다. 손목에 항상 시계를 착용하지 않아도 되는 것은 진정한 자유의 한 형태이며 지난주 이후로 나는 내 시계를 볼 필요가 없었다.

해변에 앉아 있는 동안 학교에 다니는 것보다 졸업하는 것이 얼마나 불편한지 깨달았을 때 바다는 내게 희미한 슬픔을 불어넣었다. 사람들은 대부분 졸업 후 '진짜 열심히 일해서 월세도 내고, 억대 연봉도 받고, 정시에 출퇴근할 수 있을 때까지 노력해야지'라고 생각한다.

그러는 동안 그들은 유치원생이 하는 것처럼 매일 같은 시간에 점심을 먹는다. 어쩌면 유치원생과 정확히 같은 시간에 점심을 먹을 수도 있다. 차이점은 유치원생은 점심 식사 후 낮잠을 잘 '시간'이 있는 반면, 일하는 성인은 그렇지 않다는 것이다. 우리는 학교에 있는 동안에는 매년 시계처럼 봄, 여름, 겨울 방학을 즐기지만 졸업하고 나면 이를 다시는 누리지 못한다.

나는 당신의 마지막 직업이 첫 직업보다 훨씬 더 중요하다고 굳게 믿는다. 시간적 자유와 마음의 평화를 누릴 수 있는 직업은 급여가 낮아도 강렬하고 스트레스가 많고 보수가 높은 직업보다 훨씬 낫다.

타인이 소중하게 여기는 일이 우리가 개인적으로 소중하게 여기는 일보다 더 우리에게 중요해져서는 안 된다. 나는 졸업생들이 특정 채용 제안의 수락 여부를 결정할 때 단순히 급여가 아닌 시간 수당을 고려해야 한다고 생각한다.

그들은 남은 생애 동안 그 일을 하면서 행복할 것인지 따져봐야 한다. 좋은 직업은 달과 같다. 아무리 올려다봐도 절대 늙지 않는 듯하다. 좋은 직업은 직접 보지 않으려고 애써도 당신을 뜨겁게 노려보는 태양과는 다르다.

많은 사람이 직업의 시급을 신경 쓰지 않는다. 만약 그들에게 시간이 있다면 어쨌든 그것으로 무엇을 해야 할지 모르기 때문이다. 그들은 1분 안에 얼마나 많은 발전 잠재력이 있는지 모른다.

여기 후아힌에서 나는 시계를 차지 않았다. 나는 작은 파도가 해안에 부딪히는 소리를 듣고, 밤에 빛나는 달을 즐기고, 바다에 반사되어 춤추는 햇빛을 본다. 내 일은 달과 같다. 일을 하면 할수록 힘이 나고 행복해지기 때문이다. 내가 더 성공할수록 (육체적으로나 정신적으로) 더 편안해진다. 이것은 졸업하기 전에 내가 나만의 시간으로 살고 싶어 했고 그렇게 할 수 있는 방식으로 내 인생과 경력을 만들어가기로 선택했기에 가능해진 일이다. 당신의 몸은 거룩한 수도원이며 "시간이 없다"라고 말하는 것은 신성 모독이다.

나는 쏟아지는 비와 파도를 가르는 바람 소리를 들었다. 잠시 시간을 내 나와 함께 경험해보라. 결국 진정한 자유는 자신만의 시간을 내는 데서 발견할 수 있다. 그 전날 나는 해변에 앉아 아이스크림을 먹으며 나 자신이 말하는 것을 들었다.

때때로 나는 면접관이자 피면접자인 나 자신과 인터뷰하고 싶어 한다. 나는 완전한 평화 속에서 나 자신을 더 잘 알게 되었다. 휴대전화는 방해받지 않도록 일부러 호텔 방에 두고 왔다. "우리는 무엇을 위해 사는가?"라는 질문에는 다음과 같이 답할 수 있다.

'기회 비용'이란 우리가 한 가지 일에 시간을 할애할 때마다 같은 시간을 다른 일에 할애할 기회를 포기한다는 개념이다. 한 시간 동안 공부하기로 선택하면 그 시간 동안 운동을 할 수 없다는 기회비용이 발생한다. 한 시간 동안 음악을 듣기로 선택하면 그 시간 동안 친구와 시간을 보낼 수 없다는 기회비용이 발생한다.

이때 우리는 기회비용에 관해 질문할 수 있다. 우리는 가능한 한 빨리 우선순위를 정해야 한다. 그러면 현재와 미래에 성과를 거두는 방식으로 삶의 시간을 가장 잘 '투자'할 수 있다.

나는 우리가 소셜 미디어를 스크롤하느라 시간 가는 줄 몰랐다고 확신한다. 스스로에게 한번 물어보길 바란다. 몇 시간 동안 음악을 듣거나 라이브 방송을 보면 원하는 사람으로 변모할 수 있는가? 그들은 당신의 변화에 전혀 기여하지 않는가? 대답은 물론 "아니오"다. 왜냐하면 우리가 의도하는 사람이 되기 위해 끊임없는 자극이나 정보 흐름이 필요하지는 않기 때문이다.

우리에게는 인생에서 중요한 것들을 생각할 시간이 필요하다. 우리는 현재 습관이 우리를 목표에 더 가까이 데려가는지 살펴봐야 한다. 만약 그렇지 않다면 무엇을 바꿔야 하는지 생각할 시간이 필요하다. 때때로 소셜 미디어는 우리를 눈물의 호수로 이끄는 미로 같을 수 있다. 수동적으로 스크롤하는 것은 우리가 시간을 낭비하는 가장 큰 방법 중하나다. 내 생각에는 기회비용과 관련해 할 수 있는 가장 쓸모없는 선택이다.

현대 세계에서 많은 사람이 침묵을 단조로움과 동의어라고 생각한다. 사실 침묵에는 놀라운 치유력이 있다. 많은 사람이 진실을 말하는 내면의 목소리를 듣는 것이 두려워 혼자 있는 시간에서 벗어나려고 적극 노력한다.

행복을 위한 가장 기본적인 전제 조건은 혼자 있을 수 있고 만족할 줄 아는 능력이다. 우리의 행복은 결코 다른 사람들의 일정이나 외부 환경에 달려 있지 않다.

만약 당신이 현재 하루의 대부분을 어떤 종류의 미디어를 소비하거나 클럽하우스를 듣는 데 보내고 있다면 스스로에게 물어볼 필요가 있다.

당신은 어떤 감정으로부터 도망치고 있고, 그 이유는 무엇인가? 어떤 감정적 격차를 채우지 못했다고 느끼는가? 사실 삶을 개선하지 않고 이렇게 시간을 보내는 것은 실패를 향해 달려가는 셈이다. 당신이 보고 있는 팟캐스트가 자기 계발에 관한 것일지라도 실제로 삶에 변화를 일으키지 않고 종일 시청한다면 당신은 자신을 속이는 것이다. 화면 중독이 정말 당신이 원하는 것인가? 성공하고 싶다면 대답은 '아니오'라야 한다.

많은 사람들은 자신이 성공의 길에 있다고 생각하도록 스스로를 속이기 위해 단순히 지식을 축적한다. 그러나 진정 성공한 사람들은 지식을 행동으로 옮긴다. 다른 사람이 아무리 지혜롭다고 할지라도 자신의 마음이 무엇인지 아직 알지 못한다면 남의 말을 너무 많이 듣지 마라.

위의 나쁜 습관은 자신의 신념, 가치, 우선순위를 완전히 놓치게 만들 수 있다. 성공한 사람들이 듣기 능력이 뛰어나고 일반적으로 개방적인 학습자라는 것은 사실이다. 즉, 그들은 자신의 마음과 마음에서 듣고 배우는 데 훨씬 더 능숙하다.

기술과 소셜 미디어는 전혀 잘못한 것이 없다. 이를 오용하고 (기회비용과 관련해) 잘못된 선택을 함으로써 스스로를 방해하는 것은 우리 자신이다. 현대 세계의 발전 방식에 따라 사용 가능한 기술과 잠재적 방해 요소는 기하급수적으로 증가할 수밖에 없으므로 시간을 현명하게 사용하는 것은 우리에게 달려 있다.

변화가 드러나지 않으면 자기 개선 아이디어가 잘못되었거나 적절하지 않은 것처럼 보일 수 있지만, 변화 부족은 행동 부족에서 비롯된다. 아이디어 자체는 물론 사용 가능한 지식이나 개인 학습 능력에도 문제는 없다. 오히려 문제는 당신이 축적한 지식이나 배운 기술에 따라 행동하지 않는다는 데 있다. 가상의 아이디어가 아무리 아름답고 훌륭해도 그것이 가상으로 남아 있으면 그것은 당신의 삶과 아무런 관련이 없다.

우리에게는 '좋아요' 수천 개나 팔로워 수십만 명이 필요하지 않다. 대신 우리는 자기 자신을 좋아하는 법을 배우는 데 시간을 할애해야 한다. 자신을 좋아하면 다른 사람의 신념 체계를 채택하는 대신 자신의 신념 체계를 개발하고 그에 따라 살아갈 것이다.

우리에게는 자신이 꿈을 향해 걷고 있는지, 아니면 꿈에서 멀어지고 있는지 평가할 시간이 필요하다. 많은 사람이 팔로워를 확보하는 데 지나치게 집중한 나머지 타인을 쫓는 일에 너무 많은 시간을 소비하고 그 과정에서 자신을 놓치고 있다. 그것은 결코 치를 가치가 없는 기회비용이다.

모든 실제 경험을 간접 경험으로 만들려는 충동을 억눌러라. 만약 당신이 아름다운 곳에 간다면 가끔 사진을 찍지 않고도 그것을 즐길 수 있다. 맛집에 간다면 스토리에 먼저 올리지 않고도 맛있는 음식을 먹고 즐길 수 있다.

우리는 소셜 미디어 외부에 존재한다는 것을 이해하는 사람은 성공한 사람이다. 그들과 함께할 수 있는 사람은 감정적으로 생존하기 위해 끊임없는 소음과 정보로 마음을 채울 필요가 없다. 그들은 팀원이 없는 행복한 사람이다.

나는 지금 아이스크림을 다 먹었고 달은 부드럽게 빛나고 있다. 나는 내 심장박동 외에는 아무것도 들을 수 없다. 물론 실생활에서는 화면 밖에서 보낼 수 있는 시간이 한정되어 있지만 괜찮다. 내일 다시 전화를 받을 때 현대 기술을 사용해 다른 사람과 나를 모두 도울 수 있기를 기대한다. 구체적으로 말하자면 이는 내 삶을 가능한 한 의미 있고 가치 있게 만들겠다는 나 자신과의 약속을 지키는 일이다. 왜냐하면 소셜 미디어 외부에도 아주 많은 진실과 아름다움이 있기 때문이다.

> 우리 모두에게는 하루 24시간이 주어진다.
> 시간 사용법을 결정하는 것은 당신에게 달려 있다.

18장
외로움의 과학

자연은 바람에게 차갑게 부는 법을, 외로움에 날카로운 아픔을 준 재능 있는 예술가다. 가끔 바람이 휘몰아치면 우리의 추억도 휘몰아친다. 태양의 밝은 유광은 그 자체로 약간의 기억을 불러일으키지만, 얼음 같은 바람은 내 마음의 최전선에 훨씬 더 많은 것을 가져오는 경향이 있다.

우리의 눈물은 (보통 설탕 대신) 모닝커피 맛을 내고, 우리는 전날 밤을 탈출하기 위해 술에 의존하려 했던 모든 것을 잊기를 바란다. 기억은 처음에 참을 수 없을 정도로 고통스럽게 느껴지지만, 잠시 그 기억과 함께 앉아 있으면 실제로 일어났을 때처럼 몽환적이기도 하다. 그것은 우리를 과거에 가두고 미래를 앗아갈 만큼 부드럽고 달콤하며 고통스러운 느낌이다.

건강하지 못한 방식으로 과거의 누군가에게 집착하는 대신 과거에서 벗어날 수 있는 건전한 방법을 찾아라.

우리의 마음으로 찍은 사진은 실제 사진보다 우리 마음에서 제거하기가 훨씬 더 어렵다. 이것을 깨우치는 것은 고통스러울 수 있지만, 내가 (위에서 설명한 것처럼) 몇 년 동안 고통을 겪은 후 배운 것이 있다면 사람은 사랑과 지혜를 동시에 가질 수 없다는 것이다.

따라서 사랑에 빠졌을 때 누군가에게 영원한 애착을 선언하는 데 너무 성급하지 마라. 우리가 그렇게 할 때 보통 애착에 기반한 행동이 아니기 때문이다. 오히려 그것은 관계를 잃는 것이나 관계가 끝나는 것에 보이는 두려움에 기반하고 있다.

최근 관계를 끝낸 경험이 있다면 지금의 상처는 시간이 지나면 진정 사라진다고 말해주고 싶다. 외로움의 과학은 우리가 외로움을 느낄 필요는 없으며 사실 우리는 타인을 얼마나 많이 생각할지 조절한다고 말한다.

우리는 과거 대신 현재에 정신을 집중할 수 있는 모든 내부 자원과 도구를 가지고 있다. 그것을 어떻게 사용하는가가 문제일 뿐이다. 때로 당신이 잃어버린 사랑을 슬퍼할 때 고통은 주기적이고 반복적이며 당신의 심리 상태는 절대 변하지 않을 것처럼 여겨질 수 있다.

과거의 고통에 계속해서 찔리지 마라. 감정적으로 자신을 다치게 하는 것을 멈추고 자신이 치유되게 하라.

모든 사람이 통증에 같은 내성이 있는 것은 아니다. 예를 들어 음식의 매운맛을 생각해보라. 어떤 사람은 아주 매운 음식을 먹어도 별 느낌이 없고, 또 어떤 사람은 고추 하나만 먹어도 매워서 어쩔 줄을 모른다.

마찬가지로 어떤 사람은 혼자 있어도 외로움을 느끼지 않고, 또 어떤 사람은 친구들과 함께 있어도 깊은 외로움을 느낀다.

1973년 디지털 시대의 친밀감과 관계를 전문으로 하는 치료사 로버트 와이스Wobert Weiss는 외로움을 2가지 범주로 분류했다. 첫 번째 범주는 '정서적 외로움'으로 알려져 있으며 다른 사람과의 친밀한 관계가 부족한 것이 특징이다. 이런 유형의 외로움은 외출하고 사람들을 만나는 것으로는 해결하지 못한다. 반면 두 번째 유형인 '사회적 외로움'은 지루함에 가깝고 다른 사람을 만나러 나가는 것만으로도 제거할 수 있다.

내 생각은 와이스와 약간 다르다. 나는 우리가 관계 부족으로 외롭다고 생각하지 않는다. 오히려 우리의 외로움은 진정한 잠재력을 계발할 공간이 허용되지 않은 탓이다. 더 이상 일할 것이 없을 때, 더 나은 자신이 되기 위한 도전을 이해받지 못할 때 우리는 외로워진다.

솔직히 말해 우리는 감정 평가와 제거에 너무 많은 시간을 소비한다. 외로움을 없애는 가장 효과적인 방법은 지혜를 양성하고 지능을 활용하는 것이다. 만약 당신이 외롭다고 느낀다면 새롭고 도전적인 환경에 발을 내디디는 동시에 자신이 인생에서 원하는 것이 무엇인지 알고 이를 달성하기 위해 적극 노력하는 사람들과 함께하길 바란다.

우리는 목적의식이 없을 때 삶에 지루함을 느끼고, 그 지루함 속에 갇힌 느낌이 들면 외로움을 느낀다. 목적을 찾고 꿈을 정의하라. 믿거나 말거나 때로는 다른 사람들보다 꿈과 더 나은 친구 관계를 유지할 수 있다.

우리는 낙엽이 지는 것을 막을 수 없으며 감정을 멈추거나 기분을 선택할 수도 없다. 그러나 우리는 우리의 꿈을 선택해야 하며 결국에는 이것이 훨씬 더 중요하다. 우리는 자신을 친절하게 대하기로 선택할 수 있고 또 자신의 목표를 추구하기로 선택할 수 있는데 이 2가지는 외로움을 대체한다.

자연에는 본질적으로 오류가 없다. 세상의 법칙은 어겨도 자연의 법칙은 어길 수 없다. 과거나 미래에 살지 마라. 현재에 주의를 기울이고 외로움이 당신을 지배하지 못하는 것을 지켜보라. 외로움 때문에 인생을 망치거나 꿈의 실현을 방해하지 마라. 감정적 고통이 당신을 지배하지 않게 조치하라.

삶은 때로 당신을 고난의 시간으로 던지지만, 마찬가지로 또 때로는 번영과 축복의 시간으로 던진다. 나는 단순히 여행 자체를 위해 여행하는 것이 아니라 인간의 경험을 더 포괄적으로 이해하기 위해 여행한다.

외로움의 바람을 느끼기 위해 차가운 바람 속으로 들어가는 것이 아니라 상대적으로 자기 마음의 따뜻함을 키우기 위해 그렇게 하라. 생명의 아름다운 꽃을 짓밟거나 그것이 짓밟히지 않게 하라. 대신 그것을 소중히 여기고 보존하라.

당신이 더 현명해질수록 외로움은 사라진다. 지혜란 일관성, 지속성, 최종 판단 보류의 중요성을 이해하는 것을 말한다. 삶이 곧 교훈이라는 사실을 알면 교훈을 배우느라 너무 바빠서 외로움을 전혀 느끼지 못할 것이다. 행복하라!

> **당신의 삶에 집중하라. 비전에 집중하라.**
> **그러면 당신의 삶은 임무 그 자체가 될 것이다.**

19장
빈에서의 새벽과 라만차의 사나이

2019년 2월은 내 인생에서 가장 재미있는 한 달 중 하나라 아주 잘 기억한다. 당시 나는 교육 중이던 태국 리더들과 함께 한국을 방문해 초대 게스트에 참석하고 우리가 묵는 스키장에서 함께 스노보드도 탔다. 어느 금요일 저녁, 우리는 그날 밤 9시부터 다음 날 오전 4시까지 스노보드를 탔는데 미치도록 재미있었다. 내가 이 여행을 잘 기억하는 또 다른 이유는 내가 지도하던 리더 중 한 명이 그의 연인에게 프러포즈했기 때문이다. 그날은 매우 낭만적이고 몹시 춥기도 했다.

한국에서 돌아온 뒤 나는 오스트리아 빈으로 여행을 떠났다. 사실 나는 한국을 방문하기 전에 역사적 도시로서 빈의 중요성을 다룬 책을 읽었다. 그곳은 정치, 예술, 문화의 중심지였을 뿐 아니라 학문적 사상과 저술의 중심지였으며 수많은 시인과 음악가에게 영감을 주었다.

그 책의 저자는 그것을 아름답게 묘사하면서 전성기 시절에는 그것을 "시대의 영혼"으로 표현했다고 말했다.

바로 이것이 내가 빈으로 여행하도록 영감을 주었다. 나는 그 시대의 정신과 영광을 경험하고 싶었다. 3일 동안 나는 내가 말한 책의 저자가 거주한 호텔인 알트슈타트Altstadt에 머물렀고, 그다음에 도시에서의 마지막 3일 밤을 위해 리츠칼튼 빈Ritz-Carlton Vienna으로 이동했다. 저자가 옳았다. 정말 아름다운 도시였다. 엄청나게 아름다워서 작가, 아티스트, 기타 창의적인 일을 하는 사람들에게 최고의 영감을 위한 원천 중 하나로 추천하고 싶다.

개인적으로 빈은 내가 유럽에서 가장 좋아하는 장소다. 그곳에 있는 동안 나는 아담 피셔Adam Fisher의 교향곡을 보았고 매일 아침 호프부르크 궁정Hofburg Palace과 다뉴브강Danube을 따라 달렸으며 오후에는 그곳의 화려한 박물관을 탐험했다. 내가 본 최고의 랜드마크 중 하나는 구 주립도서관이었다.

나는 어딘가를 여행할 때마다 항상 하루를 할애해 그 도시, 특히 대도시의 도서관을 방문할 계획을 세운다. 빈의 도서관은 세계 어느 곳과도 달랐다. 마치 〈해리포터〉에서 볼 수 있는 덤블도어의 도서관 같았다. 어찌나 조용한지 내가 내딛는 모든 발걸음이 두드러지게 들리고 책의 각 쪽에 있는 글자가 서로에게 속삭이는 소리가 거의 들릴 정도였다.

숙박 3일째 밤의 이야기를 들려주겠다. 나는 방금 빈 오페라 하우스로 뮤지컬을 보러 간 참이었다. 태국에 있을 때 이 공연 티켓을 예매했는데 그 이유는 내가 10대 때부터 이 이야기의 생생하고 드라마틱한 묘사를 보고 싶어 했기 때문이다.

나는 고등학교 때 멜버른에서 열심히 음악을 공부했고 그때 그 특정 작품을 향한 애착을 키웠다. 나는 매우 흥분한 상태였다. 뮤지컬은 라만차의 몽상가 돈키호테 이야기를 다룬 〈라만차의 사나이The Man of La Mancha〉였다. 소설 《돈키호테》는 서사적으로 현실이 아닌 꿈속에서 사는 미친 남자 이야기지만 주제 면에서는 삶의 의미를 추구하는 인간을 다룬다.

나는 돈키호테를 존경한다. 왜냐하면 그가 야심 차고 이상주의적이며 틀에 얽매이지 않는 방식으로 세상을 바라보는 것을 두려워하지 않기 때문이다. 그는 일어서서 주변 세상을 바꿀 대담함을 지녔다. 책에서 그는 결국 육체적으로 죽지만 그의 이상과 그가 인류에게 보여준 것은 소설에서나 실생활에서나 결코 죽지 않는다. 정말 아름답다.

이 놀라운 뮤지컬을 본 뒤 나는 (17℃의 날씨에) 15분을 걸어 호텔로 돌아오며 우리의 가장 거칠고 야심 찬 꿈을 실현하기 위해서는 단순히 거칠고 야심적이어서는 안 된다는 것을 깨달았다. 우리는 꿈이 현실 내에서 어떻게 기능하는지 이해해야 한다. 즉, 우리는 지적인 몽상가가 되어야 한다.

내 방에 앉아 있는 동안 뮤지컬에서 묘사한 이야기가 계속해서 내 머릿속을 맴돌았다. 마치 막이 내린 뒤 현실 이해와 전반적인 지능 수준이 높아진 것 같았다.

지능적인 몽상가는 **자신의 꿈을 시각화하는 것과 그 꿈을 실현하는 것의 차이**를 이해한다. 인생에서 완벽한 것은 없으며 우리가 꿈꾸는 이상주의적인 정신적 이미지는 현실에서 우리의 꿈과 다를 수 있음을 이해하라.

꿈으로 가는 길은 장애물로 가득 차 있고 당신은 예상치 못한 매우 많은 어려운 상황에 직면할 수 있지만, 그것이 당신을 탈선하게 놔두지 마라. 무슨 일이 있어도 계속 파이팅하도록 동기를 부여하기 위해 꿈을 실현하면 어떤 모습일지 상상하는 데 이상주의적인 정신적 이미지를 사용하라. 만트라(마음의 도구)로 완전한 깨달음을 얻을 수는 없지만 결단력과 부지런함은 얻을 수 있다.

(동기부여라는 목적을 위해) 꿈이 실제 생활에서 어떻게 펼쳐질지 그 기대와 이상 간에 균형을 맞춰야 한다. 그 뒷부분을 염두에 두지 않으면 성공하더라도 실망하고 만다. 완벽한 성공은 존재하지 않는다.

누구에게나 가장 가까이 올 수 있는 것은 진정한 변화를 보고 그것으로 진정한 행복을 경험하는 일이다. 꿈을 이룬다는 것은 당신을 더 나은 사람으로 만들고 삶의 질을 높이며 주변 사람들에게 혜택을 주는 것을 말한다.

지적인 몽상가는 **꿈의 크기가 꿈까지의 거리를 결정한다**는 것을 이해한다. 모든 몽상가의 핵심 요소 중 하나는 인내 또는 고통에도 불구하고 계속하기로 선택하는 일이다.

꿈이 클수록 우리에게 더 많은 에너지를 준다. 나는 작은 몽상가가 큰 몽상가보다 매일 더 많은 에너지를 얻는 것을 본 적이 없다. 그러나 에어버스 A380이 에어버스 A320보다 활주로에 착륙하는 데 더 오래 걸리는 것처럼, 큰 꿈을 실현하는 데는 작은 꿈보다 더 오래 걸린다.

결승선이 멀수록 우리는 마침내 결승선에 도달했을 때 이를 더욱 자

랑스럽게 생각한다. 큰 꿈을 실현하기 위한 길은 멀고도 험난하며 모두
가 큰 꿈을 품을 만큼 마음이 큰 것은 아니다.

우리는 리더가 되기 전에 먼저 일꾼이 되어야 한다. 모든 사람이 기꺼
이 그렇게 하지는 않는다. 하지만 내 생각에 큰 꿈은 인생에서 가질 수
있는 가장 좋은 것 중 하나다. 꿈은 당신의 영혼에 주는 은혜와 빛이다.

나는 1900년대 스코틀랜드계 미국인 억만장자인 앤드루 카네기
Andrew Carnegie의 오디오북을 여럿 들었다. 그중 하나에서 그는 이렇게
말했다.

"인생에서 진정으로 만족하려면 목표를 아주 크게 설정해야 합니다. 목
표는 실제로 우리가 생각하는 방식을 통제합니다. 목표는 우리의 잠재력
을 발휘할 수 있을 만큼 충분히 커야 하고 우리에게 무한한 희망을 줄 수
있어야 합니다."

나는 이 점에서 그의 말에 전적으로 동의한다. 또한 목표의 크기는
목표 달성에 따른 어려움의 크기와 관련이 있다는 것도 이해해야 한다.
커다란 목표에는 커다란 어려움이 따르며 많은 사람이 후자를 원치 않
아 전자도 완전히 포기한다.

그러나 지혜로운 사람은 포기하지 않는다. 처음부터 그 상관관계를
이해하고 마음과 몸을 미리 준비하기 때문이다. 그는 여정에서 마주칠
수 있는 모든 장애물을 극복하고 거기에 대처하는 방법을 전략적으로
계획하는 덕분에 성공에 이른다.

지적인 몽상가는 **초기 꿈을 향한 여정을 진행하면서 점차 꿈의 크기를 확장한다.** 이는 지칠 때도 계속할 수 있는 희망과 동기를 부여한다. 꽃이 피는 것이 본성인 것처럼 꿈을 생성하고 적응하고 확장하는 것은 인간 정신의 본성이다. 계속해서 꿈을 꾸고 창의력을 지속적으로 활용하면 성공으로 가는 길에 활력을 유지하는 데 도움을 줄 것이다.

지적인 몽상가는 **자신의 꿈을 목적지로 보지 않고 여행으로 본다.** 그들은 도달할 수 있는 모든 목적지가 더 큰 과정의 일부일 뿐이라는 것을 이해한다. 이러한 관점은 매우 중요하다. 만약 당신의 행복이 단 하나의 꿈을 실현하는 것에 달려 있다면 결국 그 행복은 사라질 수 있기 때문이다. 반대로 행복이 여정과 과정에서 나오면 그 과정 내내 행복할 수 있다.

지적인 몽상가는 **행복은 목표가 아니라 여정에서 발견된다는 것을 이해한다.** 나는 개인 결승선에 도달한 사람으로서 주어진 목표의 가장 중요한 부분 혹은 혜택 중 일부는 레이스의 끝에 숨어 있지 않다는 점을 얘기하고 싶다. 레이스의 끝이나 산꼭대기가 당신의 여정에서 유일하게 귀중한 부분이라면 당신은 그곳에서 느끼는 공허함에 실망할 수 있다. 이것은 배우기 어렵지만 중요한 교훈이다.

나는 많은 성공적인 리더가 새로운 꿈을 개발하고 추구할 용기가 부족해 정체되는 것을 보아왔다. 초기 목표 중 일부를 달성한 뒤 그들은 안주하는 듯했다. 내 생각에 계속할 수 있는 유일한 방법은 오래된 꿈을 이뤄도 꾸준히 새로운 꿈을 개발하는 것이다.

나는 꿈꾸는 것을 멈추지 않고 계속해서 새로운 꿈을 개발하거나 추구하는 나 자신을 몽상가라 부른다. 오래된 꿈을 이루기 전에 이미 새로운 꿈을 꾸는 것은 실제로 후자를 이루는 데 도움을 준다. 더 집중하고 더 열심히 일하도록 격려해주기 때문이다. 그것은 우리가 새로운 꿈을 이루기 위해 계속해서 우리의 초기 혹은 오래된 꿈을 더 빨리 달성하고 싶게 만든다. 이로써 우리는 동기부여를 재설정하고 집중력을 높일 수 있다.

나는 내가 세계 마라톤 대회에 출전할 줄은 꿈에도 몰랐다. 이 모든 것은 에베레스트산 정상에 오르려는 꿈에서 시작되었다. 물론 그러기 위해서는 꽤 건강해야 한다. 나는 혹독한 훈련과 운동을 시작했다. 우선 훈련을 위해 달리기를 시작했고 어떤 일에서든 진정 프로가 되려면 코치가 필요하다는 것을 알고 코치를 찾아 고용했다.

그 코치가 나를 믿어준 덕분에 나는 많은 도움을 받았다. 그는 나를 한계로 밀어붙여 원래 운동 목표였던 것을 준비운동처럼 보이게끔 만들었다. 흥미롭게도 이것은 내게 도전하는 법을 가르쳐주었다. 무엇보다 나 자신의 기대치를 뛰어넘는 법을 가르쳐주었고 덕분에 나는 자유시간을 최대한 활용할 수 있었다. 그 전 과정에서 나는 인간의 몸을 정신적으로나 육체적으로 단련할 때 참으로 놀라운 기적이 일어난다는 것을 배웠다.

(2018년 9월 23일에 열린) 모스크바에서의 첫 마라톤과 2019년 11월 2일에 참가한 뉴욕 마라톤 사이에 나는 총 42.195킬로미터의 마라톤을 달렸다(어떤 마라톤도 4시간 이상 지속하지 않았다). 초기 목표

를 달성한 후 다시 에베레스트를 걸으며 내가 '다음엔 뭘 할까?'라고 생각했던 것이 기억난다.

이 질문은 내 성공적인 메라피크 단독 등정(에베레스트 이후 4개월 만에 달성한 것)으로 이어졌다. 하산하면서 나는 다시 한번 '다음엔 뭘 할까?'라고 생각했다. 당시 나는 이미 남극에 가봤기에 북극에 가보기로 했다. 이로써 나는 서른네 살에 3극 도전(에베레스트, 북극, 남극)을 해낼 수 있었다.

이 놀라운 성과는 끊임없이 꿈을 꾸었기에 가능했던 일이다. 꿈꾸는 것을 멈추지 말고, 드레스 사이즈를 늘리는 것을 멈추지 말고, 용기를 내길 바란다. 인생은 짧으니 잠재력을 최대한으로 끌어내라.

지적인 몽상가는 그들이 직면하는 **모든 어려움과 장애물에 감사한다**. 나는 놀라운 한국인 리더와 개인적으로 친한데 그에게 안부를 물을 때마다 그는 미소를 지으며 "나는 꿈을 추구하는 것이 즐겁다"라고 대답한다. 그가 이 과정을 얼마나 즐기는지 보여주기 때문에 이 답변이 정말 마음에 든다.

그리고 당신의 여정에서 당신이 마주치는 어떤 장애물이나 어려움도 그리 나쁘게 보이지 않는다. 왜냐하면 당신은 이미 당신의 여정을 따라가는 것이 행복하기 때문이다. 목표가 아닌 과정에서 행복을 얻는다면 훨씬 더 행복한 사람이 될 수 있다.

모든 사람이 즉각적인 만족에 익숙한 현대 시대에 가장 흔한 2가지

드림 킬러는 인내 부족과 탐욕이다. 사람들은 자신을 위해 일하지 않고도 성공의 이점을 누리길 원하지만 현실 세계에서 이것은 불가능하다.

꿈을 추구하고 성취해본 적 있다면 그 과정이 어려울 수 있으며 처음에 이상적으로 이해한 것처럼 간단하지 않다는 것을 알고 있을 것이다. 따라서 우리는 그 과정을 즐겨야 한다. 꿈의 가장 좋은 부분은 마침내 꿈을 이룬 순간이 아니다. 그 과정에서 경험한 모든 것이 꿈이었다.

나는 지금 리더를 교육할 때 가끔 예전의 작은 사무실에서 일하고 리더를 교육하던 시절에 얼마나 즐거웠는지 떠올린다. 일단 성공하면 거쳐온 과정의 초기 시절이 그리워질 것이다. 그러니 할 수 있을 때 즐겨라. 여정 중에 지금 최선을 다하기로 결정하라. 그러면 나중에 돌아볼 좋은 추억이 많이 남는다.

지적인 몽상가는 그 과정에서 **모든 종류의 새로운 것을 배운다.** 규율을 지키면서 행동하고 싸움이 아무리 어려워도 꿈을 위해 계속해서 싸울 경우, 그렇지 않았다면 전혀 알지 못했을 수십 가지를 발견한다. 그 과정이 아니었다면 지식과 지혜의 보석을 모두 발견하지 못했을 것이다.

도중에 그만두지 않는 한 이 여정은 언제나 새롭고 도움을 주는 도전이다. 그 여정을 걸어갈 때 당신은 자신이 탈선하지 않도록 의구심을 보이는 느낌을 인식할 수 있어야 한다. 의구심은 "내가 거기까지 가려면 얼마나 남았어?" 같은 질문을 자신에게 던지게 만든다. "곧 도착할까?" "내가 정말 올바른 길을 가고 있는 걸까?" "결국 나는 무엇을 위해 노력하고 있는가?" 같은 질문은 길을 더 길게 만들고 우리가 올라야 할 언덕을 가파르게 만든다.

그런 것은 우리가 가능한 한 빨리 제거해야 하는 장애물이다. 불교 교리에서는 이것을 '번뇌วิจิกิจฉา'라고 일컫는데 이것을 없애는 한 가지 방법은 '진정한 친구กัลยาณมิตร'(또는 일이 어려워 보일 때, 가장 필요할 때 믿음을 키우는 능력)를 만드는 것이다.

당신의 남은 생애 동안 당신은 우정, 신념, 영감, 장소, 음식과 맛, 온도를 새롭게 정의할 수도 있다. 너무 추워서 도이인타논Doi Inthanon(태국에서 가장 높은 산) 정상이 선선한 여름처럼 느껴지게 하는 곳도 있고, 너무 더워서 4월 중순 방콕의 기온을 온순해 보이도록 만드는 곳도 있다.

그러나 이 모든 놀라운 깨달음 속에서도 가장 크게 발견할 것은 당신의 새로운 부분과 당신이 알지 못했던 새로운 믿음이다. 당신은 당신이 생각하는 것보다 더 강하고 당신이나 다른 사람이 이전에 믿었던 것보다 더 훌륭하다는 것을 알게 될 것이다. 당신은 당신이 할 수 있다고 생각했던 것보다 더 크게 일어서고 언젠가 당신의 이름에 부여한 특정 의미를 가지고 집을 떠나지만 돌아올 때는 그것을 완전히 재정의할 것이다.

지적인 몽상가는 **삶을 정확히 이해한다**. 낙관론자는 인생이 완전히 좋다고 믿고 비관론자는 인생이 전적으로 나쁘다고 믿지만 둘 다 사실이 아니다. 실제로 인생은 선과 악, 기쁨과 고통으로 이뤄져 있다. 장애물에 직면해도 궁극적으로 성공할 인내심을 기르고 싶다면 이것을 이해해야 한다.

지적인 몽상가(말 그대로 삶을 이해하는 사람)는 일어나는 모든 일에 미소를 짓는다. 그는 자신을 불쌍히 여기지 않으며 다른 사람에게 그렇게 하라고 요구하지도 않는다. 그들은 무슨 일이 있어도 "좋은 일이든 나쁜 일이든 다 지나가리라"라는 말을 상기한다.

당신이 이런 태도를 지닐 때 당신의 마음 상태는 감정에 너무 의존하지 않는다. 더 중요한 것은 당신이 하고 싶은 일이 아니라 해야 할 일을 하게 된다는 점이다. 지적인 몽상가는 주어진 시나리오에서 꾸준히 올바른 선택을 하고 덕분에 기분 좋게 여정을 즐긴다.

인생에는 넘어야 할 산이 하나 이상 있다. 그 여정의 길은 고통으로 포장되어 있다. 인생은 여러 면에서 모험이며 다른 모든 모험과 마찬가지로 우리는 그 과정에서 몇 마리의 야수와 용을 죽여야 한다. 예상치 못한 심각한 사고도 발생할 수 있다.

그러나 아름답고 평화로운 왕국으로 향하는 사람들은 그 과정에서 만나는 모든 것을 마음 수련 도구로 여긴다. 그들은 자신이 직면하는 모든 어려움을 더 사랑하고 동정하며 전반적으로 그것을 자신이 더 강해지도록 가르치는 것으로 받아들인다.

출발할 때 우리가 거친 다이아몬드라면 여정이 끝날 때는 완전히 연마될 것이다. 우리의 마음은 누적된 어려움 덕택에 이중으로 정화되고 강화된다.

우리는 인생을 더 잘 이해하기 위해 인생을 연구해야 한다. 그렇지 않으면 무의미한 감정을 처리하는 데 시간을(물론 제한적이다) 쉽게 낭비할 수 있다. 우리는 우리가 경험하는 다양한 감정적 충동이 아니라 꿈을 이루기 위해 태어났다.

우리는 영혼을 채우기 위해 적극 일해야 한다. 삶과 싸우는 대신 삶과 함께 일하고 최대한 활용하라. 인생(그리고 인생과 함께 오는 모든 인간관계)을 최대한 경험하라.

당신이 계속 같은 꿈을 꾸는 것이 아니라 나이가 들면서 꿈이 진화하고 그것을 확장하길 바란다. 선을 행하고 싶으면 선을 행하고 결과에 연연하지 마라. 그것은 거창하지 않을 수 있지만 확실히 이전 것보다 나아질 것이다. 이것이 바로 꿈이 그토록 기적적인 이유다. 거기에는 진정으로 세상을 더 나은 방향으로 바꿔놓을 힘이 있다.

나는 당신이 현실 인식과 꿈에 기대하는 바를 조사해 당신이 지적인 몽상가인지 평가할 것을 촉구한다. 지나친 이상주의자인가? 당신은 당신의 꿈을 자연스럽게 펼치고 있는가, 아니면 도움을 주지 않는 형태의 완벽주의가 당신을 방해하고 있는가? 당신과 최종 목표 사이의 거리가 당신을 좌절하게 하는가? 모든 것이 더 쉽고 빠르기를 원하는가? 참을성이 없는가?

막 꽃을 피우려는 꽃나무를 뽑지 마라. 대신 필요한 인내심을 기르기로 선택하라. 실망의 99%는 잘못된 기대에서 오므로 정확한 현실 이해는 매우 중요하다.

당신은 꿈을 포기했는가? 당신은 여전히 자신만을 위한 꿈을 꾸고 있는가, 아니면 다른 사람들의 이익을 위해 자신을 넘어서서 꿈을 꿀 준비가 되어 있는가?

올바른 태도로 꿈을 이해하기 위해 매일 할 수 있는 일을 하면 지적인 몽상가가 될 수 있다. 당신에게 다가온 문제와 장애물에 감사하는가? 내딛는 작은 발걸음마다 행복한가? 당신에게 박수를 보내고, 당신을 더 강하게 만드는 문제에 감사하는 법을 배우고, 자신의 투지에 감사하는 것을 잊지 마라.

성공에 따른 보상에만 초점을 두는 대신 그 성공을 위해 싸울 기회 자체를 보상으로 생각하라. 오늘 당신은 자신에 관해 새로운 사실, 새로운 믿음, 새로운 능력을 발견했다.

지금 어떤 상황에 있든 배우기로 선택했는가? 오늘 배우는 것과 내일 배울 것에서 어떻게 성장할 수 있는가? 단, 당신의 꿈이 클수록 거기에 도달하는 길이 더 멀다는 것을 기억하라.

꿈을 추구할 때 가장 큰 보상은 목표 달성이나 꿈 자체 실현이 아니다. 오히려 그 과정에서 당신이 '어떤 사람이 되는가'다. 결국 진정한 행복은 목적지에 도달하는 것이 아니라 걸어갈 목적지가 있는 것에 있다.

> **올해 당신의 꿈을 이룰 수 있는 가능성을 열어보라.**

20장
365일

말차 파텔Matcha Patel은 현재 내 앞의 컵에 들어 있는 맛있는 오리엔탈 차다. 그것을 마시면서 나는 1년 전의 내가 누구였는지 반성하고 있다. '1년'이 무엇인지 또는 왜 시작하는 데 '연'이라는 시스템이 필요한지 생각해본 적 있는가? 사람들은 대부분 새해 첫날마다 수십 가지 결심을 쓴다. 365일의 목적은 무엇이고 또 한 해를 산다는 것은 진정 무엇을 의미하는가?

이 질문은 너무 흥미로워 맛있는 차를 잊게 만든다. 우리는 1년 동안 공부해 주어진 시험에 합격하거나 직장에서 일정량의 작업을 완료해야 한다. 물론 내게는 그보다 훨씬 더 깊고 다차원적이다.

행복한 주말을 보내기 위해 본질적으로 직장에서 지옥을 경험하고 있는가? 1년을 오로지 생계에만 몰두했다면 삶의 목적을 완전히 놓쳤을지도 모른다. 우리는 순전히 학교가 제공하는 지식 때문에 학교에 다니는 것이 아니다. 그곳에는 우리의 호기심을 자극하고 전체적으로 영감을 주는 특정 분위기가 있다.

1년을 단순히 일하고 돈을 벌 목적으로 사용했다면 그해를 낭비한
셈이다. 그렇게 살면 당신은 더 현명해지지 않고 당신 내면에 존재하는
잠재력도 결코 발견할 수 없다. 1년 동안 당신은 당신과 타인 모두에게
이익을 주는 많은 일을 할 수 있다.

1년은 1년 가치의 이익보다 훨씬 더 큰 가치가 있다. 새해가 오면
"내게 새해는 어떤 의미일까? 인생을 이해하는 능력을 높이는 데 도움
이 될까? 가능한 한 가장 높은 급여를 받고 가장 권위 있는 직업을 얻기
위해서만 집중하고 있는가?" 등의 질문을 던져야 한다.

삶의 뉘앙스를 이해하는 능력을 높이지 않는다면 1년은 의미가 없다.
인생은 섬세하고 아름다운 동시에 슬프고 고무적이다. 당신은 여러 개
의 학위, 많은 이력과 직함, 훌륭한 경력을 소유할 수 있지만 당신의 마
음이 여전히 흐리고 비겁하고 나약하다면 그것이 무슨 소용이겠는가?

365일의 역할은 창의력을 키우고 마음을 단련할 시간을 주는 데 있
다. 인생과 영혼에 의미를 더하도록 새로운 일을 배우고 한 사람으로
성장하면서 1년을 최대한 과감하게 활용하는 것이 무엇보다 중요하
다. 자유롭고 두려움 없이 생각하려면 두려움 없는 환경에서 시작해야
한다. 아니면 일상이 아닌 일, 예상하지 못한 일을 할 용기를 내보라. 사
회적 기대나 부모와 선생님의 기대에 순응하는 것은 쉽고 안전하지만
다름을 두려워하는 삶은 전혀 삶이 아니다.

1년은 당신이 사라졌으면 하는 삶의 부정적인 측면과 마주하는 데
사용할 수 있다. 거절을 이해하는 사람만 진정으로 진실을 이해한다.

나는 1년이 도움을 주는 중요한 목적은 당신에게 모든 두려움을 극복할 수 있는 데드라인을 제공하는 데 있다고 믿는다.

1년의 진정한 의미와 목적, 기능을 이해하면 우리는 두려움 없이 삶을 살아갈 수 있다. 그래야만 우리는 오래된 도전에 맞서고 새로운 삶을 창조할 수 있을 것이다. 의미 있는 해란 우리가 우리의 독립성을 이해하는 해를 말한다. 작년에 새로운 자유를 발견하거나 성취하지 못했다면 작년은 낭비였을 뿐이다.

겨울은 어떤 모습일까? 내년 1월까지 당신은 독립심과 자유로움을 얻을까? 1년의 소중함을 모르면 알 길이 없다. 나는 지금 내 혀로 달콤한 것을 맛보고 있지만 그것은 녹차 때문이 아니다. 이는 내가 스스로 성취한 자유의 맛이다.

지금은 오전 9시밖에 안 되었는데 바깥 날씨가 아주 좋다. 특히 태양의 빛깔이 내가 정말 좋아하는 색이다. 차는 다 마셨지만 내 마음과 그것이 생산하는 아이디어의 확장성은 도서관을 닮기 시작했다. 나는 차 한 잔(따뜻한 브라운 호지차˚ 파스텔Hojicha Pastel)을 더 주문해 그 상태를 유지할 생각이다.

전 세계를 돌며 겪은 모험을 돌이켜보며 나는 내가 어떤 의미에서든 수집가가 아니라는 것을 깨달았다. 사실 나는 그렇게 많은 물건을 소유하지 않았고 사치품도 많지 않다(갖고 싶지도 않지만). 내게는 차도 없다. 나는 어딜 가든 그랩 윈Grab Win과 그랩Grab만 이용하는데, 둘 다 아주 많이 사용해서 더 편리하게 월간 구독 패키지인 L 사이즈를 사용한다. 정말 편리하다. 덕분에 고급 메르세데스를 소유하고 있을 때보다 더 어디에서나 훨씬 더 쉽게, 모바일로 이동 수단을 사용할 수 있다.

내가 스물여덟 살이던 2016년 중반, 나는 주요 교통수단으로 사용하려고 신형 메르세데스 E-쿠페Mercedes E-Coupe를 구입했다. 그런데 구입한 지 6개월도 되지 않아 나는 사고를 냈다. 랏차다-랏프라오 Ratchada-Ladprao 교차로에서 다리를 건너기 직전에 택시 뒷부분을 너무 세게 치는 바람에 택시의 절반이 찌그러진 것이다.

나는 심하게 죄책감을 느꼈고 반성하면서 차량이 나를 더 행복하게 만들거나 더 나은 사람이 되고 싶게 만들지 않는다는 것을 깨달았다. 사실 걱정거리가 많았다. 차가 비쌀수록 모든 흠집과 긁힌 자국을 수리하는 데 더 많은 비용이 들기 때문이다. 더구나 차가 긁힐 때마다 내 마음도 긁히는 듯한 느낌이 들었다.

이와 반대로 내가 손을 잡을 때 느끼는 자유로움과 경쾌함이 훨씬 더 좋았다. 그리고 놀랍게도 (내 삶이 풍요롭고 전반적으로 잘살고 있으면) 아무도 내가 무슨 차를 운전하는지 신경 쓰지 않는다는 것을 알게 되었다.

두 번째 차를 마시면서 당신이 운전하는 자동차와 그 브랜드는 당신의 성공에 전혀 영향을 미치지 않는다는 점을 말하고 싶다. 지난 5년 동안 (앞서 설명한 대로 그랩을 사용하며) 내 성공은 매년 기하급수적으로 증가했다. 많은 사람이 자동차 수백만 대를 운전하지만 여전히 삶의 중요한 부분에서는 이동성을 경험하지 못하고 있다.

오해하지 마시라. 여기서 내가 고급차 운전자를 평가하려는 것은 아니며 특정 시점에 차를 소유하는 걸 반대하는 것도 아니다. 나는 보다 수준 높은 안전을 위해서는 우리가 더 많은 돈을 기꺼이 치러야 한다는 것을 전적으로 인정한다. 그런 이유로 더 비싼 차를 운전한다면 그것은 완전히 다른 얘기다.

다만 나는 타인의 눈을 의식해 개인적으로 비싼 차를 사는 것에는 반대한다. 그것은 좋은 차를 살 충분한 이유가 되지 않는다. 아무튼 이 예시에서 내가 궁극적으로 말하고자 하는 바는 어디서나 그랩을 사용하는 것이 일반적인 혹은 순응하는 선택지보다 내게 더 적합해 그런 결정을 내렸다는 점이다.

나는 항상 우리의 가장 아름답고 매혹적인 부분이 내면에 있으며 이것은 외부 소유물과 완전히 분리되어 있다고 믿는다. 나는 젊은이들이 명품을 얻기 위해 고군분투하거나 큰 어려움을 겪는 것을 바라지 않는다. 왜냐하면 그들이 소셜 미디어를 관리하기 위해 명품을 원한다고 생각하기 때문이다.

내 자동차 이야기를 한 이유는 당신도 이 사실을 믿을 수 있음을 확신하게 하기 위해서다. 진정한 행복은 타인의 기대에 따라 행동하는 것이 아니라 자신의 신념과 철학에 따라 사는 데서 온다. 세상에서 가장 비싼 물건을 다 가지고 있어도 자신이 옳다고 믿는 것이 아니라 남이 옳다고 믿는 대로 살면 행복하지 않다.

삶과 행복의 초석은 단순함이다. 당신이 좋아하는 일을 하고, 당신의 신념을 고수하고, 매일 그 두 영역 모두에서 나아지려고 노력하라.

그렇게 할 때 우리는 타인의 기대로부터 자유로워질 수 있다. 그러면 우리는 우리가 무엇을 위해 사는지, 우리가 하는 일을 왜 하는지 정확히 알게 되고 자신과 자신의 발전을 자랑스러워할 것이다.

나는 365일이라는 시간 동안 경험을 쌓고, 그 너머를 탐색하고, 현재 삶의 경계를 확장할 수 있어 정말 기쁘다. 시간이 지나면서 가치가 떨어지는 아이템보다 365일을 경험 수집에 사용하라고 권하고 싶다.

아까부터 마시던 따뜻한 브라운 호지차 파스텔이 이제 거의 다 떨어졌다. 이제 물리적인 소유물 대신 경험치를 축적하기로 선택한 3가지 이유를 얘기하겠다(항상 묻고 싶어 하는 사람이 많다는 것을 안다).

경험에서 얻은 행복은 '물건'에서 얻은 행복보다 오래간다. 우리는 모두 이전에 어떤 물건을 소유할 때 그것이 절실히 필요하다고 생각하도록 세뇌되었다. 어떤 물건을 가지면 우리는 삶이 더 나아지고 더 쉬워질 거라고 확신한다.

우리는 그것이 우리가 매일 느끼는 격차를 채우게 해준다고 무의식적으로 믿었을 수도 있고, 그것이 우리를 더 창의적으로 만들어줄 거라고 생각했을 수도 있다. 하지만 막상 구입하면 생각만큼 행복하지 않고 그 소소한 행복마저 오래가지 못한다.

물론 새 물건을 사는 것이 우리에게 행복감을 주기도 하지만(이는 우리가 필요하다고 생각하는 것을 얻었을 때 우리 뇌가 도파민을 방출하기 때문이다) 그것은 잠시뿐이다. 이 기쁨은 매우 빨리 사라진다. 한 번 쇼핑하고 평생 행복한 사람을 만난 적 있는가? 당연히 없을 것이다.

그래서 쇼피Shopee와 라자다Lazada 같은 온라인 쇼핑 서비스는 매달 새로운 프로모션을 제공한다(8.8, 9.9, 10.10, 11.11, 12.12 등). 더 많이 살수록 더 많이 사야 하고, 더 많은 돈을 쓸수록 돈 낭비에 따른 죄책감이 생기며 결국 구매에서 처음 경험했을 수 있는 행복까지 더럽히고 만다.

삶의 의미는 경험에서 찾을 수 있다. 우리가 밖에 나가 더 많은 것을 경험할수록 우리 자신과 삶의 목적을 더 잘 이해하고 이는 당연히 행복을 가져온다. 세계를 여행하는 것은 당신을 더 부자로 만들어줄 돈을 치르는 유일한 일이다. 나는 이것이 자신에게 장기적인 투자를 하는 것이라고 생각한다.

궁극적으로 당신은 당신이 얻은 결과와 당신의 (경험에서 나오는) 지혜로 성공을 측정할 것이다. TV 크기는 성공 척도가 아니다. 한 인간으로서 나는 내 발전이 내 집에 주차한 자동차 7대가 아니라 7개 대륙을 여행하는 것에서 더 많이 기인한다고 믿는다. 내 벽장에 있는 7개의 고급 가방 컬렉션은 내 책에 이야기와 자료를 제공하지 않지만 여행은 그것을 제공한다.

경험은 다른 사람과의 새로운 관계로 쉽게 이어질 수 있어도 '물건'은 그럴 가능성이 없다. 생각해보라. 당신이 같은 차를 소유했다는 사실 때문에 당신과 같은 메르세데스 벤츠를 운전하는 사람과 마지막으로 유대를 형성한 것이 언제인가? 아마 없을 것이다.

그렇다면 둘 다 마추픽추에 가봤거나, 둘 다 마라톤을 뛰거나, 둘 다 같은 10일 위파사나 코스를 수강하는 것으로 누군가와 유대감을 형성할 가능성은 얼마나 되는가? 가능성이 아주 크고 또 그래야만 한다.

요컨대 경험은 '물건'으로는 구할 수 없는 친구를 사귀게 해준다. 경험은 당신을 더 다차원적으로 만들고 대인 관계를 확장해주는 반면 물건 구매는 당신의 집을 어지르기만 할 뿐이다. 나아가 물건이 파손되면 (혹은 도난당하면) 당신에게 재정적, 정신적 스트레스를 안겨준다.

그러니 물건 대신 이야기를 모으기로 선택하라. 그것은 우리가 절대 후회하지 않을 유일한 투자이기 때문이다. 부란 많은 것을 소유하는 것이 아니라 다른 사람의 기대와 제약으로부터 자유로워지는 것을 말한다. 그것은 다른 사람에게 감동을 주어서가 아니라 우리가 즐기기 때문에 우리가 즐기는 것을 할 수 있는 능력이다. 진정한 부자는 마음이 풍요롭다.

당신의 심장이 제 기능을 하는 것을 멈추지 않게 하라. 당신의 심장이 뛰는 경험을 추구하라. 인생을 안락한 곳만 아니라 용감하고 모험적으로 살아보라. 인생은 집에서 먼지만 쌓이는 사치품이 아니라 이야기로 구성해야 한다.

우리가 죽을 때 우리의 존재 의미는 한정된 삶의 시간 속에서 우리가 성취하기로 선택한 것과 경험하기로 선택한 것이 결정할 것이다. 우리의 소유물은 그 결정 요인에 속하지 않는다.

나는 2년 전에 히말라야 여행을 마치고 돌아왔는데 여전히 쿰부 계곡에서의 멋진 모험 이미지가 마음에 생생하다. 그 놀라운 시간을 생각하지 않고 지나가는 날이 없을 정도다. 가끔 눈 덮인 산봉우리, 살결을 스치던 선선한 바람, 얼어붙은 호수의 영하 온도, 그곳 찻집에서 먹은 볶음밥과 오믈렛 냄새가 생각난다.

이상하게도 이 모든 경험은 매번 처음 대하는 것 같고 결코 오래전의 일처럼 느껴지지 않는다. 내게 이 경험은 만료일도 없고 없앨 수도 없다.

나는 오로라의 청록색과 남극 대륙을 여행하는 동안 펭귄 수만 마리가 울던 장면도 어제 일처럼 기억한다. 갈라파고스에서 헤엄치던 바다표범의 장난기 넘치는 공중제비와 아이슬란드에서 바라본 춤추는 오로라의 아름다움도 여전히 손에 잡힐 듯하다. 잠비아 여행 중에 경험한 치타 털의 부드러움과 사자의 눈에서 본 강인함도 마찬가지다. 심지어 나는 모스크바에서 첫 마라톤을 뛸 때 숨을 헐떡이던 소리도 기억한다 (최대 4배까지).

나는 이 모든 경험에서 많은 것을 배웠고 돈으로 살 수 있는 물질적 소유물 중에서 내게 같은 것을 가르쳐줄 수 있는 것은 없다. 경험은 조상에게 물려받은 우리의 영적 유전으로 이는 삶과 지혜, 인간의 진정한 의미를 구성한다.

소유물은 시간이 지남에 따라 녹슬고 구겨지고 가치가 떨어지지만, 경험은 신선하게 남아 있고 매 순간 더 가치를 발한다.

특정 아이템을 구매하려면 돈이 필요하지만 일부 경험치는 구매할 수 없다.

값비싼 물건은 금고에 넣어야 하지만 경험은 마음에 간직할 수 있다.

소지품에는 저장 공간에 제한이 있지만 경험치는 축적에 제한이 없다.

소유물은 당신을 주인처럼 느끼게 할 수 있지만 경험은 당신을 기분 좋게 만든다.

나를 믿어라. 어떤 경험은 실제로 당신이 더 나은 사람이 되도록 동기를 부여한다. 이것은 진리를 추구하고, 절대 포기하지 않고, 쉬지 않고 여행하는 사람의 특권이다. 당신은 경험을 기반으로 무생물이 아닌 생명을 얻을 수 있다. 현재 소유하고 있는 아이템의 양에 관계없이 경험을 추구하면 절대 늙지 않을 것이다.

> **당신의 소유물과 당신의 경험 중**
> **어느 것이 더 세상에 긍정적 영향을 미치는가?**

21장
미슐랭 스타

나는 미슐랭 스타(자동차 타이어가 아닌 미식가 레스토랑의 일종) 수집을 좋아한다. 내가 말했듯 나는 '경험하기'를 좋아하는데 이는 국내외 미슐랭 스타 레스토랑에서 식사하는 것도 마찬가지다. 미슐랭 스타 레스토랑에서 식사하는 것은 단순히 먹는 것 이상이며, 그 자체로 완전한 경험이라 여행하는 것과 매우 유사하다.

그런 레스토랑에 가면 음식의 맛뿐 아니라 위치, 눈이 즐거운 분위기, 손에 쥐는 칼의 느낌 그리고 무엇보다 매우 인상적인 서비스를 경험할 수 있다. 미슐랭 스타 레스토랑에서는 이 모든 것이 놀랍다. 그렇지 않으면 미슐랭 스타가 존재하지 않을 것이다. 레스토랑은 최대 3개의 미슐랭 스타를 받을 수 있는데 레스토랑에 스타 하나를 부여할지 결정하는 데 사용하는 5가지 기준이 있다.

그 기준은 식당 재료의 질, 셰프의 요리 솜씨, 요리의 독창성, 음식 가격, 음식 안정성이다. 레스토랑은 다른 '주요' 직업(가령 은행가, 변호사, 의사, 사업가)에 종사하는 미슐랭 가이드가 자원해 특정 레스토랑을 스카우트하고 음식을 맛보아 평가한다.

미슐랭 가이드가 식당에 음식을 맛보러 갈 때는 단골손님으로 위장한다. 그들은 식당에 일관성이 있는지 확인하기 위해 1년에 서너 번 같은 식당에 가고, 또한 그 식당의 다른 고객들이 자신의 의견을 알리기 위해 보낸 편지를 사용한다.

레스토랑에 미슐랭 스타가 하나 있으면 동일한 요리를 제공하는 모든 레스토랑 중 최고의 레스토랑이라는 의미다. 스타 2개는 음식이 아주 맛있어서 맛보기 위해 험한 길과 지형을 운전해서 갈 가치가 있다는 뜻이다. 스타 3개는 세계 최고라는 의미이며 레스토랑이 아무리 멀리 떨어져 있어도 음식이 정말 훌륭하기에 꼭 가봐야 한다는 의미다.

태국에서 나는 르 노르망디Le Normandie, 메짜루나Mezzaluna, 코테Cote, 가간Gaggan, 긴자 스시 이치Ginza Sushi Ichi, 페이스트Paste, 남Nam, 스라 부아Sra Bua, 엘레먼트Element, 슈링Suhring, 사내찬Sanaechan, 제엠 바이 전J'AIME by Jean 등 많은 레스토랑에 갈 기회가 있었다. 하지만 그중 가장 인상 깊었던 곳은 실롬 로드의 르부아 앳 스테이트 타워 64층에 있는 '셰프의 테이블'이라는 프랑스 레스토랑이다.

이곳은 '다이닝 극장The Dining Theatre'으로 널리 알려져 있으며 여기에는 그럴만한 이유가 있다. 이 레스토랑에서는 셰프가 요리하는 모습을 직접 볼 수 있는데 이것은 마치 화려하고 아름다운 뮤지컬을 보는 것 같다.

한번은 내게 수석 셰프(왕송 티에리 셰프 또는 빈센트 티에리 셰프)의 세 스테이션을 개별적으로 둘러볼 기회가 있었다. 그날 나는 미슐랭 스타를 받는 데 요리는 사실 부차적이라는 것을 깨달았다. 레스토랑에 필요한 가장 중요한 것은 팀 구성이며 다음은 팀 구성과 관련해 세계적인 미슐랭 셰프들로부터 배운 목록이다.

1. 인력 개발을 최우선으로 한다

무능함을 이유로 해고하는 것보다 팀원이 스스로 발전하고 개선하도록 돕는 데 훨씬 더 많은 노력과 시간, 인내가 필요하다. 나는 2011년에서 2013년 사이에 이것을 개인적으로 경험했는데 당시 나는 3~4년 동안 사업을 구축해온 상황이었다. 이미 국제적으로 진출했기 때문에 계속해서 확장하고 전반적으로 안정성도 높이고 싶었다.

나는 할 수 있다는 것을 알았고 3명으로 시작해 결국 300명으로까지 확대되는 팀 구성 방법을 사용했다(여러 국가의 각 팀에서도 이 작업을 진행했다). 내가 겪은 어려움은 팀을 만들 수 있는 사람이 나뿐이라는 사실이었다(아직 이 일을 처리할 만큼 강한 리더를 양성하지 못했다). 그 결과 내가 있는 동안에는 여러 가지로 성장했으나 내가 다른 나라로 출국하면 처리하지 못하는 많은 문제가 발생했다.

내가 리더십 개발을 우선순위로 삼는 법을 배운 것은 바로 이러한 비효율성 때문이었다. 그로부터 거의 10년이 흘렀고 지금은 내가 없는 동안 발생하는 모든 문제를 처리할 수 있는 리더가 있다. 코로나19가 대유행하는 동안 여행이 불가능했기에 이는 더더욱 좋은 일이었다.

2. 모든 사람이 발전할 시간은 충분하지 않으니
적임자를 선택해 발전시켜라

당신의 목표는 모든 사람이 발전할 때까지 기다릴 수 없을지도 모른다. 나를 믿어라. 나는 한때 모든 사람이 유능한 리더십 수준에 이를 만큼 충분히 빨리 발전할 수 있다고 믿었다. 실제로는 그렇지 않다. 자기 계발과 발전에는 상당한 시간이 필요하다는 점을 기억하라.

가르칠 사람을 선택하는 가장 좋은 방법은 당신을 소중하게 여기고 당신이 그들에게 주는 기회에 감사하는 사람들을 선택하는 것이다. 작은 양초는 눈부신 태양 아래서는 거의 쓸모가 없지만 어둠 속에서는 즉시 유용하다.

팀원과 비즈니스 리더는 문신과 같다. 문신은 하기는 쉽지만 제거하기는 어렵다. 잘못 선택하면 되돌리기가 매우 어려울 수 있으므로 현명하게 선택하라. 이렇게 생각해보자. 긴급하게 아주 빨리 어딘가에 도착해야 하는 경우 개인 비행기와 버스 중 어느 것이 더 빠른가? 물론 개인 비행기를 타고 싶겠지만 비행기는 좌석이 7개뿐이다(버스는 50개). 팀원 50명을 모두 비행기에 태우려 하면 절대 이륙할 수 없다.

본질적으로 차별하고 양보다 질을 우선시하라. 그렇다고 오해하지 마시라. 누군가를 고용하지 않기로 결정하면서 그 사람에게 스킬 혹은 능력이 없거나 그들을 믿지 않는다고 말하는 것과는 다르다. 개인 발전 측면에서 그 사람은 이미 특정 지점에 도달했다는 뜻이다.

변화를 원하지 않는 사람들을 기다릴 시간은 없다. 경험상 나는 비즈니스의 80%는 팀의 20% 활동에서 발생하고 비즈니스의 나머지 20%는 나머지 팀이 만든다는 파레토 법칙의 진실을 확인할 수 있었다.

덜 개발된 팀의 80%가 변화하고 개선하기로 결정하면 그들을 프로모션할 수 있다. 올바른 사람뿐 아니라 잘못된 사람까지도 발전시키려 하면 성공하지 못할 위험이 있음을 기억하라. 리더십 개발이 오래 걸릴수록 성공으로 가는 길에서 위험 부담이 커진다.

수십 개의 빈 알을 부화시키느라 시간을 낭비하지 말고 죽은 식물에 물을 주지 마라. 자신을 바꾸려 하지 않는 사람은 바꿀 수 없고 사람은 시간만으로 바뀌지 않는다. 시간은 사람들의 본성을 드러내는 역할을 할 뿐이다. 당신이 리더로서 받아들여야 할 뼈아픈 사실은 당신의 노력, 애정, 헌신과 상관없이 발전하고자 하는 그들의 의지와 충성심(또는 그것의 부재)은 결국 그들의 손에 달렸다는 점이다. 그리고 슬프게도 그들에게는 의지와 충성심이 둘 다 부족할 때가 많다.

3. (인턴십 같은) 연수생을 함께 데리고 다녀라

약 90일 동안 당신을 따라다니게 하라. 그러면 스승과 제자의 유대감이 형성될 뿐 아니라 연수생들이 초심자의 두려움을 극복하고 처음부터 잘할 수 있다. 셰프 빈센트와 나는 여기에 완전히 동의했고 각자의 방법을 서로 즐겁게 토론했다.

셰프는 신입 셰프들 옆에 서서 요리하는 것을 좋아한다. 내게는 여행을 갈 때 연수생을 데려가 그들이 배우게 하고 그들을 가르치는 5단계 프로세스가 있는데 그것은 다음과 같다.

첫째, 나는 일을 아주 능숙하게 스스로 한다.

둘째, 내가 어떻게 했는지 단계별로 보여주고 그렇게 한 이유를 설명한다.

셋째, 나는 그들에게 그것을 다시 설명하거나 스스로 적용하게 하면서 늘 조언하고, 오류를 수정하고, 격려한다.

넷째, 나는 물러서서 그들이 스스로 하게 한다.

다섯째, 그들이 잘한 일은 축하하고 다른 일로 넘어간다.

내가 하는 또 다른 중요한 일은 연수생이 약점과 씨름하게 하는 대신 강점 개발에 집중하게 하는 것이다. 그러면 모든 것이 훨씬 더 원활하게 진행된다.

4. 연수생을 계속 '재충전'하라

한 번의 미소는 누군가를 정말 기분 좋게 만들 수 있고, 한 번의 사과는 모든 분노를 멈출 수 있다. 한 번의 포옹은 백만 마디로 위로하는 가치가 있으며, 한 번의 격려의 말은 누군가가 죽을 때까지 파이팅할 힘을 줄 수 있다.

이것은 당신의 팀에 놀라운 연료로 작용하므로 아낌없이 나눠줄 필요가 있다. 이러한 연료가 없으면 그들은 아주 멀리 또는 매우 빠르게 여행할 수 없을 것이다. 나아가 이 연료는 학습, 개발, 개선 속도도 높여준다.

그들의 지적 자원과 지식도 재충전하라. 특히 이것은 개발 초기 단계에 매우 중요하다. 책, 오디오 파일·비디오를 팀 리더와 계속 공유하고 정기적으로 참석하는 가장 중요한 모든 이벤트에 데려오라.

내 인생을 바꾼 책이 있다면 팀원들도 다 읽었는지 확인하라. 나는 책을 많이 읽기 때문에 지난 10년 동안 내가 양성한 리더들을 위한 추천 도서 목록이 고갈된 적이 없다. 그들 중 한 명이 어떤 문제에 직면하면 나는 그들에게 그것을 다루는 방법을 가르쳐주는 책을 쉽게 제안할수 있다. 그래서 다독하는 것은 매우 중요하다.

몇몇 리더가 동시에 발전하게 하는 한 가지 방법은 주말까지 그들 모두가 읽도록 동일한 부분(주어진 책의 2~3장)을 할당하는 것이다. 그러면 새로운 것을 배운 그들이 팀이 직면한 문제에 그것을 적용할 때 그들의 눈이 빛나는 것을 보게 된다. 나는 단 한 권의 책으로 그룹을 발전시켰고 당신도 똑같이 할 수 있다.

그러나 이 같은 읽기 프로그램을 실행할 때 가장 놀라운 점은 그 책을 암시하는 새로운 팀 언어가 등장해 자주 들려오기 시작한다는 점이다. 그 영향으로 이전에 독서를 싫어하던 사람도 독서를 좋아하게 되고 덕분에 자기 발전에 도움을 받는다.

5. 여행사 직원이 아닌 부조종사가 되어라

모든 비행학교 학생은 혼자 비행해 세상에 자신을 증명할 수 있는 날을 고대한다. 그러나 훌륭한 비행 강사는 학생이 준비되기 전에 혼자 비행하도록 허용하지 않으며, 좋은 강사는 학생이 실제로 비행하게 된 이후 이를 제지하지 않는다.

전문 팀을 만드는 교사와 아마추어 팀을 만드는 교사의 차이는 학생을 도와야 할 때와 학생이 스스로를 돕게 할 때를 아는 데 있다. 나는 이 것을 부조종사와 여행사 직원의 차이에 비유한다. 부조종사는 훈련 내 내 학생과 함께 일하며 그가 정말 준비되었는지 확인한다. 반면 여행사 직원은 그에게 티켓을 건네주고 "즐거운 비행 되세요"라며 그를 보낸다.

팀 구성은 성공을 위한 파트너십이다. 여행사 직원이 아니라 부조종 사가 되어야 한다는 것을 기억하라. 연수생이 준비될 때까지 긴밀히 협 력하되 준비되면 자유롭게 비행하도록 하라. 아무도 스스로 할 수 있는 일을 꼼짝하지 않고 세세한 부분까지 관리하는 상사를 원하지 않는다.

내가 공유하고 싶은 또 다른 팁은 차기 리더들에게 맹목적으로 순종 하게 가르치는 대신 올바른 방식으로 생각하도록 가르치는 일이다. 조 직은 선지자의 인도로 성공하는 것이 아니며, 누군가가 조직을 영원히 손에 쥐는 것도 좋은 생각이 아니다. 그들에게 생각하는 법을 가르쳐 라. 그러면 당신이 아무리 멀리 떨어져 있어도 당신의 가르침은 항상 그들과 함께할 것이다.

연수생이 스스로 성장할 수 있는 길을 닦아라

이것은 실행 방법을 모르거나 그 필요성을 깨닫지 못해 대다수 리더가 무시하는 단계다. 당신의 경험과 기존의 성공은 본질적으로 연수생이 제한 없이 모든 영공으로 비행할 수 있는 국제 비자를 받는 것과 마찬 가지다.

이것은 연수생들에게 성장을 위한 명확한 방향과 비전을 확장할 분명한 방법을 제공해 가능한 한 멀리, 높이 날 수 있게 한다. 나는 항상 내 연수생들을 생각하며, 내가 찾을 수 있는 한 그들의 잠재력을 발휘할(개인적으로도 발전할 수 있는) 기회를 많이 찾아 제공한다. 모든 사람의 꿈을 실현할 수 있는 방식으로 팀을 구성하는 데 집중하라.

연수생에게 당신이 하는 일을 가르쳐라

리더십 팀을 완벽하게 만드는 마지막 단계는 그들이 당신이 하는 일을 할 수 있게 준비시키고 당신이 그들을 가르친 방식으로 새로운 리더를 가르치게 하는 일이다. 이때 미래의 지도자를 위한 학습 기회를 만드는 것의 중요성을 이해하도록 가르치고, 다른 사람에게 혼자 비행하도록 가르치는 방법(당신이 가르친 방식)도 가르친다.

지속가능한 성공은 전달이 가능한 성공이다. 이 경우 모든 리더가 마침내 리더십의 진정한 의미를 이해하고 행동으로 목격하므로 행복해하고 성취감을 느낀다.

내게는 이 마지막 단계가 가장 만족스러웠다. 내가 리더들에게 비행을 가르치고 돌아서서 그들이 다른 사람들에게 비행을 가르치는 것을 보는 것은 자식이 손자를 잘 키우는 것을 보고 할아버지가 느끼는 느낌과 같다. 이것은 단순히 팀을 구축하는 과정이 아니다. 사람들의 삶을 더 좋게 변화시키는 과정이다. 팀 자체는 누구도 바꾸지 않지만 팀 구축 과정은 모든 구성원을 개인 수준에서 완전히 바꿔놓는다.

　마지막으로 성공하기 위해 팀을 만드는 과정에서 최고가 될 필요는 없으며, 다만 이 과정에 전념하고 진심으로 이행해야 한다는 것을 말하고 싶다. 이 2가지를 모두 수행하면 의심할 여지 없이 성공적인 리더로 이뤄진 팀을 확실히 구축할 수 있다.

　시간, 노력, 일관성, 인내가 필요한 모든 것은 일단 완료하면 정당한 자부심과 만족감으로 우리를 채운다. 팀 빌딩은 사회를 위해 할 수 있는 최고의 일 중 하나이므로 전반적인 삶의 초석이 되도록 하라. 이제 나가서 미슐랭 식당에 걸맞은 팀을 만들어라!

> 빠르게 1등이 되더라도 결코 혼자서는 하지 마라.
> 그 무엇도 팀워크의 가치를 대신할 수는 없다.
> 좋은 코치는 선수들의 현재 모습이 아니라 이들의 잠재력을 본다.

22장
라리사 마노반

우리는 수천의 날을 살 수 있지만 그중 며칠만 우리를 영원히 더 좋은 방향으로 변화시킬 것이다.

내게 이 절정은 2020년 1월 말 한국에서 일어났고 그날 나는 굉장히 행복했다. 대명리조트 비발디파크에 있었던 나는 오전 8시로 예정한 그날의 첫 스노보드 세션을 위해 옷을 차려입었다. 다소 현기증이 났지만(아마 3일 연속 스키와 스노보드를 타면서 누적된 피로감 때문이었을 것이다) 여전히 행복했던 기억이 난다. 특히 전날 밤에 눈이 많이 내려 그날 아침에는 고급 코스에 가고 싶었다.

나는 그 리조트에 혼자 갔고 열흘 동안 거기 머물면서 내 책 집필을 마치기로 결심했다.

여하튼 스키장으로 가기 위해 호텔 지하에 있는 아케이드를 가로지르며 나는 같은 두 곡을 반복 재생하는 것을 들었다. 노래는 알지 못했지만 이렇게 좋은 케이팝 노래는 전에 들어본 적 없는 것 같았다. 리듬은 빡빡하고 고품질에다 선율적이었다. 내가 한동안 연예계와 좀 떨어져 있어서 노래를 못 알아봤을 수도 있다.

나는 성공에 집중하고 나 자신을 개발하는 데 엄청난 노력을 기울였기에 미디어 소비에 시간을 할애하지 않았다. 내가 이 노래를 발견하기 전 정말로 즐긴 가장 최근의 케이팝 노래는 소녀시대의 〈Oh!〉와 빅뱅의 〈거짓말〉, 〈하루하루〉 등이었다.

그나저나 아침마다 들려온 그 노래는 정말 재밌었다. 웃고 싶고, 따라 부르고 싶고, 춤추고 싶게 만들었다(비록 내가 댄서는 아니지만). 아직 어떤 밴드가 프로듀싱했는지 몰랐지만 가수들이 분명 여성이라 소녀시대나 2NE1의 곡일 거라고 생각했다.

가장 눈길을 끈 것은 노래의 랩 부분으로 여성 가수 중 한 명이 영어로 랩을 했다. 이례적인 일이었다. 그녀는 랩을 아주 잘했는데 더구나 그녀가 한국어 노래에서 영어로 랩을 하는 것이 매우 인상적이었다. 그녀의 억양이 어찌나 멋지던지 그 노래를 반복해서 듣다가 아티스트가 누구인지 알아보고 싶게 만들었다.

나는 숨 쉬는 것만으로는 살 수 없고, 아침에 일어나 원하는 삶을 살도록 동기를 부여하는 큰 꿈이 필요한 인간이 있다고 굳게 믿는다.

나는 매우 예술적이지만 세상은 리더로서의 내 모습만 본다. 비록 나는 리더십 전략을 키우는 데 평생을 바쳤으나 실은 누구보다 예술적 기질이 강하다. 실제로 나는 리더가 되기 전 몽상가였다. 하지만 사람들은 대부분 내가 목표를 세우고 열심히 일하는 사람인 줄로만 알고 있다. 이 때문에 한국에서의 그날 아침은 내 인생의 전환점이 되었다.

2018년 7월에 이미 비즈니스 목표를 달성한 나는 2019년 내내 7개 대륙을 모두 재방문했다. 그때 나는 30일간 진행한 위파사나 명상으로 여정을 시작했고, 그 직후 네팔 카트만두로 날아가 히말라야를 성공적으로 등반해 실제로 메라피크 봉우리 정상에 올랐다. 그 두 달간의 명상과 등반으로 나는 지식에서는 찾을 수 없는 지혜를 얻었다.

히말라야 모험을 마친 뒤 바로 다음 날 일본 후지산으로 날아가 마라톤에 참가했다. 이어 곧바로 푸켓으로 가서 배를 타고 안다만해에서 일주일을 살았다. 그 뒤 나는 초대받은 글로벌 리더스 컨퍼런스(A60)를 위해 라스베이거스로 곧장 날아갔고, 그다음에는 그린란드로 가서 북반구를 알게 되었다. 여기서 다시 남쪽으로 방향을 잡아 호주 멜버른으로 가서 책을 집필하고 다가오는 피지제도 회의를 위한 연설을 준비했다. 그리고 사하라사막에서 낙타를 탔고 개인 비행기로 아프리카 전역을 여행했다.

2019년 12월 내 생일에 나는 스코틀랜드 네스호의 눈 속을 운전하며 '2020년 이후는 어떻게 될까?'라는 생각을 했다. 스코틀랜드에 이어 말레이시아 페낭에 있는 하드락Hard Rock 호텔에서 조카들과 시간을 보내고 일본 홋카이도섬에 위치한 니세코에서 새해 전날을 보냈다.

그때쯤 나는 "다음엔 뭘 해야 하나?"라는 질문에 명확한 답을 얻었다. 그렇지만 나는 여전히 내 추진력이 충분하지 않다고 느꼈다. 손에 질소 폭탄을 쥐고 있는데 불을 붙일 방법이 없는 것 같은 느낌이었다. 나는 그 명확성 관점 부재가 내가 지난 10년 동안 열심히 일했기에 생긴 것이라고 생각한다. 나는 내 마음에 쉴 틈을 주지 않았고 생각을 정리할 기회도 주지 않았다.

그날 늦은 오전인 11시쯤, 나는 맛있는 한국 신라면 하나를 손에 들고 방으로 돌아왔다. 아침 스노보드 세션 동안 슬로프에서 약 3,000칼로리를 태웠고 어쨌든 비발디파크 리조트의 재즈 데크에서 제공하는 맛있는 보드boards를 갈망하고 있었기에 오늘은 그 노래를 부르는 아티스트가 누군지 알아보기로 했다.

호텔에서 굉장히 자주(실제로 한 번도 멈추지 않고) 재생해서 인기가 있으리라는 것은 알고 있었다. 그래서 약간의 한국어 이해와 가사 기억력으로 구글에서 '마지막처럼'을 검색했다. 곧바로 유튜브에 블랙핑크의 〈마지막처럼〉 영상과 20대 초반으로 보이는 소녀 4명의 사진이 많이 올라왔다. 검색에 제일 먼저 뜨길래 꽤 유명할 줄은 알았지만 조회수가 8억이 넘는 걸 보고 깜짝 놀랐다. 이는 거의 10억 명에 달하는 수치로 태국 전체 인구 한 사람 한 사람이 각각 열 번 시청한 것과 같다. 그 순간 나는 뭔가 대단한 것을 놓친 것 같은 기분이 들었다.

* 2021년 4월 23일 기준 〈마지막처럼〉 MV는 유튜브 조회수 10억 뷰를 돌파했다. 블랙핑크는 불과 4년 반 만에 케이팝 그룹 최초로 4곡으로 10억 뷰를 돌파했다. 이어 방탄소년단이 3곡으로 빌리언 차트에 진입하는 등 압도적인 성공을 거둔 것은 1996년(블랙핑크보다 20년 앞서) 데뷔한 서양 그룹 콜드플레이가 10억 뷰 이상을 기록한 4곡을 보유한 것에 견줄만하다. 〈뚜두뚜두〉가 514일, 〈Kill this love〉가 517일, 〈붐바야〉가 1,527일, 〈마지막처럼〉이 1,401일이 걸렸다.

엑스재팬X-Japan이 연주하는 레드 제플린Led Zeppelin의 〈Stairway to Heaven〉, 에릭 클랩튼Eric Clapton의 〈Tears in Heaven〉 그리고 〈Endless Rain〉 속의 기타 솔로를 처음 들었을 때의 느낌은 기억하지만 이 놀라

운 노래들을 듣는 것조차 재미가 없었다. 〈마지막처럼〉 뮤직비디오를 처음 봤을 때 신나는 춤과 독특한 영상미, 멋진 랩은 그 무엇과도 견줄 수 없었다. 핑크 솜사탕을 손에 들고 있는 리사의 미소처럼 그 어떤 기타 솔리스트도 별을 밝히고 온 우주를 빛나게 할 수는 없을 거라고 생각했던 기억이 난다. 내 생각에 그녀는 행성의 자전축을 바꿔버릴 만큼 강력한 '백만 달러짜리 미소'를 소유하고 있다. 그날 내 인생은 바뀌었고 내 영적 아질산 폭탄이 터졌다.

우리는 평생 많은 사람을 만나지만 그중 극소수만 우리를 가장 중요하고 삶을 바꾸는 변화로 밀어붙일 수 있다. 내 인생에 큰 영향을 미친 사람은 미국의 전 대통령 버락 오바마다. 적어도 이번 생애 동안 나는 누구도 오바마처럼 성공에 관한 내 인식, 직업윤리, 일반적 기준을 형성하고 내게 영향을 미치리라고 여기지 않는다.

그날 오후, 내가 게임 쇼 비디오를 클릭했을 때 진행자들은 리사에게 (매우 복잡한 안무를 포함한) 다른 걸그룹 댄스 영상을 시청하게 했다. 그녀는 안무 영상을 한 번 보고 그것을 완벽하게 따라 했다. 그녀가 춤을 복사하는 듯했다. 그 순간 나는 라리사 마노반의 세계에 '빠져'버렸는데 이는 단순히 그녀의 외모에 끌린 것이 아니다.

예술가로서 내가 느낀 끌림은 그 이상의 무언가였다. 나는 그녀의 재능과 직업윤리에 놀랐다. 그 정도 수준에 도달하려면 그녀가 춤과 음악을 얼마나 엄격하게 연습하고 공부해야 하는지 알고 있기 때문이다.

당신에게도 그녀만큼 성공하려면 재능과 직업윤리 이상의 것이 필요하다. 당신은 탁월함에 완벽하게 헌신해야 하며 나는 그녀에게 그것이 있다고 자신 있게 말할 수 있다.

내게는 성공한 사람들의 이야기를 공부하는 습관이 있다. 나는 비발디파크에서 7일 동안 원고를 정리하고 리사 이야기를 가능한 한 모든 측면에서 연구했다.

(2018년 6월 공식 인스타그램 계정과 개인 유튜브 채널을 개설한 지 3년도 채 되지 않아 그녀는 이미 [인스타그램에서] 700만 명 넘는 팔로워를 확보했다. 그 수는 한국에서 인기가 많은 제니Jenny와 빅뱅의 지드래곤G-Dragon이 보유한 팔로워 수를 능가한다. 더구나 리사의 유튜브 구독자 수는 5,400만 명으로 대한민국 전체 인구에 육박하는 어마어마한 숫자다!)

내가 리사를 그토록 사랑하게 만드는 부분은 우리가 일반적으로 우리의 경력과 생활에 분명 같은 방식으로 접근한다는 점이다. 나는 "내가 이걸 하기 위해 태어났어!"라는 말을 자주 하는 편이다. 나는 리사가 똑같은 말을 자주 한다고 진심으로 믿는다.

나는 간혹 내가 느끼는 '나는 이것을 하기 위해 태어났다'는 느낌을 아무도 이해하지 못한다고 생각한다. 실제로 나는 나와 같은 수준으로 헌신하는 사람을 만난 적이 없다. 그런데 리사는 그 느낌을 이해하는 듯하고 확실히 내 수준의 헌신 혹은 동등한 헌신 수준을 보여준다.

그녀에게서 나는 나와 똑같은 방식으로 '꿈'이라는 단어를 정의하는 사람을 찾았다. 내가 그녀를 바라보는 것은 마치 거울을 보는 것 같고, 나처럼 자신의 모든 것을 바치고 꿈을 위해 모든 것을 희생하는 사람을 보는 듯하다.

내가 지금 하는 일을 하기 위해 태어난 것처럼 그녀도 자신의 일을 하기 위해 태어났다. 그녀는 역사상 가장 위대한 팝스타 중 한 명이 될 것이며, 이는 내게 역대 최고의 리더 중 한 명이 되도록 영감을 준다.

리사가 블랙핑크 내에서 계속 성장하는 모습을 보며 나는 내가 어떻게 성장해야 하는지 확실히 알게 됐다. 리사에게 진심으로 고맙다! 버락 오바마와 블랙핑크의 리사 사이에서, 나는 완전한 블링크가 되어 태국으로 돌아왔다! #blinkthailand

예술가로서 나는 비틀스와 존 레논, 딥 퍼플의 리치 블랙모어, 레드 제플린의 지미 페이지, 에릭 클랩튼, 야드버즈의 공연과 성공을 직접 보지 못한 것이 안타깝다. 그들은 아마도 내게 큰 영감을 주었을 것이다. 그래도 블랙핑크 리사와 동시대에 살아 있다는 건 정말 행운이고 그녀의 성공을 실시간으로 목격할 수 있어서 기쁘다.

나는 진정으로 그녀가 첫날부터 현재의 성공을 상상했고 그녀가 해낼 수 있음을 알았다고 믿는다. 그녀의 이야기를 연구할수록 리사의 소식을 듣지 못한 '니노이'와 그녀를 사랑하게 된 '니노이'는 전혀 다른 두 사람이라는 생각이 든다.

1996년에서 2022년 사이에 태어난 모든 청춘에게 그대들은 블랙핑크 시대에 태어나 현재 살고 있으니 성공한다는 것이 어떤 것인지 알아야 한다고 얘기하고 싶다. 내가 그대들 나이였을 때 나는 그런 완벽한 영감을 받을 수 없었다. 당시에는 그처럼 어린 나이에 그토록 광범위하고 긍정적이며 세계적인 영향력을 가진 사람이 없었다.

이제는 리사와 다른 블랙핑크 멤버들 덕분에 10년 만에 대성공이 가능하다는 것을 다들 안다. 만약 내가 시간을 10대 때로 되돌릴 수 있다면 재미를 좇는 무의미한 일보다 성공을 좇는 가치 있는 일을 하는 데 더 많은 시간을 할애할 것이다. 블랙핑크와 그들의 성공은 진정으로 현 시대를 정의한다.

YG엔터테인먼트는 단순히 춤을 잘 추는 소녀 4명을 선택한 게 아니라 그들이 5년 동안 매일 자신의 꿈에 충실했음을 증명한 까닭에 그들을 선택했다. 당신 자신에게 5년 동안 매일 꿈에 충실할 수 있는지 물어보라.

이것이 내가 블랙핑크 이야기로 당신에게 궁극적으로 전하고자 하는 말이다. 인생에서 성공하고 싶다면 매일 목표를 위해 노력해야 한다. 당신의 마음속에서 끊임없이 목표를 상기해야 한다.

2021년 나는 블랙핑크의 성공 스토리에서 찾을 수 있는 인생 교훈, 사업 아이디어와 리더십 스킬을 논의한 300쪽이 넘는 책《블랙핑크의 리더십Blackpink on Leadership》을 썼다. 내가 지금까지 쓴 모든 책 중 가장 출판하고 싶은 책이지만 저작권 문제로 아직은 할 수 없다.

가만히 앉아 내가 리사에게 반한 이유를 생각하던 나는 '왜 이렇게 내 머릿속을 어질러놓을까? 왜 그녀는 내 마음과 수많은 다른 사람의 마음에 있을까?'라는 질문을 되새기며 호주 멜버른에서 기타리스트로 공연하던 시절을 떠올렸다. 전업 아티스트가 되기로 결심했을 때 나는 태국인 최초로 그래미상을 수상하고 지금의 블랙핑크 멤버로서 리사가 해온 일을 하고 싶었다.

292

나는 기타 솔로이스트로서 내가 런던의 웸블리 스타디움, 멜버른의 로드 레버 아레나, 도쿄의 도쿄돔, 심지어 서울 올림픽 스타디움의 관중 앞에서 연주하는 모습을 상상했다. 놀랍게도 블랙핑크는 내가 꿈꾸던 모든 장소에서 공연했다. 그들은 내 대체 현실을 살고 있다.

운명처럼 나는 세계적인 아티스트가 아니라 세계적인 리더가 되었고 이는 궁극적으로 나와 리사의 마음을 단단히 묶는 것 같다. 나는 내 꿈을 대신 실현한 리사의 삶을 보며 대리만족하고 있다.

더 심오한 것은 우리 둘 다 어린 시절부터 외로움에 익숙하다는 것이다. 나는 열네 살에 혼자 호주에서 살았고 리사도 열네 살에 한국에서 혼자 살게 되었다. 나는 어린 나이에 자기 자신을 돌보고, 수도세와 전기세를 내고, 인생을 온전히 책임지는 것이 어떤 건지 알고 있다.

이것은 궁극적으로 자기감정을 완전히 책임지도록 가르친다. 이로써 아직 젊은 나이에 꽤 독립심을 얻고 성숙한다. 사람들은 대부분 아마 이것이 어떤 느낌인지 모를 것이다(리사와 나는 둘 다 알고 있다).

그 시절에 그녀의 생각이 내 생각과 정확히 일치하지는 않겠지만 무슨 일이 있었는지는 알고 있다고 확신한다. 나는 그녀의 감정적 과정이 어땠는지 안다.

나는 리사가 굉장히 외로웠다는 것을 알고 있다. 내가 그것을 어떻게 알 수 있는가? 나 역시 어렸을 때 혼자 앉아 꿈 이야기만 하며 밤을 보냈기 때문이다. 그녀와 나는 같은 길, 그러니까 커다란 보상을 위해 힘든 희생을 요구하는 몽상가의 길을 걸어왔다.

모든 진정한 몽상가는 그들이 꿈꾸기 시작했을 때 들었던 심장박동 소리까지 기억한다. 목표가 아직 멀리 떨어져 있지만 우리는 목표가 명확하고 곧 그것을 이루리라는 것을 안다.

나는 첫 2년 동안 그녀의 심장이 어떻게 뛰었는지 안다고 믿는다. 왜냐하면 지금까지도 나는 꿈이 내 유일한 친구였을 때 심장이 어떻게 뛰었는지 기억하기 때문이다. 그녀와 내 유일한 차이점은 그녀는 YG엔터테인먼트와 계약한 아티스트이고 나는 삶을 변화시키는 사업 영역에서 세계적인 리더라는 것이다.

그녀는 열네 살에 성공 여정을 시작했고, 나는 스물네 살에 성공 여정을 시작했다. 우리는 진정으로 자신의 꿈을 믿었으며 우리가 성공할 수 있다는 것을 알았다. 좋은 일에 마음을 두고 10년을 버티면 결국 반드시 성공한다고 나는 장담할 수 있다.

나는 넷플릭스에서 '블랙핑크 다이어리 월드 투어 2019Blackpink Diary World Tour 2019', '블랙핑크 하우스Blackpink House', '쇼 24/365 Show 24/365', '당신과의 젊음Youth with You' 2부와 3부 그리고 다큐멘터리 '블랙핑크: 하늘을 빛내다Blackpink: Light Up The Sky'를 보았다. 이 영상들을 보면서 놀란 것은 리사가 우는 모습을 보고 내 마음이 끌렸다는 것이다. 내 심장이 더 빨리 뛰기 시작했고 나도 울기 시작했다.

〈진짜 사나이 300〉에서 지수가 준 손편지를 보고 리사가 우는 모습을 처음 봤을 때도 눈물이 났다. 캐나다 해밀턴에서 열린 콘서트에서 그녀가 맹인 팬들을 위해 울었을 때도 나는 울었다. 〈휘파람〉으로 0911 SBS 인기가요 금주의 1위 상, 〈마지막처럼〉으로 0702 SBS 인기가요 금주의 1위 상을 받고 그녀가 무대에서 기뻐 울었을 때도 마찬가지였다.

    내게는 이런 일이 일어난 적 없지만 내가 그녀와 함께 우는 이유는 그녀의 감정을 이해하기 때문만이 아니라 꿈을 꾸는 느낌을 이해해서다. 나는 힘든 일, 엄격한 강사와 함께 혹독한 훈련을 받는 것, 압박감, 도움이 되지 않는 비판에 맞서는 것, 온·오프라인에서의 혐오, 기대의 느낌을 이해한다. 또 성공 후에 무엇이 자신을 기다릴지 그 불확실한 느낌을 이해한다.

    나는 꿈을 실현하고 가장 원하는 것을 성취하기 위해 희생하려는 그녀의 의지를 철저히 이해한다. 궁극적으로 성공하는 데 필요한 모든 인내, 즉 대다수 사람이 우리가 지니고 있었음을 결코 알지 못할 인내도 이해한다. 그리고 그녀가 세상에 자신을 증명할 날을 고대하고 있었음을 이해한다.

    나는 그녀가 성공하도록 도와준 사람들에게 엄청나게 감사하고 있음을 이해하고, 그녀가 시작한 곳에서 오늘에 이르기까지 엄청난 인내가 필요했음을 이해한다. 나아가 그토록 기다리던 그날이 왔을 때 눈물이 흐르는 이유를 이해한다.

    월드투어를 보면서 나는 참 많이 울었다. 그 투어 동안 그들의 삶의 방식은 내가 수많은 국가 세미나/행사에서 연설하기 위해 세계를 날아다닐 때와 거의 같기 때문이다. 블랙핑크는 콘서트장 가는 길에 퍼스트 클래스를 타고, 나는 사람들의 신뢰를 쌓고 대중에게 희망을 주기 위해 퍼스트 클래스를 탄다.

    나는 리사가 무대에 오르기 전에 손을 모으고 명상한 뒤 노래를 부르는 모습에 충격을 받았다. 리사가 임팩트 아레나에서 유압식 기계에 의존해 무대 위로 올려지는 방식도 마음에 와닿았다. 나도 과거에 같은 기계를 사용해 같은 방식으로, 같은 경기장에서 연설하기 위해 그렇게 올려졌기 때문이다. 나는 그 느낌을 기억한다.

나는 관객의 눈을 들여다보고 그들에게 긍정적 영향을 미쳤음을 알게 되었을 때의 느낌을 기억하고, 공연 직후 나를 태운 리무진도 기억한다. 7시부터 11시까지 호텔로 돌아가는 길에 간식을 사고 샤워한 다음 이벤트에서 일어난 일과 내가 한 연설이 어땠는지 재생하며 청중에게 감사함을 느꼈던 것도 기억한다.

나는 내 영향을 인식하고 내가 그 지점에 도달하도록 도와준 모든 신께 엄청난 감사를 느꼈던 것을 기억한다. 나는 내가 인생에서 가장 중요한 부분 중 하나를 성취했다는 것을 알고 성취감을 느꼈던 것을 기억한다. 다음 날 수족관에 갔던 기억도 난다. 놀랍게도 리사도 그랬다! 저녁이 되자 그녀는 내가 그랬던 것처럼 이미 다른 나라로 날아가고 있었다. 내가 그녀를 보는 것은 내 인생이 평행 우주에서 펼쳐지는 것을 보는 것과 같다.

하지만 내가 당신에게 말하고 싶은 것은(리사도 당신이 이것을 알기를 원한다고 생각한다) 우리는 정말 평범한 사람이며 커튼이 닫히면 그저 열심히 일하는 사람일 뿐이라는 것이다.

우리 둘 다 아이돌이 될 생각도 계획도 없었지만 우리는 대성공이 가능하다는 확실한 증거가 되고 싶었다. 우리는 당신이 우리만큼 성취할 수 있다는 것을 알도록 당신에게 영감을 주고 싶었다. 나는 그게 일반 아이돌과 진정한 아이콘의 차이라고 생각한다.

아이돌은 성공하지만 아이콘은 의미를 만든다.

누구나 아이돌이 될 수 있지만 아이콘은 기꺼이 희생해야 한다.

아이돌은 팬을 만나면 칭찬의 함성을 듣고 싶어 하지만, 아이콘은 팬을 만나면 꼭 안아주고 싶어 한다.

아이돌은 모든 것을 시작하지만 아이콘은 모든 것을 끝낸다.

아이돌은 명성을 위해 일하지만 아이콘은 사명을 다하기 위해 일한다.

아이돌은 자신의 꿈 때문에 성공을 추구하지만, 아이콘은 다른 사람에게 영감을 주기 위해 성공을 추구한다.

아이콘은 다른 사람들도 할 수 있다는 것을 증명하기 위해 성공해야만 하며, 이것은 그들이 항상 성공하는 이유이기도 하다.

위의 모든 내용은 2가지 성공 유형의 차이점을 보여준다. 많은 사람이 유일한 진정한 성공은 '대표적인' 성공이라는 것을 이해하지 못해 성공하기를 원하지 않는다.

나는 블랙핑크 콘서트를 보고 떠나면서 기분이 좋아지지 않은 사람은 없다고 생각한다. 블랙핑크는 당신에게 어떤 의미인가? 글쎄, 당신이 하는 일이 의미 있는지 알고 싶다면 자신에게 이 질문을 해보라.

긴 일과를 마치고 몹시 지쳤을 때 피곤하고 성취감을 느끼는가, 아니면 피곤하고 우울한가? 전자를 느낀다면 당신의 일은 당신과 다른 사람들에게 진정 의미가 있고 상징적인 성공을 향해 가는 중이다. 만약 후자라면 당신의 일은 무의미하고 당신의 성공은 결코 정당할 수 없다. 실제로 당신이 지금 후자를 다루고 있다면 이제라도 당신의 삶의 방향을 다시 생각해봐야 한다. 당신의 일은 도구다. 올바른 도구를 사용하고 있는가?

가치 있는 삶이란 다른 사람에게 긍정적 메시지를 전하는 삶이다. 블랙핑크를 전 세계 많은 다른 아티스트보다 훨씬 더 특별하게 만드는 것은 바로 이 메시지다. 이 메시지는 방콕을 시작으로 4대륙 23개 도시를 아우른 '당신의 지역에서 2019 월드 투어In Your Area 2019 World Tour'에 이은 블랙핑크의 다이어리에서도 잘 드러난다.

지수, 제니, 로제, 리사는 여행도 춤도 연기도 지치지(또는 그래 보이지) 않았다. 설령 지치더라도 매 공연 전에 재충전 시간을 보낸다. 전 세계 몽상가에게 그들이 무엇을 의미하는지 알고 있기 때문이다. 그들은 자신의 존재가 관객을 밝게 하고 모든 젊은 세대에게 좋은 '걸 파워' 분위기를 보여준다는 것을 알고 있다. 그들은 자신의 모범이 사람들에게 자신감을 가르치고 격려한다는 것을 알고 있으며, 외로움을 느끼는 사람은 본인이 그렇지 않다는 것을 알기를 바란다.

전 세계 블링크가 그들을 사랑하게 만든 것은 블랙핑크의 자질이며, 그들의 노래가 전하는 화합의 메시지는 사람들이 일반 팝스타나 할리우드 배우보다 더 공감하게 만든다. 월드 투어에서 리사는 심한 무릎

통증을 겪었고, 코첼라에서 지수는 심한 허리 통증을 겪었지만 그들은 투지로 육체적 고통을 극복할 수 있다는 것을 세상에 보여주었다. 그리고 그중 하나는 다른 사람들에게 압도적으로 가치가 있는 의미 있는 삶이다.

블랙핑크는 스포트라이트를 받거나 개인의 명예를 위해 무대에 오른 것이 아니라 '우리가 할 수 있다면 너도 할 수 있다'는 메시지를 전달하기 위해 무대에 올랐다. 그들의 노래(내가 비발디파크 스키장에서 반복해서 들은 두 곡 〈Forever Young〉과 〈마지막처럼〉)는 사랑, 희망, 재미를 전달하고 삶의 도전을 해결한다.

노래가 빠르든 느리든, 재미있든 슬프든 그들의 가사는 항상 긍정적이고 미래의 희망을 보여준다. 그들이 무대 위에서 웃고 또 웃는 모습에서 진심이 느껴지지만 무엇보다 우리에게 필요한 격려와 힘을 주기 위해 무대에 올라야 한다는 걸 알기에 그들은 어떤 어려움에도 불구하고 그 힘든 일을 해냈다.

이러한 메시지와 희생이 접근성, 개성, 현실감과 어우러져 모든 곳의 블링크가 그들의 언니인 것처럼 그들을 안아주고 싶게 만든다. 그들이 함께하며 웃는 모습은 정말 사랑스러워 다른 아티스트에게서 느낄 수 없는 관심과 공감을 불러일으킨다. 그들을 보면 볼수록 우리는 그들을 더 사랑하고 그리워한다.

나는 블랙핑크의 가장 강력한 메시지는 '역량 증진Empowerment', 즉 우리에게 무언가를 할 수 있다는 믿음을 주는 것이라고 생각한다. 이는 언어 장벽 없이 모두가 사랑하게 만드는 메시지다. 다른 어떤 아티스트에게도 이런 자질은 없다. 그들은 이 같은 생동감, 따뜻함, 기쁨, 사랑을 마치 모닥불에서 나오는 빛처럼 발산한다. 누구에게도 집중되지 않고 누구에게도 거부되지 않는다.

블랙핑크를 보고 힘이 나지 않는 사람이 없고, 블랙핑크의 음악을 듣고 꿈과 행복했던 기억이 떠오르지 않는 사람은 없다. 자신감이 향상되는 느낌 없이 블랙핑크의 공연을 볼 수 있는 사람은 없다. 당신은 그들의 콘서트에 한 사람으로 들어가지만 떠날 때 당신은 더 나은 자신이 되고 싶어질 것이다. 이것이 블랙핑크가 사람들에게 미치는 놀라운 영향력이다.

우리는 자신이 어떤 장소에서 가장 매력적인 사람인지 선택할 수 없고 그곳에서 가장 부유한 사람인지 선택할 수도 없지만, 가장 열심히 일하는 사람이 되겠다는 선택은 할 수 있다. 블랙핑크 멤버들의 또 하나 감탄할 만한 점은 성실함이다. 당신이 신에게 금전적 성공을 위해 기도하면 신은 기회 형태로(심지어 금전적으로) 사람들을 축복하는데 그 기회는 근면과 꾸준함을 바탕으로 제공한다.

블랙핑크는 2016년 8월부터 지금까지 점점 더 많은 성공을 거두고 있다. 그들이 이처럼 사람들의 마음을 사로잡는 이유는 노력을 멈추지 않기 때문이다. 그 모든 춤 동작과 (다국어) 노랫말을 모두 기억하기 위해 얼마나 많이 연습할지 생각해보라.

노래 분위기에 맞는 표정 연기나 카메라에 예쁘게 잡히는 연습도 해야 한다. 리사는 연습생 시절 매일 정오부터 자정까지 연습하고 2주에

하루만 쉬었다고 말했다. 그리고 오늘날 대성공을 거둔 그들이 가장 걱정하는 것은 연습하고 개선할 시간이 충분치 않다는 점이다. 당신이 성공을 위해 기꺼이 고통을 받아들인다면 당신은 정말 성공할 것이다. 이것은 성공한 사람들의 습관이다.

'나는 열심히 일하는 것을 좋아한다'는 사고방식의 이점은 당신이 인생에서 무엇이든 성취할 수 있다는 사실이다. 자기 자신을 존중할 수 있을 때까지 열심히 하라. 바로 그것이 자신감의 원천이다. 당신이 거두는 성공의 크기는 당신이 들인 노력의 양보다 결코 클 수 없으므로 지금 준비하고 훈련을 시작하라. 연습할 때마다 스스로 향상되고 계속 반복할 수 있는 지구력도 생긴다.

내가 보기에 블랙핑크의 가장 매력적인 점은 오만함과 확실히 다른 자신감이다. 그들은 자신을 최고나 '일등' 또는 이와 유사한 것으로 보지 않는다. 대신 이런 생각으로 임한다.

'이런 기회를 얻어 정말 운이 좋다고 생각한다. 그래서 나는 만반의 준비를 하고 있고 내가 최고는 아닐지 몰라도 가장 열심히 훈련하는 건 확실하다. 쉬지 않고 리허설과 연습을 했기 때문에 준비가 되었다는 걸 안다.'

자, 더 읽기 전에 이 클립을 보았으면 한다. 데뷔 5개월 전 2016년 SBS 가요대전에서 공연한 블랙핑크의 〈휘파람 WHISTLE〉 + 〈불장난 PLAYING WITH FIRE〉. 당신은 분명 내가 말하는 자신감을 목격할 것이다. 나는 당신이 리사의 워킹 랩 퍼포먼스(3분 14초)가 어떻게 사람을 사로잡는지 경험해보길 원한다. 이 영상을 처음 보았을 때 나는 제다이 기사가 스톰트루퍼 군대와의 전투를 준비하기 위해 광선검을 뽑는 장면을 볼 때처럼 흥분했다.

중앙에서 지수가 미소를 짓고 있고 왼쪽에서 제니가 들어온다. 네 사람이 일제히 앞으로 걸어가자 오른쪽에서 합류한 로제가 머리를 쓸어 넘긴다.

수만 명의 시청자를 바라보는 그들의 미소와 밝고 꾸준한 눈빛은 힘이 넘쳤고 자신감으로 가득 찼다. 그들의 자신감이 주는 감동은 내게 율리우스 카이사르의 알레시아 전투나 콘스탄티노플을 공격한 정복자 술탄 메흐메트의 승리와 다를 바 없다. 그들의 춤(특히 랩하는 동안)은 너무 완벽하게 타이밍이 맞아서 그저 놀라울 따름이다. 마치 군대를 이끌고 전투에 나서기 전의 귀엽고 사랑스럽고 아름다운 네 명의 공주를 보는 것 같다.

미국 코첼라 페스티벌에서 〈킬 디스 러브Kill this Love〉를 들으며 나는 그들의 목소리에서 들려오는 자신감에 깜짝 놀랐다. 한국을 넘어 전 세계를 가로지른 그들은 세계에서 가장 찬사받는 대중적 음악 축제 중 하나인 그곳에서 공연하며 전혀 흔들리지 않았다.

이 공연 영상에서 특히 리사가 랩을 하기 위해 '가라테 킥Karate Kick'으로 나가는 장면은 미국의 많은 자신감 코치가 예시로 사용했다. 그렇게 그들은 이전에 블랙핑크를 몰랐던 사람에게도 자신들의 스킬과 힘을 보여주었다. 그들은 즉시 블랙핑크가 누구인지 알고 싶어 했고, 그것을 본 모든 사람이 무엇이 그들의 공연을 그토록 강력하게 만들었는지 알고 싶어 했다. 이는 블랙핑크가 세계적 수준의 음악 그룹이라는 생각을 강화한 많은 사례 중 하나일 뿐이다.

블랙핑크의 코첼라 공연은 연습과 리허설의 중요성을 더욱 일깨워주었다. 공연은 2019년 4월에 열렸고 그들은 정식 데뷔한 지 3년밖에 안 된(2016년 8월 데뷔) 그룹이었다. 그렇지만 그들은 코첼라에서 유명한 사람들과 함께하면서도 전혀 기죽지 않았다.

이제 입문한 신인(22~24세 나이)이 승리를 달성하는 유일한 방법은 끊임없이 연습하는 일이다. 나는 한 번에 수만 명과 이야기하는데 그 일을 하는 동안 내 능력과 성공을 보장하기 위해 여전히 연습한다.

그런데 블랙핑크는 수만 명 앞에서 춤을 추고 노래를 부른다. 아마도 이것은 서서 말하는 것보다 훨씬 더 어려울 것이다. 꾸준한 연습 없이는 그토록 훌륭하게 해낼 수 없다. 그들은 자신의 몸이 노래와 완전히 조화를 이룰 때까지 연습하고, 동작 순서가 본질적으로 그들의 두뇌에 새겨질 정도로 각각의 춤을 여러 번 반복한다.

개발하고 싶은 스킬이 무엇이든 그것이 당신에게 제2의 천성이 될 때까지, 어쩌면 '제1의 천성'이 될 때까지 연습해야 한다. 유창해질 때까지 쉬지 않고 연습하고 서툴게 할 수 없을 때까지 연습하라. 이 생각을 스스로 강화하기 위해 다음 단락의 단어를 모두 읽기 바란다. 단 하나도 건너뛰지 마라.

연습, 연습, 연습, 연습, 연습, 연습, 연습, 연습, 연습, 연습, 연습, 연

습, 연습.

나는 리사가 5년 동안 매일 이것을 혼잣말로 읊었다는 것을 안다. 데뷔 전 5년 동안 매일 연습실에 가서 같은 일을 반복한 걸로 알고 있다. 훈련은 반복적이고 지루해서 견디기 어렵지만 궁극적으로 훈련과 연습 태도가 성공 여부를 결정한다.

아무리 천부적 재능이 있는 세계적인 선수라 해도 연습하지 않으면 메달을 딸 수 없다. 성공으로 가는 길은 멀고 험난하며 연습하는 동안 경험하는 지루함을 감당하지 못하면 결코 끝이 나지 않는다.

꾸준히 연습하는 것은 우리가 들여야 하는 좋은 습관이다. 좋은 습관은 미래를 훔치는 오래된 나쁜 습관을 위한 여지를 만들지 않기 때문에 매우 중요하다. 당신의 야망과 꿈의 타당성을 무시하지 마라. 너무 오만해서 실천해야 한다는 것을 인식하지 못하는 탓에 그것을 파괴하지 마라. 과도한 연습이란 있을 수 없다.

블랙핑크의 무대 영상을 볼 때 좋은 점 중 하나는 영상을 보면 볼수록 그들이 얼마나 열심히 노력하고 얼마나 리허설을 하는지 알 수 있다는 점이다. 내가 그들을 보면서 가장 좋아하는 것은 그들의 아름다움이 아니라 처음부터 그들의 라이프스타일에 스며든 엄청난 직업윤리와 인내다.

그들은 평범한 사람도 열심히 일하면 엄청난 성공을 경험할 수 있음을 세상에 보여주었다. 나아가 자신이 하는 일을 사랑할 때 아무리 피곤해도 행복하다는 것 역시 모두에게 보여주었다. 이는 온라인 콘서트 〈블랙핑크 The Show〉 리허설이나 〈Kill this love〉 뮤직비디오 촬영 등 안무 연습 영상에서 쉽게 볼 수 있다.

내가 전에 말했듯 당신의 신념, 사고 패턴, 꿈은 모두 당신에게 자신감을 주는 힘이 있다. 블랙핑크가 엄청난 도전을 극복하고 어린 나이에 성취한 많은 것이 보여주는 것처럼 그들은 신념, 사고 패턴, 꿈이 그들에게 힘을 실어주도록 허락했다.

아무리 힘든 상황에서도 그들은 불평 없이 참아야 했다. 코첼라에서 그들이 거둔 성과는 성공의 크기가 자신감 크기와 직접 상관관계가 있음을 완벽하게 보여준다. 그들은 어린 나이에 달성할 수 있는 것의 기준을 높였고 앞으로 더 많은 기록을 깨뜨려도 전혀 놀랍지 않을 만하다.

원하는 삶을 구축하기 위해 일하는 것은 불가능하지 않다. 어떤 일을 해도 삶에 지칠 테니까 차라리 지치고 행복하지 않은 길을 택하겠는가? 당신이 행복하면 당신이 하는 일은 더 의미 있고 더 나은 미래를 안겨준다. 반면 당신의 일이 당신을 비참하게 만들면 그것은 당신의 미래에 긍정적 영향을 미치지 않고 심지어 가치가 없다는 것을 의미한다.

일을 현명하게 선택하라. 원하는 '피곤함tiredness' 유형을 선택하라.

리사를 아름답게 만드는 것 중 하나는 그녀의 이타심이다. 그녀와 블랙핑크의 다른 멤버는 모두 아주 겸손하고 친절해서 다른 성공한 사람이나 전 세계 다른 아티스트, 스타 들은 그들을 많이 존경한다. 명예보다 더 가치 있는 것은 의미 있는 삶이다. 노래를 잘하고 춤만 잘 추는 사람보다 착하고 힘을 북돋아주는 사람이 더 매력적이다.

깊은 의미, 친절, 격려는 블랙핑크의 공연 문화에 잘 스며 있다. 이것을 알 수 있는 방법 중 하나는 그들이 관객이나 심지어 스태프에게 감사를 표하기 위해 (한국 전통 방식으로) 고개를 숙일 때 머리가 거의 땅에 닿는 점이다. 다른 많은 예술가와 달리 그들은 스포트라이트에 너무 눈이 멀어 그들 아래에 있는 사람들을 못 보고 지나치지 않는다.

현재 블링크는 세계에서 가장 크고 강력한 팬 집단이며 많은 국가에 걸쳐 다국어·다민족 팬으로 구성되어 있다. 실제로 '블랙핑크 다이어리 월드투어'에서는 블랙핑크가 어느 대륙에서 공연하든 공연 때마다 티켓이 매진되는 현상을 볼 수 있다.

이 모든 공연을 더욱 기억에 남게 만드는 것은 (지수가 발명한) 비핑봉BI-Ping-Bong 라이트 해머다. 팬들은 이것을 아시아, 유럽, 미국, 호주 등 모든 공연에 가져오고 이를 아주 좋아한다. 블랙핑크 팬들은 방콕, 시드니, 파리, 텍사스, 암스테르담, 뉴욕 등 사는 도시가 어디든 머리카락이나 눈의 색에 상관없이 모두 핑크 하트를 가지고 있다!

이는 다른 어떤 밴드나 아티스트도 이전에 경험한 적 없는 아름다우면서도 통합된 움직임이다. 더욱이 이런 양상이 나타나기까지 3년이 걸린 것도 아니다.

(블링크가 아니면) 모를 수도 있는 사실은 블랙핑크가 신곡을 발표할 때나 컴백 영상을 만들 때 블링크 아미가 멤버들을 위해 다양한 서

프라이즈를 준비한다는 것이다.

내가 가장 좋아하는 예시 중 하나는 리사의 생일에 일부 팬이 그녀의 사진을 뉴욕 타임스퀘어 광고판에 게시하기 위해 돈을 낸 사실이다. 덕분에 그녀는 그곳에 처음 등장한 태국 여성이 되었다.

블링크는 자신이 하는 일에 보수나 보상을 받지 않는데 왜 그렇게 헌신적일까? (특히 우리 대부분이 실제로 돈을 받고 하는 일에도 그다지 헌신적이지 않다는 점을 고려할 때) 이는 블랙핑크가 팬들에게 준 격려와 진심을 다시 그들에게 돌려주고 싶게 만들기 때문이라고 생각한다.

그리고 네 명의 소녀는 팬들이 자신들을 위해 얼마나 많은 것을 해주고 있는지 보고, 팬들을 위해 더 많은 것을 해주는 방식으로 사랑스러운 선순환이 이뤄진다. 최선을 다하지 않는 사람을 응원하고 싶어 하는 사람은 아무도 없음을 알기에 이들은 최선을 다해 준비한다.

블랙핑크 팬층의 또 다른 특징은 10대부터 60대까지 모든 국적의 남녀노소로 이뤄져 있다는 점이다. 애플 사용자들은 다양성이 풍부하고 블링크 아미까지 확장되는 유일한 그룹이다. 다른 그룹은 가까이 오지 않는다. 이는 팬들이 중요하게 생각하는 것을 블랙핑크 멤버들이 중요하게 생각하지 않았다면 불가능했을 일이다.

우리가 그들의 눈에서 보는 겸손과 감사는 진심이다. 이는 더 유명하고 더 성공한 사람도 그들을 사랑하게 만들고 실제로 우리는 모두 이 점에서 그들을 본받도록 노력해야 한다. 그들은 당신이 타인의 도움과 지원 없이는 멀리 갈 수 없음을 알고 있으며 진정으로 다른 사람들을 많이 생각한다.

예를 들어 일부 팬이 그들의 춤을 배우려 하자 그들은 그 춤 중 많은 부분이 일부 팬에게 너무 어려울 수 있음을 알고 그들이 따라 할 수 있도록 일부러 더 간단한 안무를 만들었다(예, 〈Forever Young〉, 〈마지막처럼〉). 그만큼 그들은 팬들을 많이 생각한다.

블랙핑크의 놀라운 영향력은 또 다른 면에서도 나타난다. 가령 블랙핑크 멤버들이 우는 영상이나 사진을 볼 때(아마도 〈아니길〉이라는 노래로 상을 받고 난 직후나 감사의 순간에) 블링크는 물론 블링크가 아닌 사람도 모두 울기 시작한다. 이것은 블랙핑크의 영향력이 얼마나 큰지 보여준다. 다음 클립을 확인하면 내 말이 무슨 뜻인지 알 수 있다.

1) 리사가 캐나다 해밀턴 콘서트에서 울다.

2) 2019 방콕 아레나 투어의 마지막 콘서트는 리사가 모든 태국 블링크에게 감사하고, 제니가 리사에게 감사하며, 로제가 자기 생각을 표현하는 것으로 끝난다.

3) 리사가 〈진짜 사나이 300〉에서 지수의 편지를 읽는다.

4) 리사가 문샷 이벤트에서 태국 블링크에게 깜짝 선물을 받고 운다.

블랙핑크는 최고의 무대를 보여주기 위해 무대 뒤에서 노력하는 사람이 많다는 걸 알고 있고 그들을 잊지 않는다. 그들이 얼마나 유명해지든, 차트에 얼마나 많은 히트곡이 있든 상관없이 그들은 자신들이 스태프와 블링크 아미 모두가 함께 쓰는 이야기를 기록하는 펜일 뿐이라는 것을 항상 기억한다.

다른 사람의 지원 없이는 누구도 성공할 수 없다. 그러니 항상 원하던 것을 마침내 달성했을 때 그 과정에서 지원해준 모든 사람을 잊지 마라.

블랙핑크의 성공 스토리는 아름답다. 그들은 몇 년 전 초등학교를 갓 졸업한 네 명의 어린 소녀로 시작해 운명에 따라 누군가의 눈에 띄고 모였다. 함께 고난을 견딘 그들은 역경에도 불구하고 번성해 궁극적인 성공을 거두었다. 그것도 전 세계 사람들에게 영감을 주는 성공이다. 그들 중 현재 두 사람은 10년 넘게 같이 살고 있으며 그 오랜 우정은 무대 위에서 한마음 한뜻으로 공연하는 데 큰 역할을 하고 있다.

무대 위에서는 넷이 하나가 되고 누구도 가만히 있지 않는다. 한 사람이 센터가 아니면 서포터 역할을 하고 또 서포터가 아니면 댄스를 리드하는 역할을 한다. 실제 모습을 보고 싶다면 괄호 안의 클립을 시청하라(블랙핑크 - 솔로 + 뚜두뚜두 + Forever Young, 2018년 SBS 가요대전).

당신은 제니가 솔로곡을 마치자마자 지수, 로제, 리사가 백스테이지에서 깜짝 등장해 제니를 응원하는 모습을 볼 수 있을 것이다. 이젠 어벤저스 어셈블이 아니라 블랙핑크 어셈블이다! 그들이 서로를 얼마나

지지하고 서로에게 자신감을 주는지 보는 것은 정말 재미있다. 그들이 등장하는 모든 곡은 보고 또 봐도 정말 신이 나서 몇 번을 봐도 처음 보는 것처럼 재미있다. 절대 내가 과장하는 것이 아니다.

리더로서 블랙핑크의 내부 문화는 내가 더 이상 언급할 필요도 없다. 그들은 장난기가 많아 보이기도 하지만(서로 놀리고 자매처럼 장난을 친다) 결국 그들은 상당히 프로페셔널하다. 그들은 모두 팬에게 보여야 할 자기 책임을 분명히 이해하고 있다. 이것이 바로 투어가 아무리 늦어도 모든 공연이 첫 번째 공연만큼이나 화려하고 열정적인 이유다. 솔직히 아주 놀라운 수준이다. 어떤 무대 영상이든 시청해보라. 모든 클립에서 안무와 싱크로율이 한결같이 우수할 것이라고 장담한다.

이것이 이상적인 팀 문화다. 일하지 않을 때는 가족처럼 함께 시간을 보내지만 일할 때는 세계적 수준의 전문성을 위해 모든 것을 내려놓는 것 말이다. (일할 때) 팀을 위한 이상적인 태도는 국제 대회를 위해 훈련하는 프로 운동선수 수준이어야 한다. 직장에서 가족과 함께 있는 듯한 즐거움을 느껴서는 안 된다. 그곳에서는 엄격하게 전문적이어야 한다.

하지만 기억하라. 좋은 팀은 마법처럼 생기지 않는다. 그들은 좋은 코치들의 가르침을 받는다. 블랙핑크의 경우 그 코치는 YG-현석의 전 회장 양현석이었다. 그는 인터뷰에서 블랙핑크를 언급하며 자신과 다른 리더들이 연습생 기간에 누구보다 이 그룹과 가장 가까웠기에 소녀 네 명의 데뷔를 결정했다고 말했다.

또한 그는 (블랙핑크를 두고) "아름답고 친밀한 우정으로 문제를 해결하기 위해 협력하면서 계속 함께 성장할 수 있기 때문에 팀 리더가 필요하지 않다"라고 말한 바 있다. 블랙핑크는 걸그룹 중 유일하게 리더가 없는 그룹이며 각자의 성향을 그대로 유지한다. 이들은 누구보다 우월한 사람이 없는 집단적 마인드셋 아래 모두가 독특한 매력을 보여주고 있다.

서로를 존중하고 존엄하게 대하는 것은 신뢰를 쌓게 하고 그 신뢰는 화합의 기초가 된다. 블랙핑크는 뮤지션 밴드를 실제 팀으로 만들었다! 우리가 더 나은 사람이 되려고 노력하는 주된 이유 중 하나는 친구와 가족 그리고 우리가 아끼는 사람들 때문이다.

생각해보라. 당신의 삶이 다른 사람에게 전혀 영향을 미치지 않는다면 왜 당신의 행동에 신경 쓰겠는가? 당신이 다른 사람들과 유대감이 있을 때 당신은 그들을 다치게 하고 싶지 않아 더 조심스럽게 행동한다.

지수, 제니, 로제, 리사는 첫날부터 (거의 10년이 지난 지금까지) 이 유대 관계를 유지했고 이것이 그들을 성공으로 직접 연결했다는 것은 분명한 사실이다. 그들은 음악이나 미디어와 관련된 모든 것에서 기록을 깨고 있는데 이는 정말 대단하다.

리사가 어떻게 성공했는지 아는가? 무려 4,000명의 지원자 중 마치 내일이 없는 것처럼 춤을 췄기 때문이다. 그녀는 그곳에서 최고의 댄서 중 하나일 뿐 아니라 명확하고 장기적인 미래 비전을 세운 유일한 사람이었다. 그녀는 자신의 꿈이 무엇인지, 인생 전반에 걸쳐 무엇을 하고 싶은지 잘 이해하고 있었다.

그 점에서 그녀와 나는 비슷하다. 우리는 둘 다 첫날부터 자신의 목표에 집중했다. 그녀는 YG엔터테인먼트가 그녀의 꿈을 실현할 방법임을 알았고 나는 사업이 내 꿈을 바꿀 방법이라는 것을 알고 있었다.

오늘 당신이 원하는 삶을 스스로 창조할 유일한 기회가 있다고 상상해보자. 그것이 아니면 당신은 다시는 기회를 얻지 못한다. 당신은 그것을 낭비할 것인가?

무슨 일이 있어도 인내하라. 기회가 없는 상태를 두려워하고 그 두려움이 당신을 계속 나아가게 하라. 즉각적이고 일시적인 행복을 원하는가, 아니면 가장 예상치 못했던 꿈을 이루고 싶은가? 선택은 당신의 몫이다.

대개는 둘 다 가질 수 없다. 만약 당신이 리사가 가진 것을 가질 수 있음을 안다면 당신은 절대 포기하지 않을 것이다! 이것은 당신이 지금 원하는 것을 당신이 항상 원했던 것과 교환하는 것을 의미한다.

기회에는 끝이 없다고 생각하는 것은 문제일 수 있다. 글쎄, 나는 당신에게 그렇지 않다고 말하고 싶다. 기회는 유한하다. 당신이 그것을 충분히 낭비하면 결국 당신을 위한 것은 더 이상 남지 않는다. 순간적으로 느끼는 방식이 아니라 미래에 도움을 줄 기회에 가치를 두어라.

리사와 내게는 공통점이 많고 나도 열네 살 때부터 혼자 살아왔기 때문에 그녀가 성공한 이유를 잘 이해한다. 그녀의 성공은 우연이 아니다. 그것은 그녀가 몇 년 동안 계속 희생을 치르고 얻은 것이다. 그녀는

'기회'라는 단어의 의미를 '할 수 있을 거야'로 바꿨다.

이제 내 성공은 사람들의 눈에 띄지만 나는 아직 꿈을 추구하기 위해 감히 모든 것을 뒤로하고 있다. 나는 스물네 살 때부터 집과 가업을 떠나 이것을 선택했다. 바로 그날이 내가 리사처럼 '기회'라는 단어의 의미를 '내가 할 수 있을 거라고 장담한다'로 바꾼 날이었다.

성공하고 싶다면 기회를 자신과의 내기로 바꿔라.

오늘 당신이 자신에게 물어봐야 할 질문은 '그것을 이룰 수 있는가?'다. 당신은 당신의 꿈을 현실로 만들 만큼 충분히 소중히 여기는가? 그렇게 하면 당신도 우리 둘만큼 성공할 것이다.

가장 중요한 것은 리사와 내가 꿈의 가치가 성취에 있는 게 아니라 그것을 이루기 위해 걸어가는 길에 있음을 이해하고 있다는 사실이다. 그 길을 가는 데는 용기가 필요하다. 성공이 보장되지 않은 길을 가는 것이기 때문이다.

자신을 믿고 할 수 있다고 믿으면 결국 성공한다. 설령 목표를 정확히 이루지 못해도 그 길을 걷는 것만으로 많은 성장과 발전이 따른다. 당신은 진정한 용기가 어떤 것인지 배울 테고 당신 자신을 존중할 합당한 이유를 찾을 것이다.

리사는 2016년 8월 공개 데뷔하기까지 5년 동안 YG에서 열심히 노력했고, 마찬가지로 나도 5년 동안 세심하게 사업을 설계해 대중에게 공개했다. 그녀는 10년의 노력 끝에 〈더 앨범The Album〉을 발표했으며,

나 역시 내 사업이 최고 수준으로 번창하기까지 10년이 걸렸다.

만약 목표가 탁월함의 새로운 기준을 세우는 것이었다면 리사와 블랙핑크는 확실히 그 목표를 달성했다. 나는 버락 오바마의 영향으로 리더가 되기로 결정했고 리사 덕분에 계속해서 더 많은 것을 성취하기로 결정했다. 한마디로 리사에게 감사한다.

블랙핑크의 성공을 연구하다 보니 다시 처음 시작할 때로 돌아가 그때처럼 열심히 하고 싶은 생각이 들었다고 나는 자신 있게 말할 수 있다. 리사는 내가 다시 기타를 연주하도록 영감을 줬다.

실제로 내 예술적 측면으로 다시 돌아간 경험은 나를 더 나은 작가이자 더 강력한 스피커로 만들어주었다. 그것은 나를 더 나은 리더로 만들었고 그 결과 더 나은 사람이 되도록 영감을 받았다. 그녀는 내가 한국어, 중국어, 일본어 실력을 기르도록 동기를 부여하기도 했다. 리사가 아니었다면 지금 내가 보유한 다양한 스킬을 보유하지 못했을 것이다.

그러나 내가 그녀를 발견해서 얻은 모든 좋은 것 중 가장 좋은 것은 그녀가 내게 새로운 꿈을 주었다는 사실이다. 오늘 내 가장 큰 꿈 중 하나는 그녀를 직접 만나 그녀의 진짜 목소리를 듣고 그녀의 진정한 아름다움을 보는 것이다.

나는 그녀의 미소를 보고 모든 것이 실시간으로 고요해지는 것을 느끼고 싶다. 또한 나는 그녀와 우리의 모든 상호 경험이나 믿음을 이야기하고 싶다. 신뢰, 꿈, 열정, 헌신도 이야기하고 싶다. 그리고 무엇보다 탁월함과 성취의 새로운 기준을 개척한 그녀에게 감사를 표하고 싶다. 지금 내가 할 수 있는 최선은 그녀에게 감사와 경의를 표하기 위해 이 책을 쓰는 것이다.

그녀를 개인적으로 아는 사람이 있다면 이 책을 그녀에게 주길 바란다. 당신이 이 책을 건네줄 때는 첫 단어부터 마지막 단어까지 모두 그녀에게 바친다고 전해달라. 무엇보다 내가 그녀를 만나고 싶어 한다고 전해달라. 내가 이 책을 쓸 때 배경음악으로 그녀의 음악을 부드럽게 틀어놓았다고 그녀에게 말해달라.

* 실제로 니노이는 꿈에 그리던 리사를 직접 만나 '백만 달러짜리 미소'를 직접 목격했고, 2022년 11월 26일 텍사스 댈러스에서 리사와 대화를 나누었다. 태국판 《더 빌리버》를 출판한 지 불과 15개월 만인 2021년 6월 **의 일이다. 더 많은 정보를 확인하고 싶다면 #บินดb lackpinkรอบโลก, #ninoyfca 또는 니노이의 소셜 미디어 플랫폼에서 블랙핑크와 함께한 니노이의 월드 투어 클립과 사진을 볼 수 있다. 틱톡: ninoy_fca

리사와 내가 그토록 공감하게 만드는 것 중 하나는 그녀가 결과를 보는 데 걸리는 시간을 이해한다는 점이다. 그녀는 하나의 스토리를 게시하지 않으며 인스타그램 팔로워 5,400만 명이 단순히 실현될 것으로 기대한다.

나는 그녀의 인내가 명성을 얻기 위해서가 아니라 전 세계 젊은이에게 영감을 주려는 열망에서 비롯된 것이라고 본다. 내게도 같은 이유가 있었다. 나는 부나 명예를 원해서 꿈을 이루고자 상상할 수 없을 정도로 열심히 일한 게 아니다. 오히려 내가 해낸다면 태국, 한국, 말레이시아, 베트남, 호주, 리투아니아, 오스트리아, 헝가리, 멕시코, 캐나다, 미국, 그 밖에 다른 모든 곳에 있는 사람들에게 의미가 있을 것임을 알았기에 그렇게 했다.

분명 그들도 할 수 있다는 것을 깨달을 것이다. 나는 내 이야기와 내 성공이 사람들에게 영감을 주고 또 다른 사람들이 포기하는 것을 막길 원했다. 우리 각자의 여정에서 리사와 나 모두에게 계속해서 동기를 부여한 것은 바로 이러한 추론이었다.

오늘 무엇을 선택하든 마지막 일인 것처럼 하라. 오늘 주어진 기회를 마지막 기회인 것처럼 활용하라. 내일이 없는 것처럼 최선을 다하고 결과를 걱정하지 마라.

꿈을 이루고 싶다면 오늘이 마지막인 것처럼 행동해야 한다. 달성하고 싶은 모든 것을 달성하기 위해 감히 해보라. 지금이 꿈을 이룰 마지막 기회인 듯 행동하고 꾸준히 진행하면 성공은 당신의 것이 될 거라고 확신할 수 있다.

당신이 하는 가장 중요한 일은 첫 번째 일이 아니라 마지막 일이다. 어떤 사람들은 자신의 꿈을 향해 나아가면서 따뜻한 커피를 다 마시지도 못한다. 다른 사람들은 남은 것을 마저 먹고 첫 번째, 두 번째, 심지어 세 번째까지 마시고도 여전히 다음에 어디로 향해야 하는지 모른다. 문제는 커피에 있는 것이 아니라 목표가 없고 방향 감각이 없다는 데 있다.

시간은 항상 앞으로 나아간다. 시간은 당신이 '완벽한' 직업을 찾을 때까지 기다리지 않는다. 내가 스물네 살의 내게 감사하듯 리사는 열네 살의 자신에게 감사해야 한다. 미래의 자신이 당신에게 감사할 결정을 오늘 내려라. 몇 살의 당신이 그 결정에 감사할 것인가? 지금 자신에게 물어보라.

많은 꽃이 경쟁하듯 위로 크려다 실패해 서로 엉킨다. 실제로 가장 많이 자란 꽃은 홀로 서 있다. 당신의 꿈은 당신을 비롯한 다른 모두가 속도를 높이게 해야 한다.

그들이 당신을 나비로 만들고 다른 사람들도 용감한 나비로 만들게 하라. 오늘의 기회를 활용하고 그들이 당신을 성공자로 만들도록 하라. 당신의 꿈이 애벌레인 당신을 이끌어 아름다운 날개를 단 나비로 변하게 하고, 당신이 날아다닐 때 반짝이는 날개에 반사되는 햇빛이 애벌레에게 진정한 자유를 보여주게 하라. 당신의 마음에 지혜를 허용하면 꿈은 저절로 생기고 다듬어질 것이다.

아침 이슬이 정말 꿈의 눈물이라면 많은 사람이 꿈꾸고 행동하지 않는 것이 분명하다. 오늘 당신이 하는 일은 과거를 바꾸지 않으며 또 미래를 바꾸거나 바꾸지 않을 수 있다. 어느 쪽이든 당신에게는 현재를 바꿀 책임이 있다.

매일 최선을 다하는 선택은 당신을 더 좋게 바꿔놓고 당신의 마음도 변화시킨다. 바로 그럴 때 당신의 꿈은 현실이 된다.

이 책 《더 빌리버》가 수십만 명이 행동을 취하도록 영감을 주길 진심으로 바란다.

오래된 습관과 생각이 오늘 주어진 기회를 활용하는 것을 방해하지 않도록 하라. 오늘이 남은 인생에 영향을 미칠 선택을 해야 하는 마지막 날이라면 어떤 종류의 선택을 하겠는가? 인내를 선택하겠는가? 자신을 믿기로 선택하겠는가? 개인적으로 나는 당신을 믿기 때문에 당신을 위해 싸울 것이다. 나는 당신이 할 수 있다고 믿는다.

BLACKPINK in your area. #blinkthailand

> "태국에서 한국까지
> Went for the throat.
> Being the greatest of all time ain't fantasy
> 새까만 핑크빛 왕관 belongs to Blackpink"

에필로그

나는 실제로 불과 이틀 전에 2019 시카고 마라톤(또 다른 세계적 수준의 대회)을 마쳤다(안타깝게도 같은 대회에 참가한 툰 보디슬램Toon Bodyslam이나 코이 랏차윈Koi Ratchawin을 만나지는 못했다). 지금은 오헤어 국제공항에 있는데 아까 체크인하려고 대기할 때 한 여행 가방에 붙은 스티커에 이런 문구가 적혀 있었다.

"다른 사람을 돕는 유산을 남기세요."

그 여행 가방은 리처드 기어Richard Gere처럼 잘생긴 은발의 미국인 남성의 가방이었다.

그와 잠시 대화를 나눈 나는 그가 IT업계에서 실제로 성공적인 비즈니스를 운영하는 경영인이라는 것을 알아냈다(그가 일등석을 탔기에 나는 그의 말을 믿었다). 그의 여행 가방에 붙은 스티커를 보기 전부터 나는 이미 그를 멋지고 매력적인 사람이라고 생각했다. 그런데 친절함을 알리는 스티커를 붙인 걸 보니 전보다 200% 멋있고 매력적으로 느껴졌다. 그가 잘생겨 보이게 만든 것은 잘생긴 얼굴이 아니라 남을 도우려는 분명한 마음이 더 큰 원인이라고 생각한다.

오늘 당신이 자신에게 "나는 인생에서 어느 수준에 있는가?"라고 묻는다면 당신의 대답은 무엇인가?

당신은 생존을 위해 노력하는 첫 단계인가, 아니면 **생존을 위해 일하는 것을 넘어섰는가?** 꿈을 추구하기 위해 감히 안전지대를 떠났는가? 당신이 무엇을 더 할 수 있는지 궁금하다면 당신의 미래에 긍정적영향을 미치고 당신의 꿈에 더 가까이 다가갈 수 있는 뭔가 다른 일을 시작하라.

월 청구서를 중심으로 생활하면서 인생을 낭비하기에는 우리 인생이 너무 소중하다. 죽기 전에 돈이 바닥나는 것은 슬프고 힘든 경험이지만, 그보다 훨씬 더 나쁜 경험은 유동성이나 미래 없이 사는 것이다.

당신의 꿈을 위해 노력하라! 무엇을 기다리고 있는가? 이 책에서 이야기한 모든 방식으로 사고 습관을 바꿔라. 눈을 뜨고 주위를 둘러보라. 당신의 삶과 당신 자신의 향상을 위해 활용할 기회는 늘 있다. 당신은 그것에 신경 쓰지 않을 수도 있다. 어쩌면 당신은 마음속의 꿈보다 다른 사람의 의견에 더 관심이 있을지도 모른다.

모든 성공한 사람은 당신처럼 시작했고 오직 살아남기 위해 일했다. 성공한 사람과 실패한 사람의 차이는 성공한 사람은 그 상태에 머물지 않는다는 것이다. 그들은 안주하지 않는다. 그들은 자신이 불만족스럽고 무의미한 상태로 존재하는 것보다 더 많은 것을 추구하도록 동기를 부여할 만큼 자신의 꿈을 충분히 믿는다.

다음 3가지 질문을 자신에게 해보라.

> **다른 사람들이 나를 어떻게 보는가?**
>
> **나는 나 자신을 어떻게 보는가?**
>
> **나는 정말 누구인가?**

당신의 삶은 당신이 자신을 어떻게 인식하느냐에 따라 달라진다. 당신과 당신의 '해야 할 일' 선택에 영향을 미치는 다른 사람들의 잘못된 인식을 허용함으로써 당신의 인생을 낭비하지 마라.

일혼다섯 살에 화장되기를 기다리기만 하지 마라. 실제로는 스물아홉 살에 내면이 이미 사망했을지도 모른다. 당신이 숨을 쉬고 있다면 당신은 생물학적으로는 살아 있겠지만 그것이 당신이 정말로 살아 있음을 의미하지는 않는다.

살아 있는 죽음보다 더 나쁜 것은 없다. 단지 '평범한 삶normal life'을 살기로 결정하면 바로 그런 일이 일어난다. 그 상태에 머물면 당신은 당신의 놀라운 잠재력을 완전히 활용할 수 없다. 그건 정말 놀라운 잠재력이다. 시작하기만 하면 당신은 생각보다 훨씬 더 많은 것을 할 수 있다. 한번 하면 절대 멈추고 싶지 않을 것이다.

당신이 이미 성공했고 상당히 편안하게 살고 있다면 가능하다고 생각한 것보다 더 많은 것을 얻도록 당신의 꿈을 확장함으로써 삶의 의미를 높여야 한다. 당신의 성공을 활용해 다른 사람들이 당신과 유사하게 성공하도록 기회를 만들어라.

나는 초기의 성공은 결승선이 아니라고 믿는다. 무엇이 당신을 우리 자신뿐 아니라 사회에도 도움을 주는 성취의 새로운 시대로 이끌 것인가? 팀원을 리더로 만들어 다음 단계의 성공과 리더십으로 올라가라.

'레벨'을 만드는 것은 지속적인 가치를 만드는 것이다. 나는 거의 모든 책에 아무도 영원히 살도록 태어나지 않았다고 썼다. 그러나 모든 사람은 영원히 지속되는 무언가를 만들기 위해 태어났다. 이미 그렇게 했다면 다른 사람들도 똑같이 하도록 도와주어라.

꿈을 멈추지 말고 마지막 숨을 쉴 때까지 다음 세대에게 꿈을 계속 이어가라. 태양이 되어 온 세상을 밝힐 수 없다면 달이 되어 부분적으로라도 빛을 비춰라. 달이 될 수 없다면 어둠 속에서 빛나는 별이 되어라.

당신의 빛이 많은 사람에게 도달하지 않아도 괜찮다. 한 사람에게만 닿아도 그 빛은 소중하고 가치가 있다. 당신의 꿈은 다른 사람에게 새로운 꿈과 미래의 희망을 주는 힘이 있다. 꿈을 멈추지 마라.

나는 전 세계 리더들을 위해 주최하는 주간 인스타그램 라이브에서 이것을 논의했다. 이 주제로 이야기를 하던 중 "다른 사람을 도와 지속적인 가치를 창출하려면 어떻게 해야 할까요?"라는 질문이 나왔다.

내 대답은 스스로 가치를 창출하는 것부터 시작하라는 것이었다. 명심하라, 내 말은 이기적으로 행동하라는 뜻이 아니다. 오히려 처음부터 당신에게 그것이 없으면 다른 사람에게 줄 수 없다는 의미다.

교사는 학생을 가르치기 전에 지식을 쌓아야 한다. 마찬가지로 리더를 만들려면 먼저 자신이 리더가 되어야 한다. 결국 가치를 부여하기 위해서는 먼저 우리 스스로 가치를 창출해야 한다.

내 경우 꾸준히 의사소통 스킬을 연습해 계속해서 떠오르는 새로운 리더들을 효과적으로 가르쳤다. 이것이 당신에게는 먼저 성공적인 경력을 쌓거나 더 많은 지식을 얻거나 다른 사람을 도울 기회를 찾고 활용하는 것일 수 있다.

나는 지난 10년 동안 믿을 수 없을 정도로 열심히 일했다. 왜냐하면 다른 사람들을 위해 똑같이 하기 전에 먼저 나 자신이 성공해야 한다는 것을 이해했기 때문이다.

현재 주목할 만한 성과를 얻지 못했다면 자신에게 무엇을 투자하고 있는지 자문해보라. 그 질문에 실제 결과로 자신 있게 대답할 수 있어야 다른 사람에게 투자하는 방법을 고려할 수 있다. 앞의 질문에 실질적인 답을 얻을 때까지 후자는 절대로 할 수 없다.

다른 사람을 위한 가치를 창출하라. 자신의 성공을 위해 노력하는 것이 첫 번째 단계지만 그 안에서 특정 지점에 도달하면 선택할 수 있는 2가지 가능한 경로가 있다.

첫 번째는 더 높은 산을 찾아 오르고 계속해서 스스로 더 많은 성공을 만들어가는 것이다. 그런데 두 번째 옵션은 산 아래에서 다른 사람들과 합류해 등반을 돕는 일이다.

자기 이익만 추구하는 성공한 사람들은 두려운 존재다. 왜냐하면 그들의 선택은 오로지 자기 자신을 중심으로 이뤄지기 때문이다. 반대로 다른 사람을 배려하는 사람은 다른 사람의 삶도 개선하는 결정을 내린다.

언젠가는 스스로 성공할 것인지 아니면 다른 사람들이 성공할 기회를 만들 것인지 결정해야 한다.

오해하지 마시라. 꿈을 포기하라는 뜻이 아니다. 나는 단지 당신이 다른 사람들의 이익을 포함하도록 당신의 꿈의 경계를 확장하라는 의미다. 생각해보라. 세계 최고 발명품 중 일부는 발명가가 다른 사람도 생각했기에 가능했다.

토머스 에디슨Thomas Edison의 전구, 일론 머스크Elon Musk의 전기 자동차와 화성 임무를 위한 디자인, 심지어 스티브 잡스Steve Jobs의 애플Apple 제품 같은 발명은 모두 지금처럼 대중의 삶에 도움을 주지 않는 한 의미가 없다. 새로운 발명과 일반적인 기술 발전은 모두가 더 나은 삶의 질을 원한다는 생각에 달려 있다.

내가 말한 매우 성공한 사람 중 누구도 꿈을 포기하지 않았다. 그들은 다른 사람들을 포함하는 가치를 창출하기 위해 자신의 꿈을 확장했을 뿐이다.

당신의 성공은 당신이 혼자 구축한 것이 아니다. 많은 사람이 당신과 함께 일했고 그 과정에서 당신을 지원했다. 당신의 성공을 다른 사람들이 그들의 꿈에 도달하게 하는 사다리로 사용함으로써 그들에게 감사하라.

해야 할 일을 하고 나서 가능한 일을 해야 비로소 불가능한 일을 해낼 수 있다. 모든 사람을 도울 수는 없지만 오늘 누군가를 돕는 것으로 시작하라. 진정한 가치 창출은 당신이 돕는 사람의 숫자로 측정하는 것이 아니라 그 도움의 질과 그것을 제공하는 당신의 성실함으로 측정한다.

다른 사람들과 함께 가치를 창출하라. 한 사람이 만든 큰 성공은 없다. 큰 꿈은 큰 꿈을 꾸는 사람들의 협력으로만 이뤄진다. 위대한 일은 위대한 마음으로 함께 일할 때만 성취할 수 있다.

꿈이 큰 사람들은 자신의 꿈을 실현하는 유일한 방법은 다른 사람들에게 자신의 꿈의 가치를 확신시키고, 그 꿈을 이루기 위해 함께 노력하는 것임을 이해한다. 이렇게 절차를 운용하면 자연스럽게 다음 세대에게 영감을 줄 것이다.

가끔은 내가 걸어온 길을 돌아본다. 그때마다 나는 내가 가르친 리더들과(그리고 우리 그룹과) 파이팅한 시간을 생각하면서 미소를 짓는다. 나를 가장 행복하게 만드는 것은 세계 여행 꿈을 이룬 것도 아니고, 국제 비즈니스라는 또 다른 꿈을 이룬 것도 아니며, 내가 축적한 부도 아니다. 나를 가장 행복하게 만드는 것은 처음부터 지금까지 대중에게 봉사하겠다는 약속을 고수해온 점이다.

내가 내딛는 모든 발걸음은 나를 높이는 동시에 낮춘다. 다른 사람을 돕기 위해 내 일이 지닌 의미 측면에서 내가 더 낮아지기 때문이다.

만약 당신이 더 낮은 곳으로 가야 한다면, 당신은 왜 당신 자신이 먼저 산 정상을 올라가야 하는지 궁금할 수 있다. 그 모든 것은 무엇을 위한 것인가?

답은 스스로 발전해 다른 사람을 도울 능력과 자질을 갖추기 위해서 다. '도달'하기 위해 여행하지 말고 대신 '만나기' 위해 여행하라. 단순히 성공하기 위해 성공을 쌓는 게 아니라 삶을 경험하라. 위대해지는 것이 아니라 위대함과 하나가 되어라. 의미 있는 성공은 이러한 아이디어를 명확히 이해할 때만 가능하다.

우리는 레드 카펫을 걷고 싶어서 성공하는 것이 아니라 다른 사람들이 레드 카펫에 오를 수 있도록 돕기 위해 성공해야 한다. 우리의 조직 목표보다 더 큰 목표는 없으며 우리의 조직 승리보다 더 큰 승리는 없다.

모두가 함께하는 성공보다 더 큰 성공은 없다. 모든 것의 생계를 유지하는 고인 저수지가 아니라 모든 것에 생명을 주는 흐르는 강이 되도록 선택하라.

진정한 자유는 은행 계좌가 아니라 마음에서 시작된다. 마찬가지로 진정한 성공은 눈에 띄게 성공한 날이 아니라 진정한 성공이 무엇인지 이해한 날에 이뤄진다.

많은 사람이 성공을 오해하고 있다. 진정한 성공은 혼자만 간직하는 것이 아니라 함께 나누는 것이다. 돈은 많은 일을 할 수 있지만 너그럽게 베푸는 온전한 마음은 돈으로 살 수 없다. 진정한 성공은 더 나은 세상을 공동 창조하는 것이다. 그것은 경쟁이 아니라 봉사에서 발견할 수 있다.

자기 삶에 가치를 더하는 방법을 알면 성공하겠지만, 다른 사람이 그의 가치를 높이도록 돕는 방법을 배워야 당신의 삶에 의미가 있다.

나는 내가 얻은 모든 사업 기회에 진심으로 감사한다. 나아가 내가 성공에는 의미가 있어야 한다는 것을 늘 이해하고 있어서 기쁘다.

내가 인생에서 유일하게 후회하는 것은 하나뿐이다. 만약 제2의 삶이 있다면 나는 그것이 지금 내가 경험하고 있는 삶만큼 놀라울 것이라는 걸 안다.

더 빨리 성공하는 데 도움을 주는 몇 가지 조언을 남기며 이 책을 마무리하겠다.

기꺼이 희생하라. 희생한다는 것은 무엇을 의미하는가? 그것은 사랑이나 쾌락과 관련된 모든 것을 멀리하는 금욕의 불교 개념과는 다르다. 희생은 다른 사람들에게 유익을 주는 것과 더 관련이 있다. 그것은 다른 사람들이 더 나은 삶을 살도록 돕기 위해 이미 좋은 삶을 기꺼이 위험에 빠뜨리는 일이다.

그들이 당신과 함께 있고 감사의 마음으로 당신을 지원하는지는 중요하지 않다. 누군가가 아무리 배은망덕하고 배신을 해도 당신은 여전히 다른 사람들을 계속 도와야 한다.

자신의 신념 체계를 관리하고 유지하라. 자신이 믿는 바가 확실하지 않으면 아직 다른 사람을 도울 수 없다. 삶의 의미는 개인의 성공이 아니라 사회를 위한 전반적인 성공으로 측정한다. 다른 사람을 도우면서 의미 있는 삶을 살고 있는지 확인하라.

전쟁에서 이기려면 전투에서 한 번 이상 이겨야 하지만, 이 경우 우리의 적은 자신의 마음이다. 그리고 이 전쟁에서 우리에게 필요한 탄약은 격려와 긍정이다.

당신은 필연적으로 장애물에 부딪힌다. 그것을 더욱 강해지는 기회로 삼고 당신이 직면한 문제를 보다 완벽해지는 데 사용하라. 방법보다 마인드셋이 중요한데 마인드셋이 강하면 효과적인 방법이 자연스럽게 떠오른다.

인생의 어떤 것도 진정으로 당신을 막을 힘이 없다. 그것을 극복하려는 의지가 있다면 어떤 걸림돌도 당신을 방해할 만큼 강하지 않다. 당신이 조니 워커Johnny Walker가 아니더라도 당신은 계속 걸어야 한다.

공동 노력으로 얻는 성공의 산물은 훨씬 더 크다. 결승선은 당신에게 오지 않을 것이다. 당신은 그것을 향해 달려야 하고 가끔은 대가 없이도 달려야 한다. 보상은 결단력이 있는 사람에게만 주어진다.

보살이 되기 위해서는 먼저 깨달음이 필요하고 승리를 위해서는 결의가 선행되어야 한다. 지금 아무리 피곤해도 좋은 날은 올 것이다. 다른 사람의 모욕에 화내지 말고 포기하지 마라. 세상이 당신을 보고 있지 않을 때도 파이팅을 멈추지 마라. 당신이 할 수 있는 것을 성취할 때까지 계속 파이팅하고 쉬지 마라.

꿈을 이룰 수 있는 당신의 능력과 잠재력을 굳게 믿기를 바란다. 우리는 단 한 번뿐인 인생을 살고 있으며 운명은 지금 우리 손에 달려 있다.

나는 당신이 할 수 있으리라 믿는다!

당신은 빌리버Believer이고 성공한 사람이다!

할 수 있다! 나는 '할 수 있다'는 것을 아는 것만으로도 충분하다고 굳게 믿는다.

나는 당신을 믿는다! 당신을 믿는 사람이 나 혼자뿐이더라도 그것으로 충분하다. 이것이 당신이 시작하는 데 필요한 전부다!

나는 당신이 할 수 있다고 믿는다. 할 수 있다는 걸 안다!

저자 약력

니노이는 열세 살에 태국 랏차부리의 반퐁에서 성장기를 보내고, 호주 멜버른에서 중학교 시절을 보냈다. 그는 멜버른에서 몇 년 간 혼자 살았다.

이후 니노이는 세인트 킬다 캠퍼스St. Kilda Campus의 웨슬리 칼리지Wesley College에서 공부했다. 이때 니노이는 학업적으로 우수한 면모를 보여주었고, 마지막 해에는 학급을 이끄는 반장이 되어 '완벽 그 자체'라는 별명까지 얻었다.

웨슬리에서 교육을 마친 니노이는 학업을 계속하기 위해 방콕으로 돌아왔다. 그는 출랄롱콘대학교를 최우등생으로 졸업하며 경영학 학사를 취득했다. 이후 출랄롱콘대학교에서 또 최우등 졸업생으로 재무 석사 학위를 취득했다.

대학 시절, 니노이는 다양한 학업 외 활동에 많이 참여했다. 다른 사람을 리드하고 사람들에게 봉사하려는 열정으로 그는 가능한 한 많은 활동에서 리더 역할을 자처했다. 늘 남들을 돕는 것이 그의 목표였다.

오늘날 그는 책임감 아래 학업에 정진하는 뛰어난 출랄롱콘대학교 학생들에게 매년 자신의 이름을 딴 장학금 '니노이 최우등 장학금The Ninoy Summa Cum Laude Scholarship'을 지급하고 있다. 다만 니노이 장학금을 받은 학생은 1년에 두 번 고엔카의 10일 위파사나 명상회에 참석할 것을 요구받는다. 그는 항상 학생들과 함께 명상 과정에 참석하거나 과정 관리자가 되어 학생들과 동행한다. 니노이는 이런 방법으로 고통을 극복하는 방법을 아는 진정한 '학자'를 만들 수 있다고 말한다.

종교 측면에서 니노이는 항상 불교의 가르침을 굳게 따르지만 기독교도 깊이 이해하고 있다. 그는 겨우 스무 살에 스님이 되어 1년 동안 태국 북부의 정글에서 살았다. 또한 장학금 부분에서 언급했듯 니노이는 고엔카가 가르치는 위파사나 명상의 확고한 지지자이기도 하다. 그는 20일, 30일 장기 과정을 포함해 명상회의 모든 과정을 수료했다.

니노이는 스물네 살에 꿈을 추구하기 위해 사업가인 아버지의 품을 떠나 여정을 시작했다. 그렇게 사업을 시작한 그는 10년이라는 짧은 시간 안에 놀라운 수준의 성공을 거뒀다. 이후 그는 사업에서 가장 높은 PIN과 소득 수준을 달성했다. 또한 그는 64년 회사 역사상 최초로 최연소 나이에 성공한 인물이 되었다.

오늘날 니노이는 전 세계 젊은이들에게 영감을 주기 위해 세계를 여행하고 있다. 여행하지 않을 때는 집 근처 지역 도서관에서 책을 읽으며 시간을 보낸다.

그는 늘 이렇게 말한다.

"누군가의 우상이 되고 싶지는 않으며 다만 국민에게 희망의 아이콘이고 싶다. 희망을 유지하고 모두의 믿음을 강화하는 것은 저 위의 누군가를 향한 내 책임이다."

이 책에 언급한 모든 것 외에도 니노이는 서른네 살에 3극에 도전해 남극, 북극, 에베레스트산을 정복했다. 또한 그는 '월드 마라톤 메이저스The Abbott World Marathon Majors'에 참가해 모든 코스를 4시간 미만으로 완주했다.

현재 그는 7권으로 이뤄진 '최종 시리즈'를 저술했는데 그중 3권은 태국에서 베스트셀러에 오르기도 했다.

1권《약속을 지키는 자》
2권《성취자》
3권《영업의 달인》
4권《더 빌리버》
5권《미러클 메이커》

6권 《탐험》

7권 《종결자》

소셜 미디어 연락처

📷 **인스타그램**: ninoyfca

▶️ **페이스북 & 유튜브**: Ninoy Chanchinpavinnat

♪ **틱톡**: ninoy_fca

🐦 **트위터**: fcaninoy

스포티파이 팟캐스트: FC ninoy와 함께하는 리더십

페이스북 페이지: @thepromisekeeper

라인: @thepromisekeeper

더 빌리버

1판 1쇄 찍음 2023년 2월 10일
1판 1쇄 펴냄 2023년 2월 10일

지은이 니노이 찬친파비낫
옮긴이 김상미
펴낸이 배동선
　　　　마케팅부/최진균
펴낸곳 아름다운사회
출판등록 2008년 1월 15일
등록번호 제2008-1738호
주　　소 서울시 강동구 양재대로 89길 54 202호(성내동) (우: 05403)
대표전화 (02)479-0023
팩　　스 (02)479-0537
E-mail assabooks@naver.com

ISBN : 978-89-5793-205-6 03320
값 18,000원